Power & Profit

Inspiration from IPR Protection Cases

U1070492

力量与利益

知识产权保护案例启示录

上海市浦东新区知识产权局
中国（浦东）知识产权保护中心 组织编写

王 迁 主编

知识产权出版社
全国百佳图书出版单位
—北 京—

图书在版编目（CIP）数据

力量与利益：知识产权保护案例启示录/王迁主编. —北京：知识产权出版社，2019.11（2021.7重印）

ISBN 978-7-5130-6549-8

Ⅰ.①力… Ⅱ.①王… Ⅲ.①知识产权保护—案例—浦东新区 Ⅳ.①D927.513.340.5

中国版本图书馆CIP数据核字（2019）第232776号

内容提要

2015年1月根据上海市委市政府的重大决策部署，上海市浦东新区知识产权局成立运行，在国内开创了集约、高效的知识产权综合监管与保护新模式。本书以浦东知识产权综合管理改革的行政执法案例为基础，精选60个案例，涵盖行政执法案例、全国法院审判案例，充分展现了浦东新区知识产权局综合高效的知识产权行政管理成效。也希望本书可以为知识产权综合管理和保护提供有益的经验。

责任编辑：栾晓航　　**责任校对**：谷　洋
封面设计：臧　磊　　**责任印制**：刘译文

力量与利益
——知识产权保护案例启示录

上海市浦东新区知识产权局
中国（浦东）知识产权保护中心　组织编写

王　迁　主编

出版发行：	知识产权出版社有限责任公司	**网　址**：	http://www.ipph.cn
社　址：	北京市海淀区气象路50号院	**邮　编**：	100081
责编电话：	010-82000860转8382	**责编邮箱**：	luanxiaohang@cnipr.com
发行电话：	010-82000860转8101/8102	**发行传真**：	010-82000893/82005070/82000270
印　刷：	北京建宏印刷有限公司	**经　销**：	各大网上书店、新华书店及相关专业书店
开　本：	720mm×1000mm　1/16	**印　张**：	22.75
版　次：	2019年11月第1版	**印　次**：	2021年7月第3次印刷
字　数：	385千字	**定　价**：	86.00元

ISBN 978-7-5130-6549-8

出版权专有　侵权必究
如有印装质量问题，本社负责调换。

编 委 会

主　　任：管小军

常务副主任：林本初

副 主 任：张　军

主　　编：王　迁

副 主 编：陈绍玲　刘　鹏　袁　锋

编　　委：潘春森　郭元华　王　鉴

滕美丽　龚佳兴　修国栋

序言/Preface

2019年7月24日，中央全面深化改革委员会第九次会议强调，要着眼于统筹推进知识产权保护，从审查授权、行政执法、司法保护、仲裁调解、行业自律等环节，改革完善保护工作体系，综合运用法律、行政、经济、技术、社会治理手段强化保护，促进保护能力和水平整体提升。当前，上海正全面推进创新型城市和社会主义现代化国际大都市的建设，做好知识产权工作已经成为新时代改革发展中抢占科技发展制高点、参与国际竞争的关键。

浦东新区积极响应国家推进知识产权综合管理改革的战略方针，根据上海市委市政府的重大决策部署，于2015年1月正式启动运行上海市浦东新区知识产权局，成为我国首家集专利、商标、版权于一身，兼具行政管理和综合执法职能的知识产权局。2019年在新一轮机构改革过程中，又划入了原产地地理标志管理和执法职能，在全国率先探索专利、商标、版权、原产地地理标志“四合一”综合管理和执法，形成集约、高效的知识产权综合监管与保护新模式。近年来，浦东新区以改革创新为动力，致力于探索建设集监管、服务于一体的专业型、整体型政府机构，不断强化知识产权创造、保护、运用，进一步完善行政保护、司法保护、仲裁调解、社会监督“四轮驱动”的保护模式，统筹推进“大保护、同保护、严保护、快保护”各项工作，努力打造国际一流的知识产权保护标杆，为新区全面实施“四高”战略，推动经济高质量发展提供支撑保障作用。

本书在总结浦东知识产权综合执法案例的基础上，精选全国知识产权行政执法及法院审理的典型案例，形成了较为系统的60个不同类型的案例集，充分展现了浦东新区知识产权局综合高效的知识产权行政管理成效，也希望本案例汇编可以为知识产权综合管理和保护提供有益的经验。在此，感谢国家知识产权局、国家版权局、各省市兄弟单位及人民法院等为本书出版给予的支持和帮助！

2019年是新中国成立70周年，也是上海市浦东新区知识产权局成立五周年。接下来，浦东将继续深化知识产权改革创新，强化知识产权保护和服务，努力建设知识产权保护高地，为知识产权强国建设做出更大贡献。

上海市浦东新区副区长 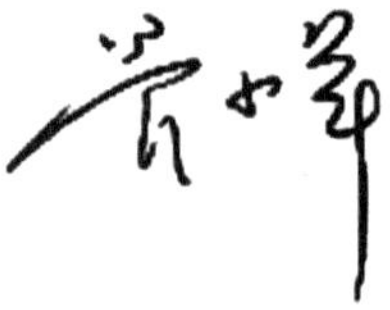

前言/Foreword

自20世纪中后期的第三次技术革命所代表的后工业社会伊始，“以知识为基础的经济”（The Knowledge-based Economy）开始兴起，知识产权制度的演进也达到了一个新的阶段。在知识经济时代，知识产权制度与自由贸易、国家经济增长和国际竞争息息相关，并被提到了全世界法律日程的前沿，知识产权制度的发展俨然成为世界各国争议的焦点。与此同时，在人们的日常经济生活中，例如听歌、看电影、交易商品，与知识产权接触和“打交道”的机会也日益频繁。在这样的情境下，编撰一部知识产权案例集，引导和传授知识产权理念及相关规则的任务显得十分迫切和重要。

除此之外，编撰一部知识产权案例集还具有如下意义：首先，知识产权法的规则非常复杂，特别是它与很多人的习惯做法和直观感受有很大差距，而通过对实际发生的案例进行系统化、规范化的专业研究，不仅可以发现隐藏在法律条文背后的诸多问题，还可以了解立法原意以及法官运用的分析、推理和法律解释方法，从而对法律规则产生更为深入的理解，并掌握其适用方法。其次，随着技术、经济产业发展日新月异，知识产权规则也时常处于不断变化当中。而知识产权案例往往是知识产权规则发展演变的风向标，通过对知识产权案例的学习与研究，可以及时把握知识产权鲜活的命脉。最后，知识产权案例研究有助于打破学术研究与行政、司法部门、企业等实务界领域各自为营的壁垒。由于在实践当中，学术研究和实务界各领域相互间交流不多，因此加强理论和实践的交流就变得至关重要。而知识产权案例研究不仅将饱含行政执法人员与法官智慧才识的法律文书予以呈现，而且通过学者的专业分析解读，使相关学理认识更加深刻，同时也有利于指导相关企业、律师等实务界人士的经营活动。

本书挑选了知识产权领域历年实践中疑难复杂的、具有典型意义的60个案例，把握理论前沿、直面热点疑难问题。不仅包含著作权、商标权、专利权等三个领域的知识产权案例，而且横跨司法和行政领域，同时囊括了各类行政部门裁决书和知识产权法院判决书，具体而言主要分为以下几部分：

第一，著作权案例。该部分又将著作权案例划分为著作权保护客体与独创性认定、传统环境中的著作权行使与侵权判断、网络环境中的著作权行使与侵权判断与著作权限制与例外四部分。这部分内容不但包含了涉及"广播体操的法律定性""复制权和演绎权如何区分""文字作品的实质性相似如何认定"等经典判决，而且包含了当前理论和实务界广受争议的新兴案例，例如"北京天盈九州网络技术有限公司与北京新浪互联网信息服务有限公司、一审第三人乐视网信息技术（北京）股份有限公司侵犯著作权案"涉及"体育赛事直播画面法律定性"，"梁智等与北京天盈九州网络技术有限公司等著作权案"涉及"短视频的独创性如何认定"，"王莘与北京谷翔信息技术有限公司等著作权案"涉及"数字图书馆提供图书检索服务是否构成合理使用"等。传统案例与新兴案例的阐述向我们展示了技术创新、产业发展如何推动著作权规则的变动。

第二，商标权案例。该部分又将商标权案例划分为一般商标的侵权判断与责任承担、特殊商标的侵权判断与责任承担、不侵犯商标权行为的认定、商标代理机构违法责任承担四部分内容。其不但对"已注册商标如何进行反淡化保护""未注册驰名商标应如何认定和保护""商标叙述性使用和指示性使用如何认定""商标通用名称如何认定"等基本问题进行了深刻阐述，而且对"'商标性使用'是否是商标侵权认定的前提条件""在产品配套的软件上使用他人商标是否构成商标侵权""如何认定特许经营商业模式中的商标侵权行为""商标代理机构的违法代理行为应如何认定"等疑难复杂问题进行了有益研究。商标基本问题和疑难问题的分析向我们揭示了商业标志、商业活动、技术创新以及商标制度变迁之间复杂的互动关系。

第三，专利权案例。该部分又将专利权案例划分为外观设计专利侵权判断、假冒专利行为认定与责任承担以及专利侵权抗辩认定三部分内容。该部分内容梳理和分析了“组装产品外观与外观设计专利产品外观相似是否构成侵权”“假冒专利行为与专利侵权行为应如何区分”“假冒专利损害赔偿额应如何计算”以及“‘通知—删除’规则在专利侵权纠纷案件中应如何适用”等理论和实务界备受争议的相关案例，不但对知识产权行政部门执法和裁定提供了很好的实践模板，而且有利于规范相关企业的合法经营活动，激励企业进行开拓创新。

知识产权案例汇编是一本鲜活的教科书，它启发思考、开创交流。同时，本书的撰写和出版是众多人辛劳的成果，其中包括研究生学生，他们对案例的整理与分析付出了努力，在此感谢他们的辛劳付出。

编 者

2019 年 8 月

目　　录

第一部分　著作权案例

■ 著作权保护客体与独创性认定

■ 传统环境中的著作权行使与侵权判断

■ 网络环境中的著作权行使与侵权判断

第二部分 商标权案例

■ 一般商标的侵权判断与责任承担

■ 特殊商标的侵权判断与责任承担

第一部分／著作权案例

■ 著作权保护客体与独创性认定

钢琴记谱方法是否受著作权法保护

——谭世然等诉北京千琦科贸有限公司等侵犯著作权纠纷案案例评析

一、案情概要

2009年，北京市第一中级人民法院受理了谭世然、深圳普乐文化传播有限公司（以下简称“普乐公司”）诉北京千琦科贸有限公司（以下简称“千琦公司”）、幺亚强侵犯著作权纠纷一案。本案中，原告以其自创的钢琴记谱方法改写了《欢乐颂》等公有领域歌曲的曲谱，被告未经许可将其曲谱在网络上进行传播，本案主要涉及被告的行为是否构成著作权侵权的问题。

原告谭世然自创了一种钢琴记谱及教学方法《钢琴OK娱乐速成法》（以下简称《速成法》），并基于该《速成法》编写了进入公有领域的众多曲谱，使学习钢琴者能够很快识谱并进行钢琴弹奏。谭世然将其《速成法》及编写的曲谱许可原告普乐公司独占使用。普乐公司曾于2007年与被告千琦公司订立加盟协议，授权其使用该《速成法》及相关曲谱。但加盟期届满后，两被告未经许可，继续使用该《速成法》及相关曲谱，以“疯狂钢琴”的名称开设多家门店开展钢琴的教学业务。原告认为被告的行为侵犯了原告的署名权、复制发行权和获得报酬的权利。

法院依据《著作权法》第3条、第21条等相关规定，认定原告主张的作品不属于《著作权法》规定的受保护的作品，驳回原告谭世然、普乐公司的全部诉讼请求。

二、争议焦点

本案中，原告认为两被告未经许可，继续使用《速成法》及依据该方法改写的曲谱，其行为侵犯了原告的著作权。对此，两被告共同辩称：两原告请求保护的权利不明确，被告没有使用原告的《速成法》，使用的曲谱均为公有领域的作品，不侵犯两原告的著作权，请求法院驳回两原告的诉讼请求。由此，本案的争议焦点可以归纳为原告自创的记谱方法及以该记谱方法改写的曲谱是否受著作权法保护。

三、法理分析

北京市第一中级人民法院在对案件事实进行详细调查，并对上述争议焦点展开分析之后，认定两原告关于其以自创记谱方法改写的公有领域音乐作品的曲谱受著作权保护的主张，缺乏事实和法律依据，原告改写的曲谱不属于《著作权法》规定的受保护的作品。法院认定原告改写的曲谱不属于《著作权法》规定的受保护的作品，驳回原告谭世然、音乐公司的全部诉讼请求，主要基于以下考虑：

（一）原告的记谱方法本身不受著作权保护

原告的记谱方法是一种将以简谱、五线谱形式记载的音乐曲谱，改写成以其自创的指法及指位标记记载的曲谱的方法，本质上属于一种操作方法。原告在改写曲谱的过程中，虽然使用了其独创的记谱方法，但是该操作方法本身不受著作权保护。

首先，操作方法本身并非《著作权法》保护的对象。该记谱方法虽然是原告独立完成的智力成果，但并非所有智力成果均可以获得《著作权法》的保护，“在认定一种劳动成果是否构成著作权法意义上的‘作品’时，不能仅仅判断其是否为‘智力成果’以及其是否为‘独立完成’或‘首次完成’的，还要根据著作权法的基本原理，将许多类型的智力成果，如思想、程序、操作方法或数学概念等排除出去”。[1] 例如，爱因斯坦提出的质能方程是20世

[1] 王迁：《古文点校著作权问题研究——兼评“中华书局诉国学网案”等近期案例》，载《华东政法大学学报》2013年第3期。

纪科学领域最重要的成果之一，爱因斯坦为其付出了巨大的智力劳动，但该方程不可能作为“作品”受到《著作权法》的保护。《世界知识产权组织版权条约》规定“版权保护延及表达，而不延及思想、过程、操作方法或数学概念本身”。[1]《与贸易有关的知识产权协定》（TRIPs 协定）规定：“版权保护应延及表达，而不延及思想、工艺、操作方法或数学概念之类。”[2] 我国《著作权法》虽无类似规定，但是由于我国《著作权法》采取了“作品类型法定”的模式，[3] 操作方法本身属于一种思想，不可能构成任何一种法定的作品类型，因此也不可能受我国《著作权法》保护。当然，操作方法本身如果符合专利的授权要件，是可以受到《专利法》保护的，但原告的记谱方法作为一种操作方法，无法获得《著作权法》保护。

其次，对操作方法的表达可以构成作品。虽然操作方法本身并非著作权保护的对象，但是对操作方法的具体表达完全可能构成某类作品，从而受到著作权保护。正如爱因斯坦提出的质能方程作为一种思想不受保护一样，但是一本介绍该方程的书完全可以获得著作权保护。本案中，原告编写的介绍该速成法的《钢琴 OK 娱乐速成法》，即可以作为文字作品受到著作权保护。若原告将其操作方法写成程序，使用该程序能自动将以五线谱或者简谱展示的音乐转化成以原告自创记谱方法展示的音乐，则该计算机程序可以作为计算机软件作品受到著作权保护。但是如上文所述，该操作方法本身无法获得著作权保护。对文字作品的著作权保护，不延及其思想，“第一个就某主题创作文学作品的作者，不能用著作权法去阻止其他作者就相同主题创作不同的文学作品”，[4] 对计算机软件作品的著作权保护“不延及开发软件所有的思想、处理过程、操作方法或者数学概念等”。[5] 本案中原告并未提交具体表达该操作方法的教材《钢琴 OK 娱乐速成法》，没有证据证明被告抄袭了该教材，故不能认为被告对操作方法的表达实施了侵权行为。

（二）原告改写的曲谱不受著作权法保护

智力成果必须构成“作品”才能受著作权保护。《著作权法实施条例》

[1] 《世界知识产权组织版权条约》第 2 条。

[2] 《与贸易有关的知识产权协定》第 9 条第 2 款。

[3] 王迁：《论作品类型法定——兼评“音乐喷泉案”》，载《法学评论》2019 年第 3 期。

[4] 王迁：《著作权法》，中国人民大学出版社 2015 年版，第 46 页。

[5] 《计算机软件保护条例》第 6 条。

规定："著作权法所称作品，是指文学、艺术和科学领域内具有独创性并能以某种有形形式复制的智力成果。"❶ 该条明确了作品的一般构成要件，即独创性和可复制性，其中独创性至关重要。

首先，作品必须是独立创作完成的。"独创性"中的"独"要求作品必须是独立创作完成的，作品中包含源于劳动者本人的表达。"独立创作"既包括从无到有进行独立创作，也包括以他人已有作品为基础进行再创作，产生的成果与原作品之间存在着可以被客观识别的、并非太过细微的差异。❷ 它要求"一件作品的完成是作者自己的选择、取舍、安排、设计、综合、描述的结果，既不是依已有的形式复制而来，也不是依既定的程式或程序（手法）推演而来。"❸ 独立创作虽然必定会付出智力劳动，但并非所有独立完成的智力成果均符合"独"的要求。对美术作品精确临摹，形成的临摹件与原有美术作品几乎无视觉上可明显感知的差异，即使临摹过程中付出大量智力劳动，该行为也未产生源于临摹者本人的表达，不符合"独立创作"的要求。"歼十模型"案中，最高院认为根据歼十飞机等比例缩小制作而成歼十飞机模型不受著作权保护也是出于同样的理由。❹

其次，作品必须具有最低限度的创造性。"独创性"中的"创"要求作品具有一定程度的智力创造性，能够体现作者独特的智力判断与选择，展示作者的个性并达到一定创作高度要求。❺ 这里的创造性不要求劳动成果比他人现有成果先进或高明，或创作出了他人不能轻易完成的成果，也与劳动成果是否具有艺术价值或者受市场欢迎无关。但要具有最低限度的创造性，该劳动过程必须给劳动者留下智力创作空间。只有存在一定的创作空间，使得作者可以作出个性化的选择和判断，其成果才能具有创造性。"如果一个智力成果在表现上是唯一的，那么其表现形式将无法呈现出相应的差异性，在理论上无法产生归结于作者的结果，在现实上也无法与已有的智力劳动成果进行区分，不符合著作权法关于独创性的要求。"❻ 例如，将一段加密的英文语句解密，任何知道解密规则的人，根据该规则对这段加密语句进行解密，所得

❶ 《著作权法实施条例》第 2 条。

❷ 王迁：《知识产权法教程》，中国人民大学出版社 2016 年版，第 27 页。

❸ 刘春田：《知识产权法》，中国人民大学出版社 2014 年版，第 54 页。

❹ 最高人民法院（2017）最高法民再 353 号民事判决书。

❺ 王迁：《知识产权法教程》，中国人民大学出版社 2016 年版，第 32 页。

❻ 最高人民法院（2016）最高法民申字第 2158 号民事裁定书。

到的结果都是相同的。该过程未产生源于劳动者个人的表达，也未给劳动者留下智力创作空间和个性发挥的余地。既不符合“独”的要求，也不符合“创”的要求。

根据上述标准，原告改写的曲谱不具有独创性，而是对公有领域音乐作品的复制。本案原告陈述，其自创的记谱方法仅用阿拉伯数字1、2、3、4、5进行标注，在该方法中数字表示五个手指的指法位置。据此可知，原告是用某种方法将五线谱或者简谱转化为钢琴弹奏的指法，使得不识五线谱或简谱的初学者能够迅速上手，绕过烦琐枯燥的识谱过程直接体会钢琴弹奏的乐趣。正如判决书中指出的：

> “两原告在本案中提交的所谓‘改编曲谱’并非通常意义上使用简谱、五线谱的记谱形式创作的音乐作品，仅仅是一种便于不识简谱、五线谱的人员能够使用钢琴弹奏上述已经进入公有领域作品的指法及指位标记。”[1]

作为一种将五线谱或者简谱标记转换为相应指法标记的操作方法，任何人根据原告的该方法，都可以将任何一首以五线谱或者简谱形式呈现的音乐改写成完全相同的指法标记。依据该种记谱方法改写的曲谱在表达上具有唯一性，任何人只要正确应用了原告的方法，就能获得唯一的结果，无创作空间可言，“排除了实施者发挥聪明才智的可能性，导致相应的结果无法具有个性化的特征，从而不符合独创性的要求。”[2] 这种只有唯一的一种表达形式的内容，不能够受到版权保护。[3]

依据原告的方法改写五线谱或者简谱的过程中，虽然劳动者也付出了智力劳动，但并未产生作品，其结果只不过是原作品的复制件。原告以其自创记谱方法改写的曲谱虽然在记载形式上同原作品不同，但音乐作品不是纸上的符号，而是符号背后的旋律、音调等音乐要素及其和谐。[4] 虽然音乐作品常以五线谱或者简谱的形式记载，但是在五线谱或者简谱发明之前，音乐作品已经广泛存在于人类的生活中。在进入20世纪后，许多音乐作品并无乐谱，仅仅以录音形式表达出来，有些“现代派”音乐作品中的某些音响甚至无法

---

[1] 北京市第一中级人民法院（2009）一中知民初字第9159号民事判决书。

[2] 王迁：《论人工智能生成的内容在著作权法中的定性》，载《法律科学》2017年第5期。

[3] 郑成思：《版权法》，中国人民大学出版社2009年版，第52页。

[4] 王迁：《知识产权法教程》，中国人民大学出版社2016年版，第71页。

以乐谱形式表达。[1] 虽然记载形式不同，但音乐作品的本质并无变化。原告改写的曲谱与五线谱、简谱虽然在形式上不同，但记载的是同一首音乐作品，在本质上与原音乐作品完全相同。这种仅仅改变记录形式但实质内容完全一致的情形在生活中并不少见。例如，每一个汉字在一套汉字编码系统中都对应着一个特定的编码，该编码又对应着特定的二进制编码。当一部以汉字写成的小说储存在计算机中时，实际上是以二进制编码的形式存储的，在将这部小说从一台计算机复制到另一台计算机时，复制的也是这些二进制编码，但没有人会说这些二进制编码是一部新的作品。同理，原告的改写曲谱与公有领域的音乐作品在内在本质上并无不同，属于对原音乐作品的精确复制，而非演绎，不可能获得著作权保护。

四、案件启示

本案是关于著作权法保护客体的典型案例，其明确了著作权客体需符合法律规定。只有作品才能获得著作权法保护，操作方法不属于著作权法保护的对象。作品需具有独创性，在表达上具有唯一性的内容不具有著作权法要求的最低限度的独创性，无法成为作品获得著作权法保护。

（撰稿人：刘健）

[1] 郑成思：《版权法》，中国人民大学出版社 2009 年版，第 106 页。

广播体操是否构成舞蹈作品

——中国体育报业总社与北京图书大厦有限责任公司等著作权权属、侵权纠纷案案例评析

一、案情概要

2012 年，北京市西城区人民法院受理了中国体育报业总社诉北京图书大厦有限责任公司（以下简称“图书大厦”）、广东音像出版社有限公司（以下简称“广东音像公司”）、广东豪盛文化传播有限公司（以下简称“豪盛文化公司”）著作权权属、侵权纠纷一案。本案中，中国体育报业总社主张对第九套广播体操动作设计编排和第九套广播体操的伴奏音乐享有复制权、发行权等著作权，广东音像公司未经许可出版涉案第九套广播体操的演示教学录像，并由豪盛文化公司总经销、图书大厦销售。本案主要涉及第九套广播体操动作设计编排是否属于著作权法意义上的作品以及广东音像公司、豪盛文化公司、图书大厦的行为是否构成著作权侵权的问题。

国家体育总局于 2010 年组织投入人力物力，在前八套广播体操的基础上，创编了第九套广播体操。原告中国体育报业总社经国家体育总局独家授权，出版《第九套广播体操图解手册 DVD、CD》（以下称授权出版物，包括 DVD、CD 各一张，《第九套广播体操手册》一本，彩图一张），授权范围包括第九套广播体操系列产品的复制、出版、发行和网络信息传播权等专有权利。其中 DVD 的主要内容为第九套广播体操的演示教学片，包括动作演示、分解动作讲解、背后角度演示、集体演示等四段影像，演示教学片的示范员为经专家组严格选拔、国家体育总局批准的北京奥运会艺术体操项目亚军隋剑爽等人；CD 的内容为第九套广播体操的伴奏音乐，带口令和不带口令的各一段。

被告广东音像公司出版的被控侵权 DVD《第九套广播体操》，内容亦为

第九套广播体操的演示教学片，包括全套正面演示、分解动作教学演示（八节）、全套背面演示等十段影像，使用了第九套广播体操的伴奏音乐（带口令）。示范讲解员为李美（字幕显示），另有若干名儿童与其一同演示，演示、讲解的动作与第九套广播体操的动作基本相同。

法院依据《著作权法》第1条，第3条，第10条第1款第（5）项、第（6）项，第14条，第16条，第40条第3款，第42条，第48条第（1）项、第（4）项，第49条，第53条；《侵权责任法》第8条；《著作权法实施条例》第2条、第23条；《最高人民法院关于审理著作权民事纠纷案件适用法律若干问题的解释》第25条之规定，认定被告广东音像公司和豪盛文化公司构成共同侵权，侵犯原告所享有的涉案音乐作品及录音制品的复制权、发行权，依法应承担停止侵害、消除影响、赔偿损失的连带责任；被告图书大厦作为一般零售商已尽到了合理注意义务，主观上并无过错，可不承担赔偿损失的法律责任，但应当停止销售侵权DVD。

二、争议焦点

本案中，原告中国体育报业总社认为，被告的行为侵犯了原告对于第九套广播体操动作设计编排、伴奏音乐、口令以及相关音像制品所享有的专有复制、发行权。对此，被告广东音像公司和豪盛文化公司认为广播体操不属于《著作权法》保护的作品范畴，不应纳入著作权保护的客体；伴奏音乐系音乐作品，受《著作权法》保护，但由于国家体育总局已将其录制为录制品，根据著作权法关于法定许可的规定，使用该配乐制作涉案录制品不需要征得其同意，仅需支付报酬，因此不构成侵权。由此，本案的争议焦点可以归纳为以下两点：①第九套广播体操的动作是否属于著作权法意义上的作品；②使用第九套广播体操的伴奏音乐是否构成侵权。

三、法理分析

本案中，被控侵权DVD系第九套广播体操的演示教学录像制品，与授权出版物中演示教学片的示范人员不同、影像迥异，并非同一录像制品，但使用了相同的第九套广播体操动作和带口令的伴奏音乐。第九套广播体操的伴奏音乐是著作权属于国家体育总局的音乐作品，原告经著作权人授权，对该音乐作品享有复制、发行权；口令仅为对连续数字1到8的二次或四次简单重复，不具有独创性，不是著作权法意义上的作品，在口令本身不构成作品的情况下，口令员的口令声音属于伴奏音乐录音制品的组成部分，不具有独立的著作权意义。因而，本案的关键问题在于第九套广播体操的动作是否属于著作权法意义上的作品以及对伴奏音乐的使用是否构成侵权。

（一）第九套广播体操的动作不属于著作权法意义上的作品

本案的第一个争议焦点在于第九套广播体操的动作是否属于著作权法意义上的作品。《著作权法实施条例》第 2 条对作品所下的定义是："著作权法所称作品，是指文学、艺术和科学领域内具有独创性并能以某种有形形式复制的智力成果。"由此可知，要构成著作权法意义上的作品，必须具备以下三个要件：（1）属于文学、艺术和科学领域内的智力成果，并非任何领域的智力成果都能获得著作权法的保护；（2）必须是能够被他人感知的外在表达，单纯的思想并不属于著作权法保护的客体；（3）必须具备独创性。第九套广播体操的动作若要构成作品，则必须符合以上要件。

首先，保护文学、艺术和科学领域内的智力成果，是我国《著作权法》第 1 条所明确规定，这是因为传统著作权法保护的不仅是具有独创性的表达，而且是对思想、观念或情感具有一定美感的表达（现有个别例外，体现在计算机软件的著作权保护）。保护能够传递一定思想、情感或美感的特定表达，是著作权法保护的作品与其他知识产权保护的智力成果之间的分界，是著作权法的立法宗旨。在广播体操的动作设计编排中，设计者所要达到的是强身健体的实用效果，不是为了表达思想、情感或展示美感，不属于文学、艺术和科学领域内的智力成果，正如法院在判决书中指出：

> "广播体操是一种具有健身功能的体育运动，由屈伸、举振、转体、平衡、跳跃等一系列简单肢体动作组成，但与同样包含肢体动作的舞蹈作品不同，其并非通过动作表达思想感情，而是以肢体动作产生的运动刺激来提高机体各关节的灵敏性，增强大肌肉群的力量，促进循环系统、呼吸系统和精神传导系统功能的改善。简而言之，广播体操的动作有强身健体之功用，而无思想情感之表达，既不展现文学艺术之美亦不展现科学之美，故不属于文学、艺术和科

学领域内的智力成果。”❶

退一步来讲，即使有人认为在完成整套广播体操的过程中，某些屈伸、转体、跳跃等动作也能展示一定的“美感”，但这与构成舞蹈作品的动作产生的美感不同。舞蹈动作的设计在于展示艺术美感和表达思想、情感，美感的产生并不依赖于身体动作的力量、速度或技巧等，产生的美感与动作可以分离。而广播体操动作所产生的“美感”，是由身体的运动速度和技巧所附带产生的，与身体的运动速度和技巧无法分离，这种“美感”类似于在体育竞技活动中运动员在展示身体力量和竞技技巧时所附带产生的“美感”，对于此种“美感”著作权法并不能予以保护。

同时，著作权法并不保护抽象的思想，而只保护以文字、音乐等各种有形的方式对思想的具体表达。该基本原理得到《与贸易有关的知识产权协定》《世界知识产权组织版权条约》等国际条约的明确规定，也是目前世界各国普遍接受的版权法基本原则。比如，《与贸易有关的知识产权协定》第 9 条第 2 款规定：“版权保护应延及表达，而不延及思想、工艺、操作方法或数学概念之类。”《美国版权法》第 102 条第 2 款也规定：“在任何情况下，对于作者原创性作品的版权保护，都不延及思想观念、程序、工艺、系统、操作方法、概念、原则和发现，不论它们在该作品中是以何种形式被描述、解释、说明或体现的。”我国《著作权法》虽然对此没有作出明确规定，但在《计算机软件保护条例》第 6 条中规定：“本条例对软件著作权的保护不延及开发软件所用的思想、处理过程、操作方法或者数学概念等。”这是著作权法不保护思想的体现。在本案中，广播体操的动作是一套用来实现强身健体的实用效果的健身方法，作为一套固定的方法程序，其类似于菜谱上描述的制作菜肴的烹饪方法，都是属于广义上的思想范畴，是不受著作权法保护的，对此法院也正确地指出：

“广播体操是一种具有特定功能的身体练习活动，包含一系列连续的肢体动作，当这一系列动作按照规定的方式施行时，将产生既定的健身效果。因此，广播体操本质上属于一种健身方法、步骤或

❶ 北京市西城区人民法院（2012）西民初字第 14070 号民事判决书。

程序，而方法、步骤和程序均属于著作权法不保护的思想观念范畴。”❶

基于以上的分析知道，第九套广播体操的动作不是文学、艺术和科学领域内的智力成果，本质上属于思想而非表达，不具备作为作品的法定条件，且无法归入任何一种法定作品形式或类型，故不属于著作权法意义上作品，不受著作权法保护。本案中，被告实施的单纯示范、讲解或演示第九套广播体操的动作以及录制、发行相关教学示范录像制品的行为并不构成著作权侵权，原告相关诉讼请求缺乏法律依据，故法院不予支持。

（二）使用第九套广播体操的伴奏音乐构成侵权

本案的第二个焦点即被告在被控侵权的录像制品中使用第九套广播体操的伴奏音乐的行为，是否侵犯了原告享有的著作权。著作权权利内容由一系列专有权利组成，每一项专有权利都控制着一类特定行为，如果未经著作权人许可，又缺乏“合理使用”“法定许可”等抗辩事由，而实施受专有权利控制的行为，即构成直接侵权。

首先，关于原告对第九套广播体操的伴奏音乐是否享有相关著作权的问题。本案中，经法院审理查明，第九套广播体操的伴奏音乐属于职务作品，国家体育总局享有该作品除署名权外的其他著作权。国家体育总局使用该作品制作了第九套广播体操伴奏音乐录音制品，并通过签订出版合同，将该音乐作品及录音制品的专有复制、发行权授予原告，原告作为该音乐作品著作权和伴奏音乐录音制作者权的专有使用权人，在权利被侵犯时，可以提起侵权之诉。

其次，本案是否存在法定抗辩事由问题。针对原告的诉讼主张，被告广东音像公司、豪盛文化公司共同答辩称，由于国家体育总局已将其享有著作权的第九套广播体操配乐录制为录音制品，故使用该配乐制作涉案录像制品无需征得其同意，仅需支付报酬，因此不构成侵权。该抗辩理由涉及制作录音制品法定许可问题。《著作权法》第 40 条第 3 款规定：“录音制作者使用他人已经合法录制为录音制品的音乐作品制作录音制品，可以不经著作权人许可，但应当按照规定支付报酬；著作权人声明不许使用的不得使用。”本案

❶ 北京市西城区人民法院（2012）西民初字第 14070 号民事判决书。

中，被控侵权的是使用涉案音乐作品的录像制品，并非录音制品，上述法定许可抗辩不适用于录像制品，故被告主张的法定许可抗辩理由不成立。同时按照法条的文义解释，根据法定许可制作录音制品者，必须自己聘用乐队，与歌手（表演者）签约，并将歌手的演唱录制下来制成录音制品。[1] 而被告使用的就是国家体育总局录制的录音制品，并没有重新录制，因而也不能适用上述抗辩理由。所以，被控侵权 DVD 使用第九套广播体操的伴奏音乐，不符合法定许可条件，构成对音乐作品著作权和伴奏音乐录音制作者权的侵犯。

最后，在认定被控侵权 DVD 侵犯原告所享有的涉案音乐作品及录音制品复制权、发行权后，须明确承担侵权责任的主体。本案中，被控侵权的涉案录像制品是由被告广东音像公司出版，而涉案录像制品的内容由被告豪盛文化公司提供并由其对出版的录像制品进行总经销，法院根据查明的事实认定广东音像公司与豪盛公司构成共同侵权，二者依法应承担停止侵害、消除影响、赔偿损失的连带责任。同时，原告未能举证证明被告图书大厦与被告广东音像公司、豪盛文化公司之间有意思联络，图书大厦提交的出库单、购销合同等证据亦可证明其进货渠道正规合法，故图书大厦与其他二被告没有共同过错，不构成共同侵权，不应承担连带责任。图书大厦作为一般零售商已尽到了合理注意义务，主观上并无过错，可不承担赔偿损失的法律责任，但应当停止销售侵权 DVD。

四、案件启示

本案系我国法院对于广播体操是否享有著作权问题的首次认定，具有较强的理论和实践意义。判决认为广播体操本质上属于一种健身方法、步骤或程序，而方法、步骤和程序均属于著作权法不保护的思想观念范畴。因此，法院认定第九套广播体操的动作不属于著作权法意义上的作品。本案的审理对体操、瑜伽等功能性肢体动作是否应受著作权法保护的问题提供了有益探索。

（撰稿人：游尚怀）

---

[1] 王迁：《著作权法》，中国人民大学出版社 2015 年版，第 373 页。

体育赛事直播画面是否构成影视作品

——北京天盈九州网络技术有限公司与北京新浪互联网信息服务有限公司、一审第三人乐视网信息技术（北京）股份有限公司侵犯著作权及不正当竞争纠纷案案例评析

一、案情概要

2018 年 3 月 30 日，北京市知识产权法院审结北京天盈九州网络技术有限公司（以下简称“天盈九州公司”）与北京新浪互联信息服务有限公司（以下简称“新浪公司”）、一审第三人乐视网信息技术（北京）股份有限公司（以下简称“乐视公司”）侵犯著作权及不正当竞争纠纷案。本案主要涉及体育赛事直播画面是否具有独创性，是否构成电影作品问题。

原告新浪公司，经中超联赛有限责任公司授权，在合同期内，享有在门户网站领域独占转播、传播、播放中超联赛及其所有视频的权利，包括但不限于比赛直播，录播，点播，延播；上述所提及的门户网站，即独占的范围及中超公司不得再进行任何形式合作的网站，包括但不限于：腾讯、搜狐、网易、凤凰网、TOM、人民网、新华网等门户性质的网站及上述网站与第三方合作的使用己方或非己方域名的合作直播或播放合作直播间、传播平台。

被告天盈九州公司是凤凰网的网站所有者，其与乐视公司因合作关系共建了网址“www.ifeng.sports.letv.com”。2013 年 8 月 1 日，新浪公司发现在网址“www.ifeng.sports.letv.com”上，出现“凤凰体育将为您视频直播本场比赛，敬请收看！”预告字样，并且该网址实时转播了中超“山东鲁能 VS 广东富力”“申鑫 VS 舜天”两场比赛。

此前，中超联赛有限责任公司对在门户网站播放中超联赛视频的权利与电视转播权、电视产品权等分开授权。乐视公司通过协议获得在非门户网站

领域播放中超联赛视频的权利，其可以在自营网站上播放中超联赛视频，但不得以链接、共建合作平台等方式，与第三方合作或授权第三方使用授权节目。

一审法院依据《著作权法》第 10 条第（17）项、第 47 条第（11）项、第 49 条、《著作权法实施条例》第 2 条等相关规定，认定涉案体育赛事直播画面具有独创性，构成作品，被告乐视公司、天盈九州公司以合作方式转播的行为，侵犯了新浪公司对涉案赛事画面作品享有的著作权；天盈九州公司应停止播放相关中超联赛视频。然而，在二审中，北京市知识产权法院的审理使该案出现了逆转，否定了该案一审将体育赛事直播画面认定为作品的结论，认为涉案体育赛事直播画面不构成电影作品，因此新浪公司对涉案体育赛事直播画面不享有著作权。

二、争议焦点

本案中，新浪公司认为天盈九州公司和乐视公司实时转播涉案两场中超比赛的行为侵犯其享有的在门户网站领域独占转播、传播、播放中超联赛及其所有视频的权利。对此，天盈九州公司主张体育赛事直播画面不具有独创性，不能构成作品，因此未侵犯新浪公司所享有的权利。由此，本案的争议焦点可以归纳为：天盈九州公司和乐视公司实时转播的两场体育赛事直播画面是否具有独创性，是否构成电影作品。

三、法理分析

一审法院在对案件事实进行详细调查，对以上争议焦点展开论证之后，认定涉案转播赛事呈现的画面满足作品的独创性要求，构成作品，乐视公司、天盈九州公司侵犯新浪公司对涉案赛事画面作品享有的著作权。天盈九州公司对一审判决结果不服提出上诉。在二审中，北京市知识产权法院认为要构成电影作品应具有较高的独创性，涉案体育赛事直播画面不构成电影作品，否定了一审法院认定涉案体育赛事直播画面构成作品的结论。北京市知识产权法院认定天盈九州公司、乐视公司不构成侵权，主要基于以下两个方面的考虑：

（一）构成电影作品需要符合“固定”要件

我国《著作权法实施条例》第 4 条规定了不同类型作品，不同类型作品的构成要件并不一样。在认定涉案体育赛事直播画面是否构成作品时，一审法院认为只要该体育赛事直播画面具有独创性就构成作品。但是二审法院认为，新浪公司应该明确主张涉案体育赛事直播画面构成哪一类型作品，从而法院才能据此分析涉案体育赛事直播画面是否满足该类型作品的构成要件，是否构成作品。

由于新浪公司在二审时明确主张涉案中超赛事直播画面构成电影作品和以类似摄制电影的方法创作的作品，因此在认定涉案体育赛事直播画面是否构成作品时，法院应从电影作品和以类似摄制电影的方法创作的作品的构成要件出发。那么电影作品和以类似摄制电影的方法创作的作品的构成要件应是怎么样的呢？根据我国《著作权法实施条例》第 4 条第（11）项规定，电影作品和以类似摄制电影的方法创作的作品是指“摄制在一定介质上，由一系列有伴音或者无伴音的画面组成，并且借助适当装置放映或者以其他方式传播的作品”，该条规定对构成电影作品和以类似摄制电影的方法创作的作品作出了限定，需要该智力成果“摄制在一定介质上”。这就意味着电影作品和以类似摄制电影的方法创作的作品应已经稳定地固定在有形载体上，亦即需要满足固定的要求。

“已经稳定地固定在有形载体上”是构成电影作品和以类似摄制电影的方法创作的作品的条件，可以从以下三个方面进一步解释。首先，电影作品和以类似摄制电影的方法创作的作品是指“摄制在一定介质上，由一系列有伴音或者无伴音的画面组成的作品”，从文义解释上理解，电影作品和以类似摄制电影的方法创作的作品应已经稳定地固定在有形载体上。同时，我国《著作权法》第 10 条第（13）项规定了摄制权，即“以摄制电影或者以类似摄制电影的方法将作品固定在载体上的权利”，该规定亦从另一方面说明我国《著作权法》要求电影作品和以类似摄制电影的方法创作的作品应“固定”。因此，从文义解释和体系解释上看，我国《著作权法》对于电影作品和以类似摄制电影的方法创作的作品的保护都需要电影作品和以类似摄制电影的方法创作的作品被固定在有形载体上。

其次，对于电影作品和以类似摄制电影的方法创作的作品构成要件的理解，可以通过国际公约或条约中的规定进行界定。对于作品是否需要固定，《保护文学和艺术作品伯尔尼公约》第 2 条第（2）项规定：“本联盟成员国的立法可以规定，所有作品或任何特定种类的作品除非以某种物质形式固定下来，否则不受保护”[1]，因此，对于作品是否需要固定，《伯尔尼公约》把决定权留给联盟成员国国内法。而从我国《著作权法实施条例》第 4 条第（11）项对于电影作品和以类似摄制电影的方法创作的作品的规定来看，电影作品和以类似摄制电影的方法创作的作品需要被固定在一定载体上。

最后，“固定”是“一场戏”与电影作品和以类似摄制电影的方法创作的作品最主要的区别。电影作品和以类似摄制电影的方法创作的作品保护的客体并不是舞台上正在上演的“一场戏”，也不是电影剧本（或脚本），而是拍摄完成的影片。对于舞台上正在上演的“一场戏”而言，演员基本上是按照剧本上演的，剧本的完成，即标志着戏剧作品创作的完成。但是电影剧本的完成，仅仅只是电影作品创作的开始，在这个开始之后，至少还要走过下列几个步骤：导演阐述，分镜头剧本的创作，影片的拍摄，同步录音人员、作曲家、演员、配音演员、必要的演唱者、布景制作者和服装设计者的参与，以及剪辑师对镜头的剪辑等。这些内容在原电影剧本中是完全看不到的，只有当它们都被固定在体现电影的那一部胶片上，才反映出他们的劳动创作。[2]“即使使用同一电影剧本和同一批演员，不同导演们拍摄和制作的电影也会有很大差异。”[3] 因此，电影作品和以类似摄制电影的方法创作的作品必须被固定在一定载体上。本案中，天盈九州公司通过网络实时转播涉案体育赛事节目，在实时转播的过程中，涉案赛事整体比赛画面还尚未被稳定地固定在有形载体上。因此，此时的赛事直播画面并不满足电影作品和以类似摄制电影的方法创作的作品中的“固定”的要求，法院由此可认定涉案体育赛事画面不构成电影作品和以类似摄制电影的方法创作的作品。对于电影作品和以类似摄制电影的方法创作的作品而言，“固定在有形载体上”是其构成要件，但并不是所有作品构成要件，如果权利人主张体育赛事直播画面属于其他类型作品，法院仍然需要根据其他类型作品构成要件进行判断，正如二审判决书所言：

> “不同类型作品的构成要件并不完全相同，固定虽属于‘电影作品和以类似摄制电影方法创作的作品’的构成要件，但并非各类作

[1] 《保护文学和艺术作品伯尔尼公约》第 2 条第 2 项。

[2] 郑成思：《知识产权法》，法律出版社 1997 年版，第 351-352 页。

[3] 王迁著：《著作权法》，中国人民大学出版社 2015 年版，第 106 页。

品的共同要件（如口述作品便无需固定），因此，对其他类型作品构成要件的理解仍应以法律的具体规定为依据。”❶

（二）体育赛事画面表达有限

即使在本案中，天盈九州公司未采用网络直播的形式向公众传播中超联赛视频，或者在通过网络实时转播后将涉案体育赛事节目录制在一定载体上，中超联赛视频画面仍不能构成作品，这是因为体育赛事画面表达具有一定的有限性。著作权法只保护具有独创性的表达而不保护思想。“如果一种‘思想’实际上只有一种或者非常有限的表达，那么这些表达也被视为‘思想’而不受保护。”❷ 著作权法上的这一思想与表达“混同原则”排斥对唯一性表达的著作权保护。虽然一审法院认为不同的机位设置、不同的画面取舍、编排、剪切等多种手段，会导致不同的最终画面，反映了体育赛事直播画面的独创性。但事实上，体育赛事直播画面会受到许多客观因素的影响，不同直播团队制作的体育赛事直播并不会明显不同，体育赛事画面表达具有具有一定的有限性。

首先，体育赛事直播一般需要严格按照公用信号制作手册进行制作，公用信号制作手册通常规定了摄像机机位设置、慢动作锁定、镜头切换基本原则等内容。新浪公司在二审中表示其仅对涉案比赛直播的公用信号主张权利，不包括评论员对赛事的解说。其补充提交的中超联赛公用信号制作手册规定了摄像机机位设置，比如，使用7、12号机拍摄射门和近端犯规及纵向犯规、球员、观众；使用4、5号机拍摄越位、巡边、角球等。对于慢动作说明，公用信号制作手册规定了4、5号机（2路）：分别锁定，确保越位表现。对于镜头切换，公用信号制作手册规定要跟随运动进程。在公用信号制作手册的详细规定下，体育赛事直播团队的创作空间很小甚至不存在。而只有严格根据公用信号制作手册制作体育赛事直播的体育赛事直播团队才有资格进行体育赛事直播。因此，根据公用信号制作手册制作的体育赛事直播，无论哪一个制作团队进行制作，都不会有明显差异。

其次，如实反映赛事现场情况是赛事组织者对直播团队的根本要求。同一时刻，位于不同机位的摄像机拍摄赛场的不同画面，有面向观众的画面也

---

❶ 北京市知识产权法院（2015）京知民终字第1818号民事判决书。

❷ 王迁：《著作权法》，中国人民大学出版社2015年版，第51页。

有面向某一位运动员的画面。画面被传输到导播厅后，导播将选择直播具体哪个画面。在需要实时选择的瞬间，导播对于镜头的选择必然需要符合赛事的实际进程，如在某位球员带球并准备射门的紧张瞬间，导播将会选择主要拍摄该球员的画面而非其他球员的画面或观众的画面。即使体育赛况不可控制，导播仍然是基于其对规则、流程以及比赛规律的了解选择画面。对于同等水平的导播而言，镜头的选择及编排并不存在过大的差异。

最后，在这直播过程中，体育赛事直播团队还会因为观众的需求受到进一步的限制。“对于体育比赛的现场直播而言，观众不仅希望看到真实、客观的比赛全部过程，而且在特定时刻对于看到何种角度拍摄的画面通常有较为稳定的预期。比如对于篮球比赛，在还没有进球之前，多数观众都希望看到从赛场特定角度拍摄的、以持球队员为核心的场景。在进球之后，观众则希望从不同角度看到慢镜头重播。”[1] 因此，为了满足观众对体育赛事直播画面的期待，导播在进行直播画面选择时必然选择符合观众对体育赛事直播期待的画面，而不同导播在选择时并不会明显不同。

对于涉案体育赛事直播画面是否具有足够的独创性，新浪公司应承担举证责任，因此二审法院根据新浪公司的主张判断体育赛事直播画面是否具有独创性。新浪公司主张通过预判进行选择的画面，慢动作镜头，特写镜头和集锦可以体现涉案体育赛事直播画面具有独创性，因此可构成电影作品和以类似摄制电影的方法创作的作品。对于通过预判进行选择的画面，新浪公司提供了七个例子，其中一例为球员手球犯规及任意球的过程。对此进行分析，该情形只是属于依据比赛规律必然会出现的情形，任一具有直播资格的直播团队对这一情形都会作出相应的判断。因此，上述预判尚不足以说明直播团队有较明显的个性化选择。对于慢镜头动作，新浪公司只对其中一例进球争议慢动作的独创性进行了说明，其说明为“进球后防守方对是否进球存在争议，导演马上切换了慢动作，显示球过了球门线，裁判是正确的，慢动作结束后，导演马上切到防守方与裁判争执的现场画面，观众既看到了进球的真实情况，又可以看到防守方还固执己见与裁判争议的画面。”[2] 从新浪公司的说明可以看出，该慢动作镜头起到了很好的答疑解惑功能，但只是导播根据

---

[1] 王迁：《论体育赛事现场直播画面的著作权保护——兼评“凤凰网赛事转播案”》，载《法律科学》2016 年第 1 期。

[2] 北京市知识产权法院（2015）京知民终字第 1818 号民事判决书。

公用信号制作手册中所规定情形作的选择，且采用的亦是常用拍摄手法。对于特写镜头，公用信号制作手册同样对于很多特写的使用及切入时间均有严格规定，诸如对在开球的时候选择裁判等特写镜头的使用，体育赛事直播团队只是在遵照公用信号制作手册，无法看出在特写对象的选择上体现了较高的独创性。对于集锦，该四分钟的集锦确实可能具有较高的独创性程度，但不足以使整个赛事直播连续画面符合电影作品要求的独创性高度。因此，新浪公司对于体育赛事直播画面具有独创性的主张不能成立。

四、案件启示

本案是关于体育赛事直播画面是否构成作品的经典案例，其最大的意义在于法院对于体育赛事直播画面是否构成作品作出了迄今为止在司法判决中最为清楚的阐述。在认定某一智力成果是否构成作品时，法院应首先根据权利人主张的作品构成要件进行分析，对于电影作品和以类似摄制电影方式创作的作品，需要满足“已固定在有形载体上”的条件，如果未固定在有形载体上，则不构成电影作品。此外，在判断是否构成某一类型作品之前，如果表达受客观因素影响，只有一种或有限的表达，仍不能构成作品。

（撰稿人：黄丹彤）

短视频的独创性应如何认定

——梁智等与北京天盈九州网络技术有限公司等侵害著作权纠纷案案例评析

一、案情概要

2016年，北京市朝阳区人民法院受理了龚敬、梁智诉真实传媒有限公司（以下简称“真实公司”）、北京德创文化传媒有限公司（以下简称“德创公司”）、上海文化广播影视集团有限公司（以下简称“上海文广集团”）、北京天盈九州网络技术有限公司（以下简称“天盈九州公司”）侵害著作权纠纷一案。本案主要涉及原告龚敬、梁智拍摄的若干短视频是否构成以类似摄制电影的方法创作的作品的问题。

在2010年4月至2011年5月期间，原告龚敬、梁智对救助、抚养并放归小狼的过程进行了有计划的跟踪拍摄，形成了大量短视频，并根据这些视频剪辑、制作了大型原创电视纪录片《重返狼群》，其中还包含二人接受四川电视台采访的视频，以及作为背景讲述的画外音等。

被告真实公司系上海文广集团的控股子公司，负责运营上海电视台纪实频道的影片、电视剧、新闻、广告营销等全部事宜。被告德创公司是真实公司的合作方，受托为真实公司制作系列电视纪录片《我和野狼有个约会》，并在上海电视台纪实频道“真实第25小时”栏目播出，该纪录片既包含龚敬、梁智拍摄的若干短视频，又包含针对龚敬、梁智的采访视频。被告天盈九州公司在其运营的凤凰网（www.ifeng.com）上提供纪录片《我和野狼有个约会》的在线播放。

一审法院依据《著作权法》《著作权法实施条例》《最高人民法院关于审理侵害信息网络传播权民事纠纷案件适用法律若干问题的规定》等相关规定，认定原告龚敬、梁智主张权利的视频属于录像制品，被告真实公司委托德创公司制作的纪录片《我和野狼有个约会》侵犯了原告龚敬、梁智对涉案录像制品享有的合法权利，应赔偿损失；上海电视台纪实频道的运营由真实公司负责，对于该频道播放涉案侵权纪录片的行为，应当由真实公司承担责任，而非上海文广集团；被告天盈九州公司侵犯了原告对其录像制品享有的信息网络传播权，应当承担相应的侵权责任。

二、争议焦点

本案中，原告龚敬、梁智主张其拍摄的短视频是以类似摄制电影的方法创作的作品，而被告真实公司则辩称原告提交的视频片段仅仅是对生活点滴的记录，属于创作素材，不构成以类似摄制电影的方法创作的作品，原告不享有著作权。由此可知，龚敬、梁智主张权利的短视频在著作权法上的定性是本案的主要争议焦点。

三、法理分析

北京市朝阳区人民法院审理后认为，就龚敬、梁智主张权利的视频内容来看，每段视频的场景单一、内容简单、创作难度不高，其所体现的独创性尚不足以达到构成我国著作权法所规定的电影作品和以类似摄制电影的方法创作的作品（以下简称“电影作品”）的高度，应当属于录像制品。[1] 通过分析法院关于上述短视频性质的论述可知，区分电影作品与录像制品的关键在于独创性的高低。

我国《著作权法实施条例》第 4 条第 11 项规定：“电影作品和以类似摄制电影的方法创作的作品，是指摄制在一定介质上，由一系列有伴音或者无伴音的画面组成，并且借助适当装置放映或者以其他方式传播的作品。”而第 5 条第（三）项规定：“录像制品，是指电影作品和以类似摄制电影的方法创作的作品以外的任何有伴音或者无伴音的连续相关形象、图像的录制品。”从上述规定不难看出，电影作品与录像制品均是一系列有伴音或无伴音的连续画面，但在我国《著作权法》采用大陆法系的二分法，同时规定了著作权与邻接权的情况下，作为邻接权对象的录像制品，显然不具备作品所要求的

[1] 参见北京市朝阳区人民法院（2016）京 0105 民初 37647 号民事判决书。

“独创性”,[1]“大陆法系著作权法理论认为：只有那些能够反映作者个性、打上了作者个性智力烙印、体现一定智力创造水准的成果才算具有‘独创性’，才能受到著作权法的保护。”[2] 因此，电影作品与录像制品的划分标准在于独创性的高低，而对独创性高低的判断，主要可以从“质”和“量”两个方面进行分析，具体而言：

（一）“质”上的独创性区别

从“质”的角度来看，电影作品是合作性劳动成果，在其创作过程中，需要演员、摄影、剪辑、音乐、灯光、美工等在导演的统筹下通力配合来实现剧本的影视化。[3] 具体来说，拍摄前期需要对剧本进行深加工，使其适于用电影的艺术表现方式呈现在荧幕上；在拍摄过程中，导演应制订详尽的分镜计划，对演员的表演从神情、动作到语言给予指导，对镜头的选择、灯光的设置、配乐的安排等都需要导演进行掌控，与多部门的工作人员协调配合，以达到所需之效果；后期制作中采用蒙太奇等剪辑手法，对素材进行剪辑、编排，实现空间与时间的自由转换，以达到剧情的高度概括和集中，吸引观众的注意力。相较之下，录像制品的制作一般仅包括摄影和剪辑，且大多是对自然风景、已有场景的再现，其付出的创造性劳动在“质”上难以符合电影作品的要求。在司法实践中，前几年涌现的卡拉 OK 案件中对 MTV 画面的性质认定就是涉及电影作品和录像制品的区分问题的典型。对此，法院往往将制作过程中的参与人数作为区分电影作品与录像制品的重要考量因素。例如，在“正东公司诉麒麟公司著作财产权纠纷案”中，法院即认为陈慧琳演唱的《情人说》和《回情》两首 MTV“系制作者使用类似摄制电影的方法拍摄的一系列有伴音的电视画面，凝聚了导演、摄影、录音、剪辑、合成等工作人员的创造性劳动，因此属于以类似摄制电影的方法创作的作品。”而陈慧琳演唱的《光年》MTV 则不具有独创性，不属于以类似摄制电影的方法创作的作品，因为该 MTV 的画面只是舞台剧现场表演的机械录制。[4] 而“机械录

---

[1] 参见《著作权法实施条例》第 2 条：“著作权法所称作品，是指文学、艺术和科学领域内具有独创性并能以某种有形形式复制的智力成果。”

[2] 王迁：《知识产权法教程》，中国人民大学出版社 2016 年版，第 194 页。

[3] 参见陈绍玲：《如何认定体育赛事直播画面的独创性?》，载《中国知识产权报》2016 年 5 月 20 日第 9 版。

[4] 参见上海市第二中级人民法院民事判决书（2004）沪二中民五（知）初字第 12 号。

制”一般只包含摄影和剪辑，相较之下，电影作品制作团队之庞大、分工之复杂，在多部门配合下共同完成的连续画面，其独创性自然要远远高于“机械录制”而成的画面。就本案而言，原告主张权利的若干视频仅是由原告龚敬、梁智二人使用摄影器材对小狼的行为、二人与小狼之间的互动、周围环境等进行的片段式的简单连续摄像，其投入的创造性劳动在“质”上远远达不到电影作品的要求，因此属于录像制品。

（二）“量”上的独创性区别

从“量”的角度来看，首先，导演在电影的制作过程中发挥着统筹全局的重要作用。在确定一部影片的整体创作基调之后，为了将其生动地表现出来，导演不仅要从剧本的情感内涵、拍摄技术要求入手来指导演员的表演，还要对镜头的拍摄，如拍摄角度（正拍、仰拍、俯拍、侧拍、逆光、滤光等）、距离选择（远景、近景或特写），以及后期剪辑进行掌控，[1] 最终通过这些“镜头语言”来反映一定的社会生活，表达某种思想感情。可以说，“没有导演或导演印记的电影，达不到电影应有的高度。”[2] 其次，演员的表演对于最终呈现的连续画面起到了关键性作用。在一部电影中，演员需要投入大量的精力来塑造人物，一方面，在前期准备过程中，演员要研读剧本，了解人物所处的时代背景，而这往往要搜集大量资料，并进行整理、研究；另一方面，在拍摄过程中，演员需要通过鲜明的形体及独特的语言来表现个性和呈现鲜活生动的人物形象。除了需要背诵大量的台词，演员在表演时还要进行反复琢磨、推敲，往往一个简单的场景需要拍摄几遍甚至十几遍以上，以达到最好的呈现效果。再者，在电影制作过程中，摄影师负责画面的整体效果，包括拍摄现场的布光、画面的构图以及镜头的选择，是一个“利用灯光来作画的艺术家”。[3] 摄影师需要仔细钻研剧本，为每一个场景每一个镜头做视觉再现（即将剧本故事可视化），还要选择合适的拍摄设备，选取合适的拍摄角度和拍摄场地，并与灯光/照明团队的工作人员沟通以实现预想的灯光效果和场景效果，尤其是很多场景或镜头需要运动拍摄来表现气氛并吸引观众

[1] 参见［美］格罗斯、沃德：《电影和电视制作》，毕根辉等译，华夏出版社2000年版，第63-64页。

[2] ［美］埃里克·舍曼：《导演电影：电影导演的艺术》，丁昕等译，广西师范大学出版社2005年版，第2页。

[3] 参见［美］格罗斯、沃德：《电影和电视制作》，毕根辉等译，华夏出版社2000年版，第73页。

的注意力，通过摄影师的升降、旋转和晃动（或几种方式综合使用）来实现镜头运动的效果，这需要摄影团队、照明团队等的高度配合。❶ 因此，摄影师在拍摄过程中所投入的劳动量是巨大的。另外，后期剪辑作为电影制作流程之一，需要将前期拍摄的视觉素材与声音素材进行重新分解、组合、编辑并构成一部完整的电影，运用蒙太奇等剪辑技巧来实现时间和空间的转换，增强影片的艺术表现力和感染力，可以说是电影的一次再创作，其投入的创造性劳动量可想而知。相反，录像制品则没有情节或者情节非常简单，拍摄画面也较简单，往往只是用摄像机将表演或比赛实况机械录制下来，或者是对自然风光、人物活动的简单拍摄，即使在后期剪辑时对素材的选择、画面的拼接也投入了一定的创造性劳动，但在“量”上远远不及电影作品创作过程中所付出的创造性劳动，其属于普通人运用通常技能即可完成的劳动成果。正如德国学者雷炳德所指出的：“那些运用普通人的能力就能做到的东西，那些几乎每个人都可以做成的东西，即使这些东西是全新的，也不能作为作品受到保护。”❷ 对此，本案判决书中亦有类似表述：

> “电影作品的独创性主要并最终体现在画面的衔接与声音的衔接上，包括画面内容的选择、光线的明暗、角度和色度、镜头的切换，以及对所摄制画面的剪接等方面。能够被认定为电影作品和以类似摄制电影的方法创作的作品，应在画面、声音的衔接等方面反映拍摄者的构思，表达出某种精神内容，具有一定程度的独创性。而以机械方式录制形成的录像制品，在录制过程中对机位的设置、场景的选择、镜头的切换等只进行了简单的调整，或在录制后只对画面、声音进行了简单的剪接等，即创作高度较低，属于运用通常技能即可完成的成果。”❸

在此需要强调的是，电影作品与录像制品在“量”上的差异是指创造性劳动的投入量，并非只要投入大量劳动就具有独创性，正如精确临摹需要高超的技巧，投入大量的劳动，但它并没有与原作品产生视觉上的明显差异，

❶ 参见《电影摄影师在影视制作中六大块工作内容，你真的了解吗?》，载 http://www.kanqiye.com/news/1076.html（最后访问日期为：2019 年 6 月 9 日）。

❷ ［德］M. 雷炳德：《著作权法》，张恩民译，法律出版社 2004 年版，第 49 页。

❸ 北京市朝阳区人民法院（2016）京 0105 民初 37647 号民事判决书。

无法达到“独创性”要求。对于视听作品，在某些情况下，创作过程中个性化选择空间的大小直接影响到创造性劳动投入量的多少，如果个性化选择空间有限，则创造性劳动的投入量相对较少。在司法实践中，法院常常会将创作空间的大小纳入考虑范畴。例如，在“天盈九州公司诉新浪公司侵犯著作权及不正当竞争纠纷案”中，二审法院认为，受到赛事本身的客观情形、赛事直播的实时性、对直播团队水准的要求、观众的需求、公用信号的制作标准等客观限制因素的影响，中超赛事公用信号所承载的连续画面在素材的选择方面基本上并无个性化选择，而在对素材的拍摄、对拍摄画面的选择及编排等方面的个性选择空间亦相当有限，因而在独创性高度上较难符合电影作品的要求。[1] 就本案而言，原告龚敬、梁智所拍摄的与小狼相关的若干视频，短则数秒，最长的也就几分钟，时间上与长达一个多小时的电影作品无法相比，且短视频是对小狼的行为、二人与小狼之间的互动以及周围环境等的真实记录，跟家庭录像差不多，拍摄所投入的劳动量自然是有限的，在“量”上不符合电影作品的要求，因此，法院将其认定为录像制品是合理的。

综上，原告拍摄这些短视频所投入的创造性劳动，不管是从“量”上还是“质”上，都难以符合我国《著作权法》中电影作品对独创性高度的要求，但是其仍然具有一定的价值，因而属于录像制品，通过邻接权予以保护。

四、案件启示

本案是关于区分电影作品与录像制品的经典案例之一。在我国《著作权法》《著作权法实施条例》及相关司法解释并未明确规定电影作品与录像制品的区分标准的情况下，法院实际上从“量”和“质”两个角度对电影作品和录像制品的区分标准——独创性高低进行了清晰的阐述。一方面，电影作品是凝聚了导演、演员、摄影、剪辑、音乐、灯光、美工等工作人员的创造性劳动而形成的艺术作品，而录像制品的制作一般仅包括摄影和剪辑，且大多是对自然风景、已有表演或比赛等场景的真实再现，其付出的创造性劳动在“质”上难以符合电影作品的要求；另一方面，在电影作品的制作过程中，导

[1] 参见北京知识产权法院（2015）京知民终字第1818号民事判决书。

演、演员、摄影师、剪辑师等工作人员所付出的创造性劳动量是巨大的，相反，录像制品往往没有情节或者情节非常简单，拍摄时对场景选择、镜头切换等，以及后期剪辑时对画面、声音的剪接，都属于运用通常技能即可完成的成果，因而其投入的劳动在“量”上远远达不到电影作品的要求。

（撰稿人：陆莹）

■ 传统环境中的著作权行使与侵权判断

复制权侵权和演绎权侵权应如何区分

——上海家昌旅游文化发展有限公司侵犯知识产权案案例评析

一、案情概要

2017 年，上海市浦东新区知识产权局针对上海家昌旅游文化发展有限公司（以下简称“家昌公司”）侵犯迪士尼企业公司（以下简称“迪士尼公司”）知识产权一案，作出了行政处罚决定书。本案主要涉及行政处罚当事人家昌公司侵犯权利人迪士尼公司知识产权的行为性质以及相关行政处罚标准和数额的认定。

知识产权权利人迪士尼公司于 1983 年 4 月 25 日在美国版权局对 WINNIETHE POOH（维尼熊）立体造型美术作品进行了著作权登记，登记号为 VA124—730，享有 WINNIETHE POOH（维尼熊）立体造型美术作品的著作权。根据《伯尔尼公约》第 5 条[1]和我国《著作权法》第 2 条的规定，我国对成员国作品予以保护。因此迪士尼公司在我国对该作品当然享有《著作权法》第 10 条规定的复制权、发行权、改编权等各项权利。此外，迪士尼企业公司还于 2013 年 10 月 15 日在中华人民共和国国家工商行政管理局商标局注

[1] 《伯尔尼公约》第 5 条：“根据本公约得到保护作品的作者，在除作品起源国外的本联盟各成员国，就其作品享受各该国法律现今给予或今后将给予其国民的权利，以及本公约特别授予的权利。”

册"DISNEY"商标，商标证书号为第3253772号，注册有效期限至2023年10月27日。

2017年2月24日上海市公安局浦东分局国际旅游度假区公安处从当事人家昌公司处查获一批标有"DISNEY"商标的小熊维尼钥匙挂件。该批挂件进价每件0.1元，售价每件0.5元，共859件，用于对外销售。经相关行政部门鉴定，该批挂件侵犯了权利人WINNIETHE POOH（维尼熊）立体造型美术作品的著作权和"DISNEY"商标的注册商标专用权。

上海市浦东新区知识产权局根据《著作权法》及其实施条例、《商标法》等相关规定，认定家昌公司侵犯了权利人迪士尼公司的著作权和商标权，对当事人予以没收未出售侵权商品、罚款人民币2500元的行政处罚结果。

二、争议焦点

本案中，浦东新区知识产权局对当事人家昌公司予以了行政处罚。案件的主要争议焦点集中在了以下两点：（1）当事人家昌公司销售的争议商品构成对原作品的复制还是改编；（2）对家昌公司予以行政处罚的标准和数额的确定。

三、法理分析

上海市浦东新区知识产权局在对上述案件事实查实之后，分别论证了上述两个争议焦点。笔者拟结合上述争议焦点，分析其法理依据。

（一）案件定性：争议商品是原作品的复制件还是改编作品

本案的第一个争议焦点是家昌公司销售的商品是迪士尼公司原作品的复制件还是改编作品。

甄别争议商品性质的原因在于，我国法律对未经许可的复制、发行和改编行为规定的法律责任是不同的，这将导致处罚结果的不同。具体而言，根据我国《著作权法》第47条规定，当事人侵犯复制、发行、改编权的应当负民事赔偿责任；根据我国《著作权法》第48条规定（当事人因侵权须负行政责任的），对未经许可的复制、发行行为可以予以行政处罚（该条对侵犯改编权及其后续利用的行为作出没有规定。）就本案而言，如果涉案商品构成原作品的改编作品，那么家昌公司的销售行为就仅是对未经许可改编作品的后续利用，在著作权侵权方面将不能予以行政处罚。反之，如果涉案商品是原作品未经许可的复制件，那么家昌公司对该商品的销售行为则构成对权利人发行权的侵犯，可以对该行为予以行政处罚。因此，认定涉案商品与原作品间的关系尤为重要。

复制和改编行为都是在有形物质载体上对原作品的再现。不同的是，复制行为需要使用原作品的基本表达，与原作品达到“实质性相似”的程度；而改编行为不仅需要使用原作品的基本表达，还需要发展原作品之表达，使原表达与新的独创性表达融为一体。要构成演绎作品，新作品不但需要利用原作品的表达，而且需要发展原作品的表达，使原表达和新表达融为一体。如果新作品的作者仅仅将原作品的表达原封不动地保留，而自己贡献的新表达与原表达可以相互独立，互不影响，则新作品并不构成演绎作品。如在一本小说书中将他人的美术或摄影作为插图纳入，小说作品并不能成为美术或摄影作品的演绎作品。[1] 本案中，家昌公司的维尼熊钥匙扣在外形上与迪士尼公司 1983 年在美国版权局登记的“维尼熊”立体造型美术作品极为相似。根据相关行政处罚机关的认定材料（见下图），对比涉案商品和原作品，明显能够观察到两者的高度相似性：都是黄色的身体、身着红色短小上衣的小熊；有圆圆的头部、肚子和四肢；脸部方面是豆点状的小眼睛，嘴部微笑呈一定弧度，并有酒窝。虽然涉案商品在小熊的动作和颜色上有细微差别，但是无法摆脱整体上的高度相似，也没有构成新表达。行政处罚机关认定两者构成实质性相似是合理的。综上所述，未经许可制作的小熊维尼钥匙扣侵犯了著作权人的复制权，家昌公司的销售行为侵犯了著作权人的发行权。因此，相关行政处罚部门对家昌公司销售争议商品的行为予以行政处罚有合理性。

登记号：VA 124-730 迪士尼角色指南 P16

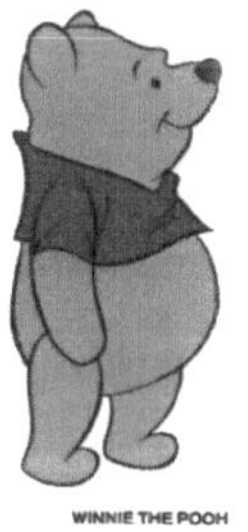

图为迪士尼公司的版权登记作品（左图）、迪士尼动画《小熊维尼与跳跳虎》（第十六集）剧照（右图）

---

[1] 参见王迁：《著作权法》，中国人民大学出版社 2015 年版，第 202 页。

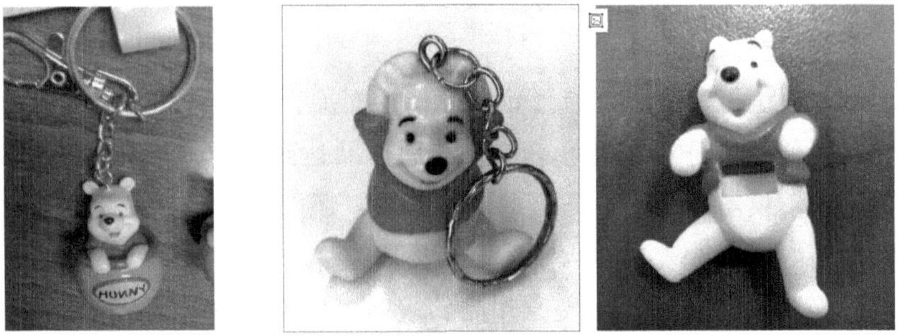

图为迪士尼销售的使用维尼熊卡通形象的钥匙扣产品（左图）、家昌公司销售的非授权维尼熊钥匙扣商品（右图）

（二）行政处罚标准和数额的确定

对家昌公司行政处罚的标准和数额的确定也是本案的重点内容。家昌公司销售未经许可的侵权商品，侵犯了迪士尼公司的著作权和商标专用权。浦东新区知识产权局依据《著作权法》及其实施条例，以及《商标法》的相关规定对行政处罚的标准和数额作出裁量。

1. 予以行政处罚的标准

根据《著作权法》第48条，著作权行政管理部门有权对侵犯复制发行权的行为责令停止侵权行为，没收违法所得，没收、销毁侵权复制品，并可处以罚款。《商标法》第60条也规定，对于第57条侵犯商标专用权的行为，工商行政管理部门认定侵权成立的，应当予以行政处罚。本案中，当事人以低价批发、零售上述侵权的小熊维尼钥匙挂件，扰乱了正常的市场交易秩序，损害了社会公共利益，达到了予以行政处罚的标准。

2. 具体罚款数额的确定

关于行政处罚的罚款数额，就侵犯著作权而言，浦东新区知识产权局根据《著作权法实施条例》第36条[1]，结合自由裁量的原则，处以2500元的罚款。就侵犯商标专用权而言，浦东新区知识产权局根据《商标法》第60条[2]

---

[1] 《著作权法实施条例》第36条："没有非法经营额或者非法经营额5万元以下的，著作权行政管理部门根据情节轻重，可处25万元以下的罚款。"

[2] 《商标法》第60条规定："有本法第五十七条所列侵犯注册商标专用权行为之一……工商行政管理部门处理时，违法经营额五万元以上的，可以处违法经营额五倍以下的罚款，没有违法经营额或者违法经营额不足五万元的，可以处二十五万元以下的罚款。"

及相关规定，结合本案当事人销售侵权商品的违法经营额情况，处以 1288.5 元（违法经营额三倍）的罚款。

此外，本案仍有待讨论的问题是“一行为侵犯多种知识产权”的行政处罚问题。具体而言，本案中，家昌公司未经许可销售侵权商品的行为，同时侵犯了迪士尼公司的著作权和商标专用权，浦东新区知识产权局适用了择一重处罚的原则，最终作出没收侵权商品和 2500 元的处罚决定。随着司法实践中一行为侵犯多个知识产权情况的不断增加，如何合理合法的处理类似问题有待进一步探讨和明确。

四、案件启示

本案的成功办结，得益于浦东新区知识产权局“三合一”的行政执法。该种执法模式能同时处理同一案件中侵犯著作权和商标权的行政责任。“三合一”的行政执法模式打破了著作权、专利权、商标权在行政执法过程中的隔膜，有利于节省执法成本，提高行政效率，有利于形成综合、高效、便利的知识产权行政保护运行模式。本案中，侵权商品定性为原作品的复制件还是改编作品影响着后续著作权侵权的行政处罚，是行政执法过程中应予明确的问题。此外，对行政处罚标准和数额的确认、想象竞合的行政处理也是司法实践中值得深入探讨的问题。

（撰稿人：李静怡）

音乐集体管理组织应如何代表其会员行使并保护版权

——中国音乐著作权协会与北京东方新大陆文化艺术有限公司、北京恒景通国际文化艺术有限公司侵犯著作财产权纠纷案案例评析

一、案情概要

2010年，北京市朝阳区人民法院受理了中国音乐著作权协会（以下简称“音著协”）诉北京东方新大陆文化艺术有限公司（以下简称“东方新大陆公司”）、北京恒景通国际文化艺术有限公司（以下简称“恒景通公司”）侵犯著作财产权纠纷一案。本案中，东方新大陆公司及恒景通公司未经许可使用了音著协合法管理的歌曲进行现场表演，本案主要涉及东方新大陆公司及恒景通公司的行为是否构成著作权侵权的问题。

原告音著协，是由国家版权局和中国音乐家协会共同发起成立的，专门维护作曲者、作词者和其他音乐著作权人合法权益的非营利性机构。根据歌曲《月亮代表我的心》《甜蜜蜜》《恰似你的温柔》《海韵》以及《独上西楼》词曲作者对台湾地区音乐著作权集体管理组织——中华音乐著作权仲介协会的授权以及该协会与音著协之间签订的《相互代表合同》，音著协有权对发生在大陆地区的相关侵权行为提起诉讼。

被告东方新大陆公司是于2009年5月15日、2009年5月16日在北京展览馆举办的邓丽君经典歌曲2009全球巡回演唱会北京站（简称“何日君再来”演唱会）的主办方之一。该演唱会共演出了歌曲26首，其中包括《月亮代表我的心》《甜蜜蜜》《恰似你的温柔》《海韵》以及《独上西楼》5首歌曲。被告恒景通公司也是该演唱会的主办方之一。

被告东方新大陆公司曾于2009年3月27日与上海影乐轻音乐团有限公司

（简称“上海影乐公司”）就“何日君再来”演唱会相关事项签订协议书。同年4月13日，被告东方新大陆公司与被告恒景通公司也就“何日君再来”演唱会签订了合作协议，约定了分工和收益分配。

北京市朝阳区人民法院依据《著作权法》（2001年修订）第36条第1款、第47条第1款第（1）项、第48条[1]，认定被告东方新大陆公司与被告恒景通公司在其组织的“何日君再来”演唱会中使用音著协管理的涉案5首歌曲，并未征得许可，亦未支付报酬，共同侵犯了相关著作权人的表演权，依法应承担连带赔偿责任。

二、争议焦点

本案中，原告音著协认为被告东方新大陆公司、恒景通公司在其主办的“何日君再来”演唱会中使用了《月亮代表我的心》《甜蜜蜜》《恰似你的温柔》《海韵》以及《独上西楼》5首歌曲进行公开表演。对此，被告东方新大陆公司主张其不是适格主体，且音著协诉请的赔偿数额没有事实和法律依据；被告恒景通公司认为其不是适格主体，且音著协的证据不足以证明其获得了涉案歌曲的合法代理权限，其主张涉案5首歌曲的词曲表演权缺乏法律依据。由此，本案的争议焦点可以归纳为以下三点：（1）原告音著协是否有权行使表演权并提起侵权诉讼；（2）被告东方新大陆公司和恒景通公司是否是适格被告；（3）被告东方新大陆公司和恒景通公司是否侵犯了权利人的表演权。

三、法理分析

北京市朝阳区人民法院在对案件事实进行详细调查、展开论证之后，认定被告东方新大陆公司与被告恒景通公司在其组织的“何日君再来”演唱会中使用了音著协管理的涉案5首歌曲，并未征得许可，亦未支付报酬，故共同侵犯了相关著作权人的表演权，依法应承担连带赔偿责任，主要基于以下几个方面的考虑。

（一）原告音著协有权行使表演权并提起侵权诉讼

原告音著协是否有权行使表演权并提起侵权诉讼是本案的争议焦点之一。

---

[1] 现行《著作权法》第37条第1款、第48条第1款第（1）项、第49条。

"依法成立的著作权集体管理组织，根据著作权人的书面授权，以自己的名义提起诉讼，人民法院应当受理。"❶ 因此，音著协作为原告提起侵权诉讼是有法律依据的。

我国于 1992 年成立了第一家著作权集体管理组织——音著协，它的出现具有历史必然性。由于创作活动分散于我国每个角落，尤其是我国加入《伯尔尼公约》之后，受保护作品的地域范围不断扩张，散布各地的使用人与权利人之间难以取得直接的联系成了普遍性的问题。❷ 集体管理组织大大地减轻了权利人与使用人之间的交流隔离，成了许可发放和利益分配的中间机构。从其历史发展来看，集体管理组织最初的设立与音乐作品的表演密切相关，如法国的集体管理溯源于作曲家们咖啡馆内的休闲经历❸，美国的集体管理组织溯源于流行音乐作曲家们的共同努力，最初都是为了让音乐作品的权利人们即作曲家及出版商——更有效率地掌控音乐作品的表演行为❹。根据音著协的章程，音著协对音乐作品的管理事项就包括"使用音乐作品进行公开表演"。❺

本案中，原告音著协与中华音乐著作权仲介协会签订了《相互代表合同》，前者获得了在中国大陆地区代后者行使会员音乐作品公开表演的专有权利。因此，只要有充分的证据证明 5 首歌曲的词、曲作者确实授权中华音乐著作权仲介协会管理其作品，以及中华音乐著作权仲介协会与音著协之间确实签订了真实有效的合同，就可以证明音著协是适格原告。

法院根据浙江文艺音像出版社于 2001 年出版《邓丽君畅销金曲专辑》CD 光盘确定了涉案 5 首歌曲的词、曲署名情况。结合中华音乐著作权仲介协会提供的证据，法院将署名的笔名与真实作者姓名相挂钩，最终确定了作品的权利人。根据中华音乐著作权仲介协会提供的会员合同《音乐著作著作财产权管理契约》，法院确定了涉案 5 首歌曲的相关词曲作者是中华音乐著作权仲介协会的签约会员，且中华音乐著作权仲介协会授权音著协的行为在会员合同的授权范围之内。法院认为，在无相反证据的情况下，可以认定音著协

---

❶ 《最高人民法院关于审理著作权民事纠纷案件适用法律若干问题的解释》第 6 条。

❷ 王迁：《著作权法》，中国人民大学出版社 2015 年版，第 389-390 页。

❸ 1847 年，法国两名著名作曲家和作词家到巴黎爱丽舍田园大街的一家咖啡店消费，他们发现咖啡店没有获得他们的许可而演奏了他们创作的音乐，因而拒绝向咖啡馆付账，最终引发诉讼。

❹ ［美］莫泽：《音乐版权》，权彦敏等译，西安交通大学出版社 2013 年版，第 91-92 页。

❺ 《音乐著作权协会章程》，载 http://www.mcsc.com.cn/infom-21-1.html（最后访问日期为：2019 年 04 月 11 日）。

取得了在中国大陆地区行使涉案《月亮代表我的心》《恰似你的温柔》《海韵》3首歌曲的词、曲以及《独上西楼》乐曲和《甜蜜蜜》歌词部分的表演权的专有权利，即音著协是本案的适格原告。

（二）被告东方新大陆公司和恒景通公司是适格被告

被告东方新大陆公司和被告恒景通公司是否为适格被告是该案的争议焦点之一。根据我国《著作权法》的规定，“使用他人作品演出，表演者（演员、演出单位）应当取得著作权人许可，并支付报酬。演出组织者组织演出，由该组织者取得著作权人许可，并支付报酬。”[1] 虽然从原理出发，应是谁表演作品谁应去取得著作权人的许可，但是中国的立法考虑到了实际通行的做法，故规定可由演出组织者“取得著作权人许可，并支付报酬”。[2] 就适格被告这一争议焦点，法院围绕被告东方新大陆公司和被告恒景通公司是否是“何日君再来”演唱会的“演出组织者”展开论述。

一方面，原告东方新大陆公司与上海影乐公司签订合同约定由后者负责征得演唱会相关歌曲的许可并承担责任：

> “约定东方新大陆公司邀请上海影乐公司参加‘何日君再来’演唱会，演出费每场8.5万元，两场合计17万元；被告东方新大陆公司负责演出的舞台舞美、灯光音响，负责提供6至8名伴舞演员以及当地演出手续的报批；上海影乐公司保证演出质量，保证演唱会所使用的音乐作品已得到相关许可，并承担相关责任。”[3]

根据合同约定的内容，上海影乐公司仅仅是由被告东方新大陆公司邀请参加“何日君再来”演唱会，提供现场伴奏并收取相应的报酬。而且，演唱会宣传册中确实载明了上海影乐轻音乐团为现场伴奏。因此，被告东方新大陆公司才是演唱会的主办方。即使被告东方新大陆公司辩称其与上海影乐公司签订的合同约定由上海影乐公司对版权问题负责，但是合同具有相对性，只对签订合同的当事人具有法律约束力。因此，法院认定但该合同的效力仅限于合同双方，不对抗合同以外第三人。在外观上，被告东方新大陆公司是

---

[1] 《著作权法》第37条第1款。

[2] 《著作权法释义》，载 http://www.npc.gov.cn/npc/flsyywd/minshang/2002-07/15/content_297585.htm（最后访问日期为：2019年04月11日）。

[3] 北京市朝阳区人民法院（2010）朝民初字第20969号民事判决书。

“何日君再来”演唱会的演出组织者。

另一方面，被告东方新大陆公司和被告恒景通公司签订了合同，约定“何日君再来”演唱会由双方共同出资、共负盈亏、相互合作：

> “双方约定：演出前期准备各项费用预计40万元，双方各负担50%，演出收入分配比例为恒景通公司40%、东方新大陆公司60%；恒景通公司负责提供演出中舞美、视频设备、控制系统以及运输搭建、现场控制和技术人员；东方新大陆公司负责提供现场灯光、音响设备以及运输搭建、现场控制和技术人员。”❶

而且，对外发放的演唱会宣传册也载明双方是演唱会的主办方，因此法院认定，被告东方新大陆公司和被告恒景通公司都是“何日君再来”演唱会的演出组织者，即两者都是本案的适格被告。

（三）被告东方新大陆公司和恒景通公司侵犯了权利人的表演权

虽然法院并没有就“表演权”的问题进行阐述，但是有必要明确“表演权”的内涵以厘清该侵权纠纷案的判案逻辑和著作权侵权法律关系。表演是一种直接传播作品的方式，表演权主要是戏剧与音乐作品权利人享有的权利。❷ 就表演这一概念，各国的立法例不尽相同。尽管不同国家对表演的内涵有不同的规定，但是共通的一点是法律规制的表演行为是面向“公众”的。尽管各国对“公众”和“非公众”之间的划分并非完全一致，但是都遵守了相同的限制条件——不损害作者通过公开表演或向公众传播的方式利用其作品的权利。❸

表演权外延的扩张具有必然性。追溯至表演权产生的源头，经济利益因素是推动其形成的最主要因素。从最初的戏剧作家为经济利益而主张权利，现场表演行为被列入了著作权保护的序列，如法国1791年《表演权法》、英国1833年《戏剧文学财产法》、美国1856年《戏剧作品版权法》。到后来，随着技术手段的进步和丰富，作品的表演市场逐渐被借助机械设备的方式主导，权利人自然不会放任这一种新型的“表演”，因此权利人积极主动地推动

---

❶ 北京市朝阳区人民法院（2010）朝民初字第20969号民事判决书。

❷ 郑成思：《版权法（上）》，中国人民大学出版社1997年版，第221-224页。

❸ ［澳］山姆·里基森、［美］简·金斯伯格：《国际版权与邻接权（第二版）》，郭寿康等译，中国人民大学出版社2016年版，第623页。

法律概念的扩张，以将更多的使用行为囊括至麾下。[1]

就我国而言，表演这一概念的内涵主要受到了加入的国际公约的影响。我国1991年出台的《著作权法实施条例》以及2002年登载于中国人大网的《著作权法释义》对表演这一概念做出过相应的解释："表演，指演奏乐曲、上演剧本、朗诵诗词等直接或者借助技术设备以声音、表情、动作公开再现作品"。[2]严格来说，这一解释仅仅指向"现场表演"，即需要演员参与的"活表演"。在2001年《著作权法》第一次修订的时候，我国已经加入了《伯尔尼公约》，因此，为了履行《伯尔尼公约》的义务，我国2001年《著作权法》参照《伯尔尼公约》对表演权的概念进行了修正和完善："表演权，即公开表演作品，以及用各种手段公开播送作品的表演的权利"[3]，且现行《著作权法》沿用了这一概念。

《伯尔尼公约》规定了戏剧作品、戏剧音乐作品和音乐作品作者享有的专有权利的"最低要求"，其中就包括"公开表演和演奏"[4]；同时，《伯尔尼公约》也规定了文学作品的作者有"授权公开朗诵"的专有权利[5]。我国现行《著作权法》对表演权的定义直接来源于《伯尔尼公约》，将表演权规定为"公开表演作品，以及用各种手段公开播送作品的表演的权利"[6]。根据《伯尔尼公约》对"公开表演和演奏"及"公开朗诵"的相关规定，"公开"的方式包括"各种手段和方式公开"。[7]这就意味着，《伯尔尼公约》规定的"表演"允许表演不仅限于"活表演"，还可以包括载有作品的其他设备的表演行为。[8]除了戏剧或音乐作品最常规、传统的公开方式——现场表演之外，借助机械设备呈现作品的表演也是一种常见的公开方式，如播放唱片。

---

[1] 陈绍玲：《公共传播权研究》，法律出版社2016年版，第39-42页。

[2] 《著作权法实施条例（1991年）》第5条第1款第（二）项；《著作权法释义》，载 http://www.npc.gov.cn/npc/flsyywd/minshang/2002-07/15/content_ 297585.htm（最后访问日期为：2019年04月11日）。

[3] 《著作权法（2001修正）》第10条第1款第（9）项。

[4] 《伯尔尼保护文学和艺术作品公约》第11条第1款第（1）项。

[5] 《伯尔尼保护文学和艺术作品公约》第11条之3第1款第（1）项。

[6] 《著作权法》第10条第1款第（9）项。

[7] 《伯尔尼保护文学和艺术作品公约》第11条第1款第（1）项；《伯尔尼保护文学和艺术作品公约》第11条之3第1款第（1）项。

[8] ［澳］山姆·里基森、［美］简·金斯伯格著：《国际版权与邻接权（第二版）》，郭寿康等译，中国人民大学出版社2016年版，第632-633页。

我国现行《著作权法》对表演权的定义与《伯尔尼公约》规定的“公开表演和演奏”和“公开朗诵”两项专有权利相对应，而“用各种手段公开播送作品的表演”是否与《伯尔尼公约》规定的“用各种手段向公众播送”❶相对应，学界存在不同意见。根据立法者的观点，“用各种手段公开播送作品的表演”仅仅指的是“机械表演”，也就是说我国《著作权法》表演权规制的仅仅是向在现场的受众呈现作品的表演的行为，并未囊括《伯尔尼公约》规定的通过传输向远距离的观众传播作品的行为。❷ 这一解释很可能是立法者误解的结果，即《著作权法》的立法者将《伯尔尼公约》规定的“用各种手段公开播送作品的表演”与机械表演画上了等号。❸ 然而，以《伯尔尼公约》为国际法源，毫无疑问，我国现行《著作权法》规定的表演权控制的行为一定包括了“现场表演”和“机械表演”。

就本案来说，侵权法律关系是一目了然的。首先可以明确，因为涉案演唱会具有商业性质，所以本案没有合理使用条款的适用余地。再者，“何日君再来”演唱会上，担任伴奏的上海影音轻乐团及其他表演者使用了 5 首涉案歌曲进行了现场表演，该行为是否构成表演行为的问题不存在事实争议和法律争议。值得一提的是，虽然“何日君再来”演唱会确实使用了视频设备、音响设备等机械设备，但是并不意味着该表演行为就构成了《著作权法》意义上的“机械表演”。本案中，演唱会上使用的机械设备都是服务于演员进行现场表演的辅助工具，目的是能够增强现场表演的表演效果。相对地，如果工作人员事先将表演的歌曲进行录制，然后在演唱会现场向现场观众进行播送的话，该行为便构成《著作权法》意义上的“机械表演”了。但是，本案的审理法院并没有严格区分表演涉案 5 首歌曲的行为究竟“属于现场表演还是机械表演”。因为我国现行《著作权法》规制的表演行为包括现场表演和机械表演这两种公开表演行为，所以，无论涉案表演被定性为是哪一种表演，只要是对现场观众呈现了作品的表演，都无可争议地受到《著作权法》的规制。换句话说，法院做不做严格区分都不会影响案件的审理，最终法院都会对涉案行为作出侵权判定。

---

❶ 《伯尔尼保护文学和艺术作品公约》第 11 条第 1 款第（2）项；《伯尔尼保护文学和艺术作品公约》第 11 条之 3 第 1 款第（2）项。

❷ 胡康生：《著作权法释义》，法律出版社 2002 年版，第 49-50 页。

❸ 王迁：《论网络环境中表演权的适用》，载《比较法研究》2017 年第 6 期。

四、案件启示

本案是关于表演权侵权的经典案例，涉案行为是表演行为中最显而易见的向现场观众提供现场表演的行为，即本案提供了“现场表演”这一表演形式下的侵权范式。对演唱会等商业公开表演活动的组织者和参与者来说，必须事前获得著作权人的合法授权，并支付相应的报酬，做好著作权侵权的风险规避。同时，本案展现了著作权集体管理制度的优点。我国的音著协集中建立了“著作权人—集体管理组织—作品使用人”许可链条。由于作品使用行为和著作权侵权常呈现分散的特性，所以音著协为使用人获得许可提供便利、增加效率，同时，像本案一样代替著作权人监督了使用人使用作品的行为，以及免去了著作权人诉讼负累。

（撰稿人：蔡睿）

商业性展示他人作品的行为是否侵权

——迪士尼企业公司与上海蓝伟文化传播有限公司侵犯著作权纠纷案案例评析

一、案情概要

2016年11月4日，迪士尼系列卡通形象著作权人迪士尼企业公司向上海市文化市场行政执法总队（以下简称“总队”）投诉，上海蓝伟文化传播有限公司未经其许可，复制多款迪士尼系列卡通形象，请求责令停止侵权行为，追究侵权责任。总队经查，在上海蓝伟文化传播有限公司经营地点，发现了“大白”“米妮”“高飞”“维尼熊”“唐老鸭”“米奇”等8个立体造型艺术作品。当事人现场无法提供著作权人的授权许可材料。

上海蓝伟文化传播有限公司于2016年1月通过“淘宝网”购买了“大白”“米妮”“高飞”“维尼熊”“唐老鸭”“米奇”等8个立体造型艺术作品，未经著作权人许可，为房地产企业提供了布展服务。

根据如上事实，总队依据《著作权法》第47条的规定，认定上海蓝伟文化传播有限公司应当承担停止侵害、消除影响、赔礼道歉、赔偿损失等民事责任，但因未经著作权人许可，以展览方式使用作品的行为不在行政处罚的范围内，拟终结本案。

二、争议焦点

本案中，上海蓝伟文化传播有限公司未经迪士尼企业公司许可，利用迪士尼企业公司的立体造型艺术作品，为房地产企业提供布展服务，对此，该行为是否属于行政处罚的范围是本案的争议焦点，故以下将围绕著作权侵权的行政处罚范围进行展开。

三、法理分析

行政执法部门在对案件事实进行了详细调查后，正确认定上海蓝伟文化传播有限公司利用迪士尼企业公司立体美术作品进行布展的行为侵犯了迪士尼企业公司的著作权，应承担相应的民事责任，但该侵权行为不适用行政处罚。

（一）区分著作权中的民事责任和行政责任

《著作权法》对著作权侵权中的民事责任和行政责任进行了区分，某些侵权行为不仅需要承担民事责任，还需要承担行政责任。之所以设置著作权侵权行政责任制度，是因为严重的著作权侵权行为，不仅损害了著作权人的权益，而且妨碍了国家文化市场管理秩序，触犯了国家行政管理法规，因而应承担相应的行政责任。❶ 根据《著作权法》第 47 条的规定，所有著作权侵权行为都需要承担民事责任。但根据《著作权法》第 48 条的规定，只有该条规定的 8 种侵权行为才适用行政责任。这 8 类侵权行为分别是：（1）未经著作权人许可，复制、发行、表演、放映、广播、汇编、通过信息网络向公众传播其作品的；（2）出版他人享有专有出版权的图书的；（3）未经表演者许可，复制、发行录有其表演的录音录像制品，或者通过信息网络向公众传播其表演的；（4）未经录音录像制作者许可，复制、发行、通过信息网络向公众传播其制作的录音录像制品的；（5）未经许可，播放或者复制广播、电视的，本法另有规定的除外；（6）未经著作权人或者与著作权有关的权利人许可，故意避开或者破坏权利人为其作品、录音录像制品等采取的保护著作权或者与著作权有关的权利的技术措施的；（7）未经著作权人或者与著作权有关的权利人许可，故意删除或者改变作品、录音录像制品等的权利管理电子信息的；（8）制作、出售假冒他人署名的作品的。

《著作权法》对第 47、48 条列举的两类侵权行为进行区分，只规定可以对后一类行为进行行政处罚，反映了立法者对两列侵权行为性质和后果的不同评价。对于一些类型的侵权行为，立法者可能认为其危害性有限，为节省行政资源，无须进行行政处罚。❷ 如未经著作权人许可的展览行为不承担行政

---

❶ 冯晓青：《知识产权法（第三版）》，中国政法大学出版社 2015 年版，第 173 页。

❷ 王迁：《著作权法》，中国人民大学出版社 2015 年版，第 431-432 页。

责任，一方面，与未经许可的复制、发行行为相比，展览数量有限，不会过分影响权利人的利益；另一方面，与未经许可的公开传播行为相比，因受展览场地的限制，展览行为不涉及公众利益的损害。因此，应正确区别不同的著作权侵权行为，不是所有著作权侵权行为都适用行政处罚。

（二）布展行为不属于著作权行政处罚行为

本案中，上海蓝伟文化传播有限公司在网上购买了迪士尼企业公司的立体造型艺术作品，并利用这些立体造型艺术作品为房地产企业进行布展。从行为特征角度分析，这一行为与著作权法中规定的展览权控制的展览行为较为相近。根据《著作权法》第 10 条第 8 项的规定，展览权指“公开陈列美术作品、摄影作品的原件或者复制件的权利”。根据定义，只有美术作品、摄影作品这两类作品的著作权人才享有展览作品的专有权利。在实践中，行政机关与法院常常认为利用立体美术作品进行布展的行为侵犯展览权，如在“广东原创动力文化传播有限公司与上海机场（集团）有限公司虹桥国际机场公司侵害作品展览权纠纷案”中，法院认为上海机场（集团）有限公司虹桥国际机场公司在其场地公开陈列的卡通模型使用了暖羊羊、慢羊羊、沸羊羊、美羊羊的卡通形象，侵害了原告对上述美术作品享有的展览权，应当承担赔偿损失的民事责任。[1] 但是，与常见的展览权控制的展览行为有所不同的是，一般的展览行为展出的是平面美术作品（如油画等）、立体美术作品（如雕塑等）和摄影作品原件或复制件，展览的目的也多是向公众直接呈现美术或摄影作品作为视觉艺术作品的艺术美感，使公众可以获得直接的艺术观感。而在商业布展时，布展商展示的多是立体造型美术作品，在利用立体造型美术作品进行布展时，布展商的展示目的并不在于展示立体造型美术作品的艺术美感和价值，也并非希望通过展示使公众可以直接获得艺术美感的感官欣赏，而是通过将立体造型美术作品陈列在商品或服务周边，引起顾客的注意，吸引并引导公众选择其提供的其他商品或服务，而非将展示重心和目的放在呈现展出作品的艺术美感。因此，与本案类似的商业布展行为与展览权控制的展览行为在行为性质和目的方面存在一定差异，利用立体美术作品进行布展是否侵犯展览权存在一定争议。尽管对于利用立体美术作品进行布展是否属于侵犯展览权的行为存在不同理解，该行为仍然不属于行政处罚的范围。著

[1] 上海市闵行区人民法院（2015）闵民三（知）初字第 939 号民事判决书。

作权行政处罚以《著作权法》第 48 条为依据，只有这 8 类侵权行为才需要承担行政责任。上海蓝伟文化传播有限公司的布展行为不属于行政处罚的范围。

四、案件启示

本案是关于区分著作权侵权中的民事责任和行政责任的经典案例，其最大的意义在于明确著作权侵权行政处罚的范围。一方面，著作权人应清楚不同侵权行为会引发不同的责任，不是所有著作权侵权行为都属于需要承担行政责任的范围；另一方面，面对著作权人各种侵权行为的投诉，行政机关应进行区分，只有违反《著作权法》第 48 条的行为才属于行政处罚的范围，其他著作权侵权行为如侵犯展览权，翻译权等侵权行为不是行政处罚的范围。

（撰稿人：黄丹彤）

影视作品中可单独使用的作品的作者如何行使著作权

——曲建方诉北京阿凡提投资管理有限公司等侵犯著作权纠纷案案例评析

一、案情概要

2006 年，北京市第二中级人民法院受理了曲建方诉北京阿凡提投资管理有限公司（以下简称“阿凡提公司”）、北京阿提餐饮发展有限公司（以下简称“阿提公司）侵犯著作权纠纷一案。本案中，被告阿凡提公司和阿提公司擅自使用电影《阿凡提的故事》中的阿凡提形象进行广告宣传，本案主要涉及原告曲建方作为阿凡提人物形象的设计者，是否有权对被告的行为主张著作权的问题。

上海美术电影制片厂于 1979 年拍摄了美术片《阿凡提的故事》第一集，该片署名原告曲建方为美术设计，即原告为美术片中阿凡提人物的木偶式形象的作者。1980 年 10 月，上海人民美术出版社公开出版了《中国美术电影造型选集》一书，该书中收录有阿凡提形象的美术作品，该作品署名作者为本案原告。1996 年，原告将阿凡提的美术形象向上海市版权局进行了登记。登记的阿凡提美术形象既包括上述美术片中阿凡提人物的木偶式形象，也包括原告手绘的阿凡提人物形象。

2006 年 9 月 11 日，原告在被告阿提公司的网站上发现，该网站首页显示“阿凡提投资管理有限公司”及该公司“朝阳门总店：阿凡提嘉年华”“燕莎店：阿凡提家乡菜”“朝阳公园店：嘉靖都精品烤鸭店”栏目，同时配有阿凡提及毛驴形象。在分别点击上述四个栏目后，均出现标题为“阿凡提投资管理有限公司”的页面，具体内容为介绍“阿凡提投资管理有限公司”及其“朝阳门总店”“燕莎店”“朝阳公园店”的地址、经营特色等，显示的该公司总店的地址与被告阿提公司的住所地相同。在介绍该公司总店的页面中，出现了阿凡提美术形象及小毛驴美术形象，该美术形象与美术片《阿凡提的故事》中木偶形式的阿凡提形象及原告手绘的阿凡提形象仅存在细微差别。

二、争议焦点

原告诉称阿凡提公司在阿提公司的网站上未经许可使用阿凡提形象做广告，二被告共同实施了侵权行为，应当共同承担侵权责任。原告请求法院判令二被告停止侵权，公开赔礼道歉并赔偿经济损失。

被告辩称，阿凡提美术形象产生于上海美术电影制片厂拍摄的系列美术片《阿凡提的故事》，原告仅为该片的美术设计师，该片的著作权及片中阿凡提美术形象的著作权均应归属于上海美术电影制片厂而非原告，因此，原告无权就阿凡提美术形象主张权利，请求法院驳回原告诉讼请求。

由此，本案的争议焦点可以归纳为，原告曲建方作为美术片《阿凡提的故事》中阿凡提形象的创作者，是否有权对阿凡提形象单独行使著作权。

三、法理分析

北京市第二中级人民法院认为，根据现有证据，可以认定原告创作了阿凡提美术形象。虽然上海美术电影制片厂出品了美术片《阿凡提的故事》，但上海美术电影制片厂只对该美术片享有整体著作权，而原告作为该片的美术设计，对其创作的阿凡提美术形象享有独立的著作权，原告可就此作品单独主张著作权。此外，原告已将其创作的阿凡提美术形象进行了著作权登记，公开出版物上也已明确署名原告为阿凡提美术形象的作者，更无他人就阿凡提美术形象主张权利，故二被告关于原告不享有阿凡提美术形象著作权的主张，缺乏事实及法律依据，法院不予支持，判决被告赔偿原告经济损失。

法院判决主要依据我国《著作权法》第 15 条规定："电影作品和以类似摄制电影的方法创作的作品的著作权由制品者享有，但编剧、导演、摄影、作曲等作者享有署名权，并有权按照与制片者签订的合同获得报酬。电影作品和以类似摄制电影的方法创作的作品中的剧本、音乐等可以单独使用的作品的作者有权单独行使其著作权。"该条规定中需要探讨的两点，一是对电影作品中"可单独使用的作品"的界定，二是对"可单独使用的作品"单独行使著作权行为的界定。

（一）电影作品中“可单独使用的作品”的界定

电影作品由于需要众多人员共同创作的特点，其著作权的归属与行使是一个较为复杂的问题。它涉及小说、戏剧等作为影视作品基础的原作品与影视作品的关系，又需要平衡参与电影作品创作人员的权利和电影制片者的权利。[1]

电影作品往往属于演绎作品，但如果将电影作品的著作权归属方式使用普通演绎作品的规定，则会导致约定不明，使得对电影作品的使用均需要经过制片者和原作品著作权人的双重许可。同时，电影作品的创作过程需要大量人员的合作，电影作品也是一种合作作品，但如果按照普通合作作品的规定，电影作品的著作权应当由所有创作者共同享有，这会导致在使用电影作品时需要花费大量成本获得所有著作权人的许可。因此，世界各国对于电影作品这种特殊的演绎作品和特殊的合作作品设置了特殊的著作权归属的规则。我国借鉴了英美法系的做法，将电影作品的著作权直接赋予制片者，体现为《著作权法》第 15 条。同时，出于利益平衡的考量，对于电影作品中包含的可以单独使用的作品，《著作权法》允许其著作权人单独行使著作权。至于何为“可以单独使用的作品”，第 15 条明确列举了“剧本、音乐”，但“等”字的使用意味着这并不是穷尽式列举，因此只要符合“可以单独使用的作品”的标准，都属于第 15 条规定的可单独使用的作品。此标准可以通过对电影作品的属性分析而得出。

1. 电影作品创作过程中被演绎的作品为“可单独使用的作品”

电影作品往往是根据在先作品演绎而形成的，如小说、剧本等，因此可以认为电影作品是演绎作品的一种类型。演绎作品一般表现为对原作品形式的改变和对原作品内容的改编，但无论形式为何，演绎作品中必然包含了原作品的独创性表达，同时也包含演绎作品作者独创性的表达。[2]《著作权法》第 12 条规定，“改编、翻译、注释、整理已有作品而产生的作品，其著作权由改编、翻译、注释、整理人享有，但行使著作权时不得侵犯原作品的著作权”。据此，演绎作品的作者在利用演绎作品时应当获得原作品著作权人的许可，但这种许可只是原作品著作权人将部分著作财产权以非排他的形式许可

---

[1] 王迁：《著作权法》，中国人民大学出版社 2015 年版，第 242-243 页。

[2] ［德］M. 雷炳德：《著作权法》，张恩民译，法律出版社 2004 年版，第 160 页。

给演绎作品的作者，而不是将原作品的著作权整体转让或排他性许可给演绎作品作者。也即，原作品著作权人对演绎作品作者的许可不影响其继续行使原作品的著作权。所以，如果将电影作品作为演绎作品来看待，“可单独使用的作品”即电影作品创作过程中被演绎的作品。

本案中，电影作品《阿凡提的故事》中出现了阿凡提人物在不同场景下的多种行为动作、语言表情，与曲建方设计的单纯阿凡提人物外貌形象相比，人物整体有了更加丰富的性格与特点，这种丰富和拓展属于对阿凡提人物设计这一美术作品的演绎行为。因此，阿凡提人物形象属于“可单独使用的作品”。曲建方作为在先作品阿凡提形象的著作权人，虽无权阻止制片人对《阿凡提的故事》影片的复制、发行、传播，但对被告未经许利用其作品的行为，有权主张著作权。

2. 电影作品中可分割使用的作品为“可单独使用的作品”

电影是由编剧、导演、摄影、作词作曲等人共同完成的作品，从这一特点可以将电影作品视为合作作品。根据《著作权法》第 13 条规定，“两人以上合作创作的作品，著作权由合作作者共同享有。合作作品可以分割使用的，作者对各自创作的部分可以单独享有著作权，但行使著作权时不得侵犯合作作品整体的著作权”。电影作品作为一种复杂的合作作品，其中既包含了可以不分割使用的部分，如导演、摄影摄像、剪辑等共同创作完成的电影画面，也包含了可以分割使用的作品，如电影插曲、电影剧本等。

其中，对于不可分割使用的作品，其合作作者的创作成果已经在拍摄过程中不可分割地融入电影作品整体，且根据《著作权法》第 15 条，这些创作成果对应的著作权利益已通过合同转让给了电影制片者，因此这些作品不具有单独使用的可能性。

而可分割使用的作品，也就是“可以单独使用的作品”，根据《著作权法》第 15 条的立法精神，其著作权人是将该作品特定的著作权以非排他方式许可给电影制片者。制片者据此许可仅有权以复制、发行、传播等方式使用包含该作品的电影作品，而该作品的著作权人依然可以单独行使该作品的著作权。[1]

[1] 陈绍玲:《电影作品中“可以单独使用的作品“之研究》，载《河北法学》2011 年第 7 期。

（二）对电影作品中“可单独使用的作品”单独行使著作权行为的界定

在某些情形下，对单独使用作品行为的界定是非常清楚的。如唱片公司想要将电影作品的主题曲录制成录音制品进行发行时，该主题曲的著作权人对唱片公司的许可即为单独行使著作权的行为，此时唱片公司制作录音制品无须经过电影制片人的许可。

但在某些情况下，电影作品的著作权边界与可单独使用作品的著作权边界存在模糊，应当探讨以下几种特殊的使用行为。

1. 包含电影作品画面的使用不属于“单独使用”

首先应当明确的是，根据《著作权法实施条例》的定义，影视作品实质上是一系列连续画面，❶ 观众在欣赏影视作品时，主要是欣赏作品中连续的活动画面。因此如果在使用电影作品中的音乐或剧本的同时，使用了影视画面，则这种行为并非对音乐或剧本的“单独使用”，“单独使用”作品时，不应当涉及电影作品的连续画面。❷

例如，唱片公司想要发行包含某电影作品内容画面的主题曲 MV，唱片公司是否需要经过电影制片人的许可？答案应当是肯定的。《著作权法》第 15 条中的“单独使用”应当理解为对剧本、音乐等作品在脱离影视作品的情况下进行使用。❸ 也就是说，在单独使用剧本、音乐等作品时，不应涉及影视作品的内容。唱片公司在制作 MV 过程中，如果以电影中的片段作为画面，则属于对电影作品本身的使用。所以，如果在使用影视作品中音乐、剧本等作品时，使用了影视作品的部分画面，不属于对音乐、剧本等作品的“单独使用”。因此，包含了影视作品的部分片段的使用行为不属于“单独使用”。

2. 对电影作品伴音的使用不属于“单独使用”

根据《著作权法实施条例》的定义，影视作品的连续画面可以有伴音。电影作品伴音的单独播放不属于对电影剧本和音乐的“单独使用”。

例如，一档广播节目播出电影经典对白的录音，这种只播放电影伴音的行为是否属于对电影剧本和音乐的单独使用？答案应当是否定的。影视作品

---

❶ 《著作权法实施条例》第 4 条第 11 项，电影作品和以类似摄制电影的方法创作的作品，是指摄制在一定介质上，由一系列有伴音或无伴音的画面组成，并且借助适当装置放映或者以其他方式传播的作品。

❷ 王迁：《知识产权法教程》，中国人民大学出版社 2016 年版，第 182 页。

❸ 王迁：《著作权法》，中国人民大学出版社 2015 年版，第 248 页。

的伴音的形式有两种，一是背景音乐、主题曲等音乐作品，二是表演过程中的台词、声音。《世界知识产权组织表演与录音制品条约》第 2 条（b）款规定，“录音制品”系指除以电影作品或其他音像作品所含的录制形式之外，对表演的声音，或其他声音，或声音表现物所进行的录制。据此，电影作品的伴音与一般录音制品的性质是不同的。如果将电影伴音认定为电影中可以单独使用的作品，那么这种认定违背了上述条约的规定。因此电影作品的伴音属于电影的一部分，不存在一个著作权人可以单独就电影作品的伴音行使权利，单独伴音的行为不属于我们所说的“单独使用”。

3. 对包含人物形象作品一帧画面的使用属于“单独使用”

这里所指的人物形象作品是，如本案中“阿凡提”一样，由单独的作者创作而成，享有版权的人物形象，单纯由演员所扮演的人物形象不在讨论范围之内。

存在的问题是，该人物形象的著作权人单独使用电影作品中包含该人物形象的一帧画面，是否属于“单独使用”？答案应当是肯定的。首先，“可单独使用的作品”的著作权人不是将该作品的著作权转让给了电影制片者，而只是授权制品者将人物形象拍摄成电影作品并加以利用，该许可只涉及人物形象的摄制权等特定的著作权。如果截取电影作品中包含该人物形象的一帧画面，实际上属于著作权法上的复制行为，制片者自然无权复制其中的一帧画面并加以使用。[1] 需要强调的是，此处的“使用”是指脱离电影作品的使用，或不以电影作品的复制、发行、公开传播等为目的的使用。如果电影作品的一帧画面并不包含“可以单独使用的作品”，那么制片人对该画面享有著作权是无疑的；当画面中同时包含了“可单独使用的作品”，制片人将该画面用于与电影作品不相关的用途时，则应当再次取得该作品著作权人的许可。

四、案件启示

本案是关于电影作品中“可以单独使用的作品”的经典案例，其意义在于法院明确阐述了电影制片者和电影中“可单独使用的作品”的著作权人的权利边界。虽然上海美术电影制片厂出品了美术片《阿凡提的故事》，但上海

[1] 陈绍玲：《电影作品中“可以单独使用的作品“之研究》，载《河北法学》2011 年第 7 期。

美术电影制片厂只对该美术片享有整体著作权，而原告作为该片的美术设计，对其创作的阿凡提美术形象享有独立的著作权，原告可就此作品单独主张著作权。此案的判决可以为今后类似案件提供一定的指导意义。

（撰稿人：陈子朝）

从平面到立体的复制行为如何认定

——深圳市腾讯计算机系统有限公司与佛山市康福尔电器有限公司侵犯著作权纠纷案案例评析

一、案情概要

2007 年，北京市朝阳区人民法院受理了深圳市腾讯计算机系统有限公司（以下简称“腾讯公司”）诉佛山市康福尔电器有限公司（以下简称“康福尔公司”）侵犯著作权纠纷一案。本案中，康福尔公司生产的卡通企鹅外形加湿器与腾讯公司享有著作权的 QQ 企鹅卡通形象十分相似。本案主要涉及康福尔公司生产加湿器的行为是否构成著作权侵权的问题。

原告腾讯公司自 1999 年起，即在 QQ 即时通讯服务中使用 QQ 企鹅卡通形象作为服务的形象代言和标志。根据 QQ 企鹅卡通形象的著作权登记证书的署名情况，无相反证据推翻时，原告腾讯公司应被认定为著作权人。被告康福尔公司生产的两款涉案加湿器为卡通企鹅外形，且分别与原告名为“Q 哥哥”与“Q 妹妹”的 QQ 企鹅卡通形象的外形特征极为相似。

一审法院依据《著作权法》第 10 条第 1 款第（5）项的规定，认定被告康福尔公司生产加湿器的行为侵犯了原告对其作品享有的复制权；根据第 48 条第 1 款第（1）项的规定应停止侵权并承担赔偿责任。

二、争议焦点

本案中，原告腾讯公司认为被告康福尔公司生产卡通企鹅外形加湿器的行为构成复制权侵权。对此，被告康福尔公司主张其加湿器采用的卡通企鹅造型与原告腾讯公司的 QQ 企鹅卡通形象相似部分属于公有领域素材，两者不构成实质性相似。由此，本案的争议焦点可以归纳为，被告生产卡通企鹅外形加湿器的行为是否侵犯原告对 QQ 企鹅卡通形象享有的复制权。

三、法理分析

北京市朝阳区人民法院详细调查案件事实，对上述争议焦点进行讨论后，认定被告康福尔公司生产加湿器的行为侵害了原告的复制权。理由在于被告康福尔公司的加湿器外形与原告的 QQ 企鹅卡通形象构成实质性相似，其生产加湿器的行为属于受复制权控制的“从平面到立体”的复制行为。

（一）加湿器的企鹅造型与 QQ 企鹅卡通形象实质性相似

本案被告的行为是否构成侵权，需判断被诉侵权物所承载的表达是否与原告作品实质性相似。因为事实上正在发生的复制行为不会被客观记录，存在接触的可能性并构成实质性相似的结果即可证明被诉侵权者实施了复制行为。本案中，比对被告康福尔公司加湿器的外形与 QQ 企鹅卡通形象的正面、侧面以及背面造型后，可发现两者除皆使用了企鹅动物外形的基本轮廓、毛色分布情况之外，还具有其他几近相同的造型特征。如竖直椭圆形的眼部轮廓，极有特点的双眼皮形状，嘴部线条，以及头饰蝴蝶结与围巾的造型设计均极为近似。虽然其他组成部分存在细微的差异，如企鹅加湿器的脚部线条连接在一起，显得脚部面积更大；又如其腰部添加了刻度表，但是这些细小的差别并不影响突出特征的一致及整体观感的相同。企鹅拟人化后的卡通形象的确不可能为原告首创，但属于公有领域素材的仅仅是基本的企鹅动物外形轮廓与毛色分布情况。不同的创作者可以利用这些最基本的元素创作出各式各样的卡通企鹅形象。本案所涉的 QQ 企鹅卡通形象的五官和装饰的特殊处理结果正是创作者个性化选择的体现，原告对此具有个性化选择的独创部分享有著作权。被告主张相似部分是不受著作权法保护的公有领域内素材的抗辩不成立。因此，呈现于被告加湿器上的企鹅形象与原告的美术作品构成实质性相似。

（二）载体的转变不影响对复制行为的认定

法院判决言及“从平面到立体的复制”，是指“作品在被复制之时是被固定在平面载体之上的，而被复制之后，被固定在三维载体之上”，❶ 这样的载体转变不影响复制行为的认定。首先，此种载体转变的复制行为虽然未被我国法律明确规定，但其符合复制行为的特征，应该被认定为复制行为。《著作

❶ 王迁：《著作权法》，中国人民大学出版社 2015 年版，第 166 页。

权法》规定了受复制权控制的复制行为是，“以印刷、复印、拓印、录音、录像、翻录、翻拍等方式将作品制作一份或者多份”，[1] 文中并不包含“从平面到立体”的复制方式。但“等方式”的表述表明法条采取开放列举的形式规定复制权的内容，为解释什么是复制行为留下了开放空间。要构成著作权法上的复制行为，应当满足两个要件。其一，该行为应当在有形物质载体之上再现作品。其二，该行为应当使作品被相对稳定和持久地“固定”在有形物质载体之上，形成作品的有形复制件。[2] 作品作为无形的信息，需要依托于特定的物质载体才能展现，才可被客观地感知。只要在载体上稳定、持久地呈现具有相同美感的表达，这种呈现过程就是复制行为。至于物质载体的选择与呈现的方式则无特殊要求，可以是多种多样的。正因如此，《伯尔尼公约》第 9 条第 1 款规定：“受本公约保护的文学和艺术作品作者，享有授权以任何方式和采取任何形式复制这些作品的专有权利”，[3] 强调了复制行为的多样性。

上述复制行为的特征还可以从对其他法条的推论中得到印证。《著作权法》规定，“对设置或者陈列在室外公共场所的艺术作品进行临摹、绘画、摄影、录像”构成“合理使用”。[4]《最高人民法院关于审理著作权民事纠纷案件适用法律若干问题的解释》中载明，雕塑是前者所称“室外公共场所艺术作品”。[5] 两者结合可推导出，法律认可将呈现在三维立体雕塑上的作品通过临摹、绘画、摄影方式再现在二维平面上的行为是复制行为。该推论阐明，复制行为的实质在于再现美感，与载体的形态和呈现的方式无关。在立体载体上再现原本固定于平面载体上的作品，契合复制行为的实质，因此其属于复制行为。正如判决书中指出：

> “腾讯公司对《作品一》《作品二》（Q 哥哥与 Q 妹妹的企鹅卡通形象）享有的著作权，包括他人未经许可，通过从平面到立体的复制制作的产品造型与其作品相同和基本相同的使用。”[6]

---

[1] 《著作权法》第 10 条第 1 款第（5）项。

[2] 王迁：《著作权法》，中国人民大学出版社 2015 年版，第 164 页。

[3] 《伯尔尼保护文学和艺术作品公约》（1979 年 9 月 28 日修订）第 9 条第 1 款。

[4] 《著作权法》第 22 条第 1 款第（10）项。合理使用制度是特殊情况下对著作权的限制，构成合理使用意味着临摹艺术作品等行为本属于受著作权法控制的复制行为。

[5] 《最高人民法院关于审理著作权民事纠纷案件适用法律若干问题的解释》第 18 条第 1 款。

[6] 北京市朝阳区人民法院（2007）朝民初字第 17052 号民事判决书。

还需注意的是，“从平面到立体”的复制，是指作品载体从二维物体到三维物体的变更。二维物体仅有物理意义上的长与宽，而三维物体包括长、宽和高三个维度。因此，创作3D艺术画，即在二维平面上运用美术技巧中的透视原理和明暗手法创造出立体的视觉效果，并不属于“从平面到立体”载体转变的复制行为。

其次，QQ企鹅卡通形象作品具有独创性的部分可以通过“从平面到立体”的复制方式再现于加湿器之上。平面美术作品的独创性来源是多样的，可以来源于独特的线条排布、造型结构、色彩搭配和画面布局，也可以来源于个性的绘画技法，比如梵高画作中富有个人特色的别致的笔触。前者可以被“从平面到立体”的复制行为再现于三维物体之上。而后者仅能呈现于二维平面上，无法被固定在三维立体物上。例如，某画作描绘了海边某栋普通小木屋沐浴在落日余晖中的风景。作为绘画对象的小木屋的结构和造型毫无独创性可言，画作的独创性在于画家用来表达他所理解的落日风光的独特绘画技巧。若有人依据该画作建造了相同的小木屋，仅是“从平面到立体”地复制了没有独创性的木屋造型，而无法以此种方式复制具有独创性的绘画手法。因小木屋本身的造型无独创性可言，建造行为不构成侵权行为。如前所述，QQ企鹅卡通形象的线条排布与色彩搭配是其作为平面美术作品的独创性所在，该内容可以借由立体物的三维结构呈现，因此生产加湿器的行为是复制行为。亦如判决书中指出：

“这种适用，是在通过对《作品一》《作品二》（Q哥哥与Q妹妹的企鹅卡通形象）结构、布局、拟人化造型特征的手段上的使用，达到了从平面到立体的再现复制。”❶

（三）加湿器的企鹅造型与其实用功能分离

加湿器的企鹅外观造型与其实用功能相分离，即加湿器实现喷吐水雾加湿的功能并不依赖于企鹅外观造型，因此根据平面QQ企鹅卡通形象制造立体加湿器的行为可被认定为复制行为。“平面到立体”的复制相较于“平面到平面”的复制有其特殊性。对于线条排布、构造仅具有审美价值的平面美术作品而言，利用该美术作品制作立体物的行为属于复制行为。但对于工程设计图、产品设计图这类图形作品而言则不同。产品设计图同样作为二维平面作

---

❶ 北京市朝阳区人民法院（2007）朝民初字第17052号民事判决书。

品，区别于美术作品之处在于其上绘制的产品造型承载了实现产品功能的作用。如果不依据产品设计图描绘的由特定线条排布构建的造型制造产品，则该产品的实用功能无法实现。若认定此再现二维平面图的行为是复制行为，将产生产品设计图的创作者实际上垄断了该项实用功能的恶果——仅其可以生产具有该实用功能的产品，其他人若生产将构成著作权侵权。根据著作权法不保护实用功能的原则，此种行为不应被认定为复制行为。

著名的迪比特诉摩托罗拉著作权纠纷案的判决理由揭示了上述道理。迪比特公司认为摩托罗拉公司生产的 C289 手机的印刷线路板是迪比特公司 T189 手机印刷线路板设计图的复制件。法院认为，印刷线路板属于具有实用功能的工业产品，不属于文学、艺术和科学作品的范围，不属于著作权法保护的客体。被告摩托罗拉公司按照印刷线路板设计图生产印刷线路板的行为，是生产工业产品的行为，不属于著作权法意义上的复制行为，法院据此驳回迪比特公司的诉讼请求。[1] 可见，当三维立体物的造型与其功能不可分离时，著作权法不认可该物为二维平面作品的复制件。此时按照二维设计图生产产品的过程不能被认定为复制行为。对产品设计图的复制限于“平面到平面”的复制，仅保护其作为平面几何图形的审美价值。

四、案件启示

本案是关于复制权的经典案例，其意义在于法院明确指出“从平面到立体”的再现行为是受复制权控制的复制行为。在 3D 打印技术快速发展普及的今天，将复制权内容解释为包含“异体复制”行为意义重大。根据平面美术作品制作的立体物是其复制件，制作过程为复制行为。但若平面美术作品的独创性并非来自其上描绘的线条造型，而是源于仅能呈现在二维载体上的表现手法，则制作该立体物的行为不构成侵权行为。并且，若根据平面作品制作的立体物的造型具有无法独立其造型存在的实用功能，该立体物则不能被认定为复制件而仅为产品，这样的制造行为也非复制行为。

（撰稿人：宋浥榕）

[1] 参见上海市第二中级人民法院（2002）沪二中民五（知）初字第 132 号民事判决书。

文字作品的实质性相似如何认定

——李霞诉周梅森、北京出版集团有限责任公司著作权侵权纠纷案案例评析

一、案情概要

2017 年，北京市西城区人民法院受理了李霞诉周梅森、北京出版集团有限责任公司（以下简称“北京出版集团”）著作权侵权纠纷一案。本案中，由周梅森创作、北京出版集团出版发行的小说《人民的名义》与李霞所著小说《生死捍卫》有一定的相似之处。本案主要涉及《人民的名义》是否侵犯《生死捍卫》著作权的问题。

原告李霞根据自身长期的检察工作经历，于 2008 年 6 月开始创作小说《生死捍卫》。该小说于 2010 年 9 月至 11 月在《检察日报》上连载刊登，并于 2010 年 11 月由海南出版社出版。被告周梅森是被诉侵权小说《人民的名义》的作者。2017 年 1 月，该小说经由本案另一被告北京出版集团出版发行。

原告经过对比分析，认为小说《人民的名义》在人物设置、人物关系、关键情节、一般情节、场景描写、语句表达等方面大量抄袭原告《生死捍卫》一书，由此两被告共同侵犯了其署名权、保护作品完整权、改编权，北京出版集团同时侵犯了其复制权和发行权，遂诉至法院要求法院判令被告停止侵权、赔礼道歉并承担损害赔偿。

一审法院依据《著作权法》第 11 条、《最高人民法院关于审理著作权民事纠纷案件适用法律若干问题的解释》第 15 条，认定被诉侵权小说《人民的名义》不构成对《生死捍卫》的抄袭，未侵犯原告的著作权，驳回了原告李霞的全部诉讼请求。

二、争议焦点

本案中，原告李霞主张被告周梅森的小说《人民的名义》侵犯了其著作

权，另一被告北京出版集团实施了出版发行的行为，同样构成侵权。在认定某一作品是否侵犯另一作品的著作权时，法院一般采用“实质性相似+接触”的侵权认定规则。[1] 由于本案中原告作品《生死捍卫》出版于2010年11月，被告作品《人民的名义》出版于2017年1月，因此法院推定被告在创作完成前具有接触到原告作品的可能。由此，本案的争议焦点便集中到了被诉侵权小说《人民的名义》与原告小说《生死捍卫》在表达上是否构成实质性相似。

三、法理分析

在本案中，原告并没有指称被告小说《人民的名义》抄袭了其创作的《生死捍卫》中的文字，而是认为《人民的名义》在人物设置、人物关系、关键情节、一般情节、场景描写、语句表达等方面与《生死捍卫》相似，构成侵权。

著作权法不保护抽象思想，只保护对思想的具体表达。世界贸易组织（World Trade Organization，WTO）的《与贸易有关的知识产权协定》（Agreement on Trade-Relatcd Aspccts of Intellectual Property Rights，TRIPs）也明确规定，“版权保护应延及表达，而不延及思想、工艺、操作方法或数学概念等”。[2] 这主要是因为著作权法所追求的最终目的是鼓励创作，因此公共政策要求著作权法允许人们自由使用他人作品中蕴含的思想，用以创作出在表达上具有独创性的作品。[3] 对此，本案一审法院也在判决书中明确：

> “著作权法只保护表达，不保护思想。在判断两部作品是否构成实质性相似时，首先需要判断权利人主张的作品要素是否属于著作权法保护的表达。只有被控侵权作品与原告主张权利作品中的表达相似，才可能认定为著作权侵权。如果只有思想相似，表达不相似，则不应认定为侵权。”[4]

但文学作品中的“表达”绝不仅仅指具体的遣词造句、文字组合，也应

---

[1] 吴汉东：《试论“实质性相似+接触”的侵权认定规则》，载《法学》2015年第8期。

[2] 《与贸易有关的知识产权协定》第9条第2款。

[3] 王迁：《著作权法》，中国人民大学出版社2015年版，第40页。

[4] 北京市西城区人民法院（2017）京0102民初32282号民事判决书。

及于其中的情节。[1] 因此文学作品中情节的实质性相似也可能被认定为构成侵权。如在“陈喆（笔名琼瑶）诉余征（笔名于正）等侵害著作权纠纷案”中，原告认为被告所著剧本《宫锁连城》中的大量情节抄袭自其剧本《梅花烙》，构成侵权。最终法院认定被诉侵权作品中有 9 个情节与原告作品构成实质性相似，支持了原告的诉讼请求。[2]

然而，在文学作品中，“思想”与“表达”的分界线往往并没有那么清晰。特别是在判断故事情节、人物设置、人物关系等到底是属于“思想”还是“表达”时，答案并不是那么显而易见，需要法院根据个案情况进行判断。这也是此类案件裁判过程中最大的难点所在。美国的汉德法官在 1930 年的“Nichols v. Universal Pictures Co.”一案中提出了一种“抽象概括法”来试图解决这一难题。对于一部文学作品而言，从无数的具体细节到作品的最终主题思想，这是一个由下至上的“金字塔”形结构。从金字塔底端的每一句话的文字表达到金字塔顶端的主题思想之间，可以有一个不断抽象概括的过程。在这之中，总会存在一个分界线，在这条分界线之上就是不受保护的“思想”，而在这条分界线之下就是受保护的“表达”。[3]

一部文学作品除去文字的选择和编排之外，其内容大致可以分为人物设置、人物关系、情节发展等部分。这些部分之间相互渗透影响，有机地结合在一起才构成了文学作品的最终文字表达。在比较两部文学作品之间是否构成实质性相似的过程中，应当从以上几个方面，分别运用“抽象概括法”全面地进行比较。如果将上述各个部分隔离开来，如刨除人物设置和人物关系，单纯地对故事情节的发展进行比较，可能会导致得出的结论出现一定的偏差。

因此，运用“抽象概括法”对文学作品进行实质性相似比较的一般步骤应为：首先，针对两部文学作品中的人物设置、人物关系、情节发展等方面分别进行层层抽象概括，自下而上形成一个从具体到抽象的“金字塔”；其次，将两部作品相似的部分提取出来，观察两部作品相似的部分处于上述“金字塔”的哪一位置；最后，划定“金字塔”中思想和表达的分界线，并判断两部作品相似部分所处位置与思想表达分界线的关系，从而判断该部分是属于不受保护的“思想”还是受保护的“表达”。

---

[1] 王迁：《情节相似是否构成侵权?》，载《社会观察》2015 年第 1 期。

[2] 北京市高级人民法院（2015）高民（知）终字第 1039 号民事判决书。

[3] 王迁：《著作权法》，中国人民大学出版社 2015 年版，第 47 页。

另外，在比较过程中，还需要注意的是，即使认为两部作品相似的部分属于“表达”，但这并不必然推出构成侵权的结论。在此基础上，还应当判断这一相似的表达是否具有独创性。如果两部作品之间相似的情节设置已经被其他大量作品使用，属于公有领域，则该情节设置自然不能受到著作权法的保护。此外，还应当考虑的一个因素是“场景原则（Scenesafaire）”。所谓“场景原则”是指在文学作品之中，如果根据历史事实或者人们的经验、观众的期待，在表达某一主题的时候，必须描述某些场景或者使用某些场景的安排和设计，那么这些场景即使是由在先作品描述的，在后作品以自己的表达描写相同场景也不构成侵权。❶

这一比较方法在本案中得到了非常好的体现：

第一，在人物设置方面，本案原告主张被告小说《人民的名义》多名人物的设置抄袭了其小说《生死捍卫》。例如，原告认为《人民的名义》中的陈清泉与《生死捍卫》中的陈正宇姓氏相同，同为法院负责人，徇私枉法，违法裁判，引发公共事件，成为利益集团的帮凶。对此，本案法院将两位人物的设置进行了全面的概括。

法院对陈正宇和陈清泉的概括分别为：

> “陈正宇为云都市中级人民法院院长，曾因与前检察长吕子风不睦，导致法院与检察院的工作关系不顺。在段仁明与耿顺的矿产纠纷中，法官汪毓敏在陈正宇的暗示下，枉法裁判，偏向了段仁明。在高阳油茶树案中，主动登门与杨天翔沟通，但双方意见存在分歧。”❷
>
> “陈清泉为京州市中级人民法院副院长，曾是高育良的秘书。在大风厂股权纠纷中，贪赃枉法，让山水集团胜诉。在山水庄园中嫖娼被抓，被开除党籍开除公职。”❸

通过对比可以发现，这两位角色之间的相似部分是两人均为中级人民法院的法官、两人均存在枉法裁判的情况。除此之外，两人的职位、涉及的案件、枉法裁判的具体过程、最终结局均不相同。由此可见，两人的人物设置

❶ 王迁：《著作权法》，中国人民大学出版社 2015 年版，第 51 页。
❷ 北京市西城区人民法院（2017）京 0102 民初 32282 号民事判决书。
❸ 北京市西城区人民法院（2017）京 0102 民初 32282 号民事判决书。

所相似的部分需要抽象去大量的细节，所处的位置一定属于“金字塔”靠近顶端的部分。因此法院认定两个角色的人物设置在表达上不构成实质性相似。法院用同样的方法对小说中的21组相似的人物设置进行了比较，均得出了不构成实质性相似的结论。

第二，在人物关系方面，原告主张两部小说中均有师生关系、学长关系、同学兼发小关系、裙带关系、姐妹关系、帮派山头关系、秘书关系、家庭关系、情侣关系。正如前文所述，人物设置、人物关系、情节发展等部分在比较时均不能孤立地进行比较。本案法院也明确指出：

> “在人物关系的比对中，不能脱离情节而单独就人物关系进行比较，否则可能会构成在思想层面或者公知素材层面的对比。”[1]

在本案中，以“发小关系”为例，两部小说中虽然都有这一关系的设定，但如果结合人物设置来看，《人民的名义》中的一对发小为主角侯亮平和大风厂老板蔡成功，《生死捍卫》中的一对发小为晏秋和白无瑕。在《生死捍卫》中，晏秋为主角杨天翔的师妹，检察院公诉处处长，而白无瑕是农业银行行长，最终因其犯罪行为被判处死刑，两人的人物设置与侯亮平、蔡成功的人物设置均不对应。从情节发展上来看，两对发小之间的故事展开、最终结局也均不相同。由此可见，虽然都是发小关系，但如果结合人物设置和情节发展，两部小说之间的发小关系均不相似，其唯一相似的部分就是“发小关系”这一抽象的“思想”。本案原告提及的其他人物关系同样也能依此方法进行比较。最终法院认定两部小说人物关系的描写并不相同。

第三，从情节发展来看，原告主张《人民的名义》中有大量情节与《生死捍卫》构成实质性相似。对此，本案法院进行了全面的梳理，总结并概括出了“与工人冲突、发小情深、商场购物刷卡、查案受阻、公安局长相助、家访、官商勾结腐败、关键证人死亡、车祸、杀人灭口、老师出面讲和、男主登门拜访公安局长、宴请老师、下棋、喝咖啡、内部刊物、拜佛、不雅照片、讲战役、回乡省亲、帮派山头”这21个可能构成相似的情节，并一一运用“抽象概括法”进行了比较。

举例来说，如“与工人冲突”的情节，法院是如下抽象概括的：

---

[1] 北京市西城区人民法院（2017）京0102民初32282号民事判决书。

“1. 与工人冲突

《生死捍卫》中对黑三挨打的情节安排为：向荣华想从国光厂中金蝉脱壳，所以将国光厂赠给手下黑三。黑三在国光厂宣布此事时，导致工人不满，被打。

《人民的名义》对蔡成功挨打的情节安排为：折迁队要强折大风厂，护厂队阻止拆迁，工人质问蔡成功，性急的人开始推推搡搡，蔡成功脚下一绊，摔了个大马趴，额头磕在台阶上。”[1]

从这一部分抽象概括的情节不难看出，虽然两部小说都有与工人发生冲突的情节，但整个冲突的过程以及前因后果都截然不同。如果将这两部分剧情相同的部分，即“工人不满，发生冲突，厂长受伤”提取出来，显然在抽象概括的过程中已经省去了大量细节，其在“金字塔”中的位置已然接近最顶端。这样抽象的情节无论从思想与表达二分法的角度还是从著作权法所要求的独创性的角度来考察，都难以受到著作权法的保护。

再如，本案法院抽象概括的其中一个情节为“官商勾结腐败”。《人民的名义》和《生死捍卫》两部小说中都描述了企业给大批官员干股、红利的情节。对于这个情节，虽然两部作品相似的部分可能能够归于“表达”的范畴，但考虑到在现实生活中，该时代确实发生了大量类似的真实案例，因此如果将这一情节归属于某一作者，显然不利于其他作者针对同一主题进行新的创作。因此基于“场景原则”，该场景应当归入公有领域，任何人都能在其作品中使用。那么在两作品基于这一场景的具体叙述并不相同的情况下，不应认定为该情节构成实质性相似。类似地，本案法院依据上述的方法，对 21 个情节进行了一一比较分析，最终认定《人民的名义》与《生死捍卫》在情节方面不构成实质性相似。

值得注意的是，对于情节的比较分析不能仅止于每一组小情节之间的比较。即便通过逐一比较，认定两个文学作品之间的每一个小情节安排都不构成实质性相似，也不能直接得出不构成侵权的结论。因为对于不受保护的公有领域素材或者思想的具有独创性的选择和编排同样也能够受到著作权法的

---

[1] 北京市西城区人民法院（2017）京 0102 民初 32282 号民事判决书。

保护。[1] 本案法院也没有忽视这一点：

> "对于检察题材的反腐小说，故事情节的推进往往与案件的查办过程紧密相连。小说中的人物及人物关系、情节及情节串联等核心要素，也往往随着案件的查办过程得以展现和推进。而案件查办过程中，核心案件的设置以及破案线索的选择和结构安排等，是作者个性化判断和取舍的结果，最能体现作者的独创性。"[2]

因此，在对文学作品情节进行比较的过程中，也需要从整体上对作品的情节编排进行梳理并分析比较。如果两部小说每一个情节单独比较时都不相似，但作者对于情节整体性的选择和编排相似，依然可以认定两部作品构成实质性相似。而本案法院通过对比，认定原被告的小说在破案线索推进及逻辑编排的整体设计上存在明显的差异，不构成实质性相似。

综合以上各点的分析，本案法院最终认定被告作品《人民的名义》与原告作品《生死捍卫》不构成实质性相似，因此不侵犯原告的著作权。

四、案件启示

本案是关于文学作品实质性相似比较的经典案例，其最大的意义在于正确地运用了"抽象概括法"，对同类型案件的处理起到了很好的示范作用。在法院对文学作品是否构成实质性相似进行比较时，其结论往往会比较主观。而将"抽象概括法"运用于此类案件的审理过程中，能够让整个判断实质性相似的逻辑推理过程更清晰、更有条理，也能够使法官的说理更加充分、更具有说服力。

（撰稿人：袁波）

---

[1] 梁志文：《版权法上实质性相似的判断》，载《法学家》2015年第6期。

[2] 北京市西城区人民法院（2017）京0102民初32282号民事判决书。

未经许可根据摄影作品绘制美术作品是否构成版权侵权

——薛华克与燕娅娅、北京翰海拍卖有限公司侵害著作权纠纷案案例评析

一、案情概要

2011年，北京市朝阳区人民法院受理了薛华克诉燕娅娅、北京翰海拍卖有限公司（以下简称“瀚海拍卖公司”）侵犯著作权纠纷一案。本案中，燕娅娅未经许可参照薛华克的摄影作品绘制油画，后通过瀚海拍卖公司拍卖该油画。本案主要涉及燕娅娅和瀚海拍卖公司的行为是否构成著作权侵权的问题。

原告薛华克为摄影家，系中国摄影家协会会员。1997年5月，中国摄影出版社出版了薛华克个人摄影集《藏人》一书，该书第3页刊登了涉案摄影作品《次仁卓玛》。此后，浙江摄影出版社于2000年4月出版的《旅游风光摄影》一书第32页，于2009年1月出版《摄影名家大讲堂》一书第69页亦刊登了上述作品。

被告燕娅娅系油画专业创作者，所创作的油画曾多次入选全国性美术展览。2006年12月，天津人民艺术出版社在其主办的《中国油画》杂志2006年第6期上刊登了涉案油画《阿妈与达娃》。2007年5月，香港基亚印刷有限公司出版了燕娅娅油画作品集《娅娅山上的故事》，该书亦收录了油画《阿妈与达娃》。经过对比，《次仁卓玛》与《阿妈与达娃》表现的内容相同，只是油画画面较为模糊。

翰海拍卖公司于2006年12月17日对外拍卖了燕娅娅的油画作品《阿妈与达娃》，成交价为286000元。委托拍卖人为燕娅娅的丈夫王学贤。翰海拍卖公司在拍卖前与王学贤签订了委托拍卖合同，王学贤在合同中保证对所委托拍卖标的拥有绝对的所有权和享有合法处分权，并保证对拍卖标的的拍卖

不会侵害任何第三方的合法权益。

一审法院依据《著作权法》第 9 条第 1 款第（14）项、第 12 条、第 47 条第（6）项和第 49 条认定燕娅娅将摄影作品改变成油画作品的行为，构成了对薛华克改编权的侵犯，应停止侵权、赔偿损失；瀚海拍卖公司并未违反注意义务，无需承担侵权的法律责任。薛华克和燕娅娅不服一审判决，提起上诉。二审过程中，经北京市第二中级人民法院主持调解，薛华克和燕娅娅最终达成和解。

二、争议焦点

本案中，原告薛华克主张被告燕娅娅将其创作的摄影作品《次仁卓玛》演绎为油画作品《阿妈与达娃》，并进行展览、出版和拍卖侵犯了其对作品享有的改编权。对此，被告燕娅娅主张涉案油画系其独立创作且原告薛华克所主张的改编权无法律依据，不构成侵权；被告翰海拍卖公司主张其尽到了注意义务，不构成侵权。由此，本案的争议焦点可以归纳为以下两点：（1）被告燕娅娅参照摄影作品绘制油画是否构成著作权侵权；（2）若侵权，参照他人摄影作品绘制油画的行为具体侵犯了何种著作权权项。

三、法理分析

北京市朝阳区人民法院在对案件事实进行详细调查，对以上争议焦点分别展开论证之后，认定被告燕娅娅参照原告薛克华的摄影作品绘制油画构成侵权，侵犯了原告的改编权，应停止侵权，赔偿损失；被告翰海拍卖公司并未违反注意义务，无需承担赔偿责任。针对认定被告燕娅娅构成对原告薛华克改编权的侵犯，法院主要基于以下两个方面的考虑：

（一）被告燕娅娅未经许可改编绘制油画的行为构成侵权

本案的第一个争议焦点是燕娅娅未经许可改编绘制的行为是否构成侵权？著作权法保护具有独创性的作品，但不排斥多个具有相同独创性的作品因巧合而诞生，因此对侵权作品的认定应当遵循“接触+实质性相似”的要求。如果被控侵权作品的作者在创作之前曾接触过原告的作品，并且与原告的作品在表达上构成实质性相似，则除非存在合理使用等法定抗辩事由，否则将构成侵权。

在本案中，薛华克主张燕娅娅擅自将其摄影作品《次仁卓玛》演绎为油画作品《阿妈与达娃》，而燕娅娅称涉案油画是其前往西藏写生时独立创作完成，在其写生同时薛华克在相同的角度进行了拍摄。因此，首先应当判断燕娅娅是否事先“接触”到了薛克华的摄影作品，是否参照该摄影作品进行绘制。针对这一问题，应当明确“接触”与否属于事实证明问题，由原告承担举证责任，证明程度应当满足高度盖然性的标准。同时，当不存在直接的证据时，如满足特定情形也可推定行为人有接触权利人作品的事实。具体情形包括在后作品或技术与在先作品或技术明显相似，足以排除在后作品的独立创造的可能性；在后作品或技术包含与在先作品或技术相同的特征、技术或风格，其相同之处难以用巧合作出解释。❶ 在本案中燕娅娅的油画与薛华克的摄影作品高度相似，并且油画创作不同于摄影，其并非即时性的创作，而是需要漫长的绘制过程。因此即便如燕娅娅所称其与薛华克于同一处写生，但单凭对场景的记忆是不可能与原告的摄影作品达到如此惊人的相似。此外，在本案中燕娅娅提供的草图与涉案油画存在明显的差异，不能证明其油画创作于薛华克发表摄影作品之前。综合上述因素，可认定燕娅娅事先接触到了薛华克的摄影作品，并参照该摄影作品绘制油画。

正如判决书中指出：

> “尽管油画作品与摄影作品在表现同一对象时，客观上存在作品主题、表现内容相似的可能性，但在各自独立创作的情况下，由于创作过程、手段完全不同，二者很难达到涉案油画与涉案摄影作品在构图、场景、光线乃至人物细微的姿势、神态、服饰特征等方面如此高度的相似。并且，薛华克的摄影作品在先发表，燕娅娅创作涉案油画时有机会接触到该摄影作品。综上，可以认定燕娅娅在绘制涉案油画时参照了薛华克的摄影作品。”❷

其次，燕娅娅绘制的油画是否与原摄影作品构成实质性相似？基于知识产权法保护和激励创新的目的，著作权法只保护有独创性的表达而不保护思想。也就是说，只有他人未经许可使用了著作权人享有著作权的作品或者是作品中具有独创性的表达时才构成侵权。在本案中，摄影作品《次仁卓玛》与美术作品《阿妈与达娃》系以相同对象创作的两种不同类型的作品，但作

❶ 吴汉东：《试论“实质性相似+接触的侵权认定规则》，载《法学》2015 年第 4 期。

❷ 北京市朝阳区人民法院（2011）朝民初字第 20681 号民事判决书。

品类型、物质载体的不同并非判断两幅作品是否构成实质性相似的关键要素。摄影作品是指借助器械在感光材料或者其他介质上记录客观物体形象的艺术作品。❶ 尽管摄影作品是借助器械对现存客体进行记录的载体，但在拍摄的过程中，摄影者仍然存在了大量可发挥独创性的空间。其一，不同的摄影师在对同一景物或者人物进行拍摄时，可以对拍摄的角度、距离、光线和明暗等因素进行富有个性化的选择。❷ 这种情形下，摄影作品的独创性体现于照片最终所呈现的效果之上。其二，摄影师还可以对拍摄的场景或者人物进行独创性的安排，如要求被拍摄者摆出特定的姿势、表现出特定的表情，为拍摄者选择服装与道具。❸ 这种情形下，照片的独创性则体现在对照片内容的选择和设计之中。因此摄影作品的具体表达既包括照片最终呈现的效果，也包括照片本身的内容，只要他人未经许可使用了其中具有独创性的部分，均构成侵权。

在本案中，将《次仁卓玛》与《阿妈与达娃》进行比对，两幅作品表现的内容相同，画面主体均为一名坐在房间内哺乳孩子的藏族妇女，二者在整体构图、场景布局、人物细微的姿势、神态、服饰特征以及物品摆放、光线明暗的处理等方面均相同，只是油画的画面较为模糊。❹ 同时，在摄影作品《次仁卓玛》中，人物的选择，动作的安排，影像的构图、明暗光影等设计都表现了薛克华的个性和选择，具有独创性。因此，燕娅娅绘制的油画与原告摄影作品中具有独创性的表达实质性相似，构成了侵权。

（二）参照他人摄影作品绘制油画的行为侵犯了原作者的改编权

在认定燕娅娅侵犯薛克华著作权后，法院仍需明确该行为具体侵犯了何种著作权权项。在本案中，摄影作品《次仁卓玛》与美术作品《阿妈与达娃》在表达内容上构成实质性相似，但薛华克仅提出了侵犯改编权的主张。在对原摄影作品进行改变利用的行为认定上存在两种不同的观点，一种是本案一审法院观点，认为燕娅娅涉案行为属于对其摄影作品的演绎，侵犯了薛华克的改编权；另一种观点则认为利用常规技术将同一艺术作品在不同载体上转换不能视为创造性智力活动的成果。❺ 因此燕娅娅将摄影作品绘制为油画

❶ 参见《著作权法实施条例》第 4 条第 1 款第 10 项。

❷ 王迁：《知识产权法教程》，中国人民出版社 2016 年版，第 82 页。

❸ 王迁：《知识产权法教程》，中国人民出版社 2016 年版，第 82 页。

❹ 北京市朝阳区人民法院（2011）朝民初字第 20681 号民事判决书。

❺ 四川省高级人民法院（2010）川民终字第 476 号民事判决书。

的行为属于平面到平面的复制，侵犯了薛华克的复制权。由此本案涉及一个重要的概念问题，即复制权和演绎权的分界问题。

演绎权控制的是在保留原作品基本表达的情况下，通过发展这种表达在原作品的基础之上创作新作品并加以后续利用的行为。❶ 演绎行为包括翻译、改编、摄制和汇编。因此演绎者必须在原作品的基础上进行独立的创作，并且由此形成的新作品必须符合独创性的要求。相反，如果只是对原作品进行了细微的改变，改变的结果与原作品之间不存在可以被客观识别的差异，或者所形成的差异不满足“创”的高度，那么该行为则为复制行为。因此改编行为包括在不改变作品内容的前提下，将作品由一种类型改变成另一种类型，也包括将作品扩写、缩写或者改写，只要创作出具有独创性的作品就可以认为是改编。❷

在本案中，燕娅娅在绘制涉案油画时使用了薛华克摄影作品中具有独创性的画面形象，二者的基本内容相同，但由于创作方法不同，两者间存在着可以被客观识别的差异。同时由摄影作品到美术作品，并非简单的复制行为，也并非单纯依靠绘画技巧就能实现。从创作过程看，被告需要凭借其个人对摄影作品的观察和理解，以油画的创作手法再现摄影作品的画面形象，绘画过程中需要对画面从整体到局部进行构思和安排；从创作结果看，油画呈现了一种不同于摄影的艺术效果，具有不同的感染力和艺术表现力，与摄影的画面相比，二者在画面尺寸和视觉上存在较为明显的差异。❸ 因此，参照摄影作品绘制油画并非一种常规技艺，在绘画的过程中存在着大量作者可进行选择和创作的空间，体现了作者的个性，属于创作行为。但油画同时保留了摄影作品的基本表达，因此该行为属于改编行为而非单纯的复制行为。

正如判决书指出：

> “燕娅娅在绘制涉案油画时使用了薛华克摄影作品中具有独创性的画面形象，二者的基本内容相同，但由于创作方法不同，涉案油画的绘制需要燕娅娅通过对表现对象的观察、理解并借助绘画颜料和自身的绘画技能才能完成，绘画过程体现了其个人的构思和判断，且涉案油画与薛华克的摄影作品相比，二者在视觉上仍存在较为明

---

❶ 王迁：《知识产权法教程》，中国人民出版社 2016 年版，第 153 页。

❷ 胡康生：《著作权法释义》，法律出版社 2002 年版，第 58 页。

❸ 苏志甫：《参照他人摄影作品绘制油画行为的司法认定》，载《中国版权》2012 年第 6 期。

显的、能够被识别的差异。因此，燕娅娅的涉案行为属于在不改变作品基本内容的前提下，将作品由摄影作品改变成油画作品的行为，构成了对薛华克摄影作品的改编。”❶

同时法院在判断时应当注意与两类易混淆行为的区分：一是参照美术作品绘制美术作品，即“精确临摹”；二是与本案相反的行为，即将美术作品拍摄成摄影作品的行为。对第一种行为，精确临摹的作品与原作品在视觉上不存在可以被客观识别的差异或者是该差异过于细微，不符合独创性的要求。也就是说，临摹者在其临摹作品中并没有贡献出不同于原作品、具有独创性的表达，而只是对原作品的复制。所以“精确临摹”不同于本案参照摄影作品绘制油画的行为，其仅是一种复制行为而非演绎行为。对于第二种行为，将美术作品拍摄成摄影作品的目的在于真实地反映该美术作品的全貌。在拍摄过程中，对于视角的选取、光影明暗的选择也均是为了实现这一目的。同时摄影不同于绘画，其是利用器械对现存客体进行记录。因此此种拍摄行为的独创性空间极为有限，属于摄影的技术或技巧，并不能体现摄影者的个性和选择，也应当认定为复制行为而非演绎行为。

四、案件启示

本案的典型性在于为参照他人摄影作品绘制油画行为的侵权判断提供了明确的标准。在本案中，法院首先阐明了判断著作权侵权的重要标准“接触+实质性相似”，其中包括帮助判断“接触”的因素以及摄影作品独创性的构成元素。其次，法院正确地区分了复制权和改编权，表明参照他人摄影作品绘制油画的行为是一种创作行为，侵犯了原作者的改编权。对公众而言，应当知悉参照他人摄影作品绘制的美术作品属于演绎作品，一方面在对该美术作品进行商业利用时应当取得原著作权人的许可；另一方面，其自身也对该美术作品享有著作权。

（撰稿人：缪梓文）

---

❶ 北京市朝阳区人民法院（2011）朝民初字第20681号民事判决书。

■ 网络环境中的著作权行使与侵权判断

未经许可翻译电影字幕并进行网络传播是否应承担法律责任

——上海射手网侵犯著作权案案例评析

一、案情概要

2014年9月，上海市文化市场行政执法总队（以下简称“总队”）根据国家版权局的要求对辖区内的射手网涉嫌侵犯著作权案进行调查。经查，上海射手信息科技有限公司（以下简称“射手公司”）未经权利人许可，擅自通过信息网络向公众提供他人电影作品的对白。射手公司经营的射手网主要提供由20多个字幕小组制作、上传的电影作品的对白，用户无须注册即可浏览、下载和使用。射手网于2013年开始登载《驯龙高手》等6部电影作品的对白，但该公司无法提供上述电影作品对白的著作权许可等证明材料。经美国电影协会北京代表处认证，相关电影作品中《2001太空漫游》等79部、《龙虎少年队2》等4部电影作品对白未经著作权人授权。

另查，射手公司在其经营的射手网上开设商城，以营利为目的销售储存有“2TB高清综合影音合集资源”“3TB高清超级影音合集”等资源的硬盘存储设备，供用户购买和使用。至被总队查处时，该公司共销售约100台上述产品。总队执法人员将其上缴的硬盘存储设备连接电脑，在其根目录《IMDB TOP 200》发现有该公司自行复制的《肖申克的救赎》等共计200部电影作品，点击此200部电影作品，均能播放、观看。但该公司无法提供上述电影作品的著作权许可等证明材料。

事实上，射手公司在网站传播英文字幕、未经许可销售存储了电影作品的硬盘存储设备，同时也未经许可将英文字幕翻译成中文字幕传播。总队依据《著作权法》第10条第5项、第48条，《著作权法实施条例》第36条，《信息网络传播权保护条例》第18条第1项，《行政处罚法》第27条第1款第1项的相关规定，行政处罚了射手公司传播英文字幕和销售硬盘存储设备的行为，但无法处罚未经许可将英文字幕翻译成中文传播的行为。总队责令射手公司停止侵权，鉴于射手公司主动消除违法行为产生的危害后果，总队对其依法从轻处罚。

二、争议焦点

本案中，射手网传播的作品虽然以“免费、分享”为名，但其销售载有电影作品的设备，通过网络传播带有字幕的电影作品均未经过著作权人许可。其侵权行为可分为以下两种：未经许可通过互联网传播侵权字幕文件，属于通过信息网络向公众提供作品，使公众可以在其个人选定的时间和地点获得作品；销售存有侵权电影作品的存储设备，属于未经许可复制发行他人作品。而传播字幕文件又包括对中文和英文字幕的传播。行政执法机关针对上述两种行为均予以了行政处罚。鉴于未经许可翻译电影字幕并进行网络传播属于较新的侵权方式，考虑到行政处罚必须有法律依据，并非所有的著作权侵权行为都能予以行政处罚，本案将重点讨论上述第一种侵权行为。本案的争议焦点可以归纳为以下两点：（1）行政处罚针对的为何种作品；（2）行政机关予以处罚是否于法有据。

三、法理分析

行政执法部门对案件事实进行了详细调查，正确认定射手公司的行为侵犯了字幕文件的著作权，并予以行政处罚。特别需要指出的是，该案的行政处罚针对的是通过信息网络向公众传播英文字幕，而非未经许可将英文字幕翻译成中文，亦非在该网站中传播电影作品本身。

（一）行政处罚针对的作品是字幕

在本案中，射手网提供的是字幕文件，即用文字形式展现的电影作品中有关人物之间的对话或者旁白。从形式上看，字幕文件由文字构成，与作为连续动态画面的电影不同。《著作权法实施条例》规定："电影作品和以类似摄制电影的方法创作的作品，是指摄制在一定介质上，由一系列有伴音或者无伴音的画面组成，并且借助适当装置放映或者以其他方式传播的作品。"[1]电影作品的特点之一是画面的动态性，它在播放时能够给人以运动的感觉。[2]一部完整的电影作品可以没有字幕，甚至可以没有人物之间的对话以及旁白，早期非常有名的电影——《卓别林》便是如此。[3]随着电影的不断发展，字幕虽然不是电影作品的必备要素，但其对观众观看和欣赏电影有着非常重要的作用。就不同语言的电影作品而言，观众一般很难在没有字幕的情况下欣赏电影，在此情况下电影中字幕的作用便更加凸显。但即便如此，字幕文件不同于电影作品，字幕文件仅由文字构成，字幕文件显示的多为人物角色之间的对话，其内容可能在很大程度上与剧本相重合，应当将其认定为文字作品，而非电影作品。

在本案中，射手公司的侵权行为之一是提供字幕文件供用户浏览、下载、使用，而非提供带有字幕的电影画面。对此，总队正确认定了字幕文件与电影作品之间的关系，认定字幕文件不同于电影作品。因此，射手公司未经相关著作权人许可，擅自通过网络向社会公众提供电影作品中的字幕文件，其侵犯的不是电影作品的著作权，而是电影作品中字幕文件的著作权。就射手网提供字幕文件而言，射手公司的侵权行为包括侵犯英文字幕的信息网络传播权和翻译权。总队若要对射手公司予以行政处罚，仅能针对上述两种行为，但能否予以处罚，仍须依据《著作权法》第 48 条。

（二）行政处罚侵犯著作权行为的合理性

射手公司提供字幕文件的行为未经电影作品著作权人的许可，亦不符合合理使用和法定许可的情形，因而侵犯著作权。此时，射手网不仅应当承担民事责任，还有可能承担行政责任。《著作权法》第 48 条规定有 8 种情形的，依据其情节轻重可能分别或同时承担民事、行政、刑事责任，这 8 种情形之一便是"未经著作权人许可，复制、发行、表演、放映、广播、汇编、通过

[1] 《著作权法实施条例》第 4 条第 11 项。

[2] 王迁：《著作权法》，中国人民大学出版社 2015 年版，第 106 页。

[3] 法国拉鲁斯出版公司：《精妙的电影艺术》，新世界出版社 2016 年版，第 21-22 页。

信息网络向公众传播其作品的”。[1] 在本案中，射手网上的字幕文件将非中文语言翻译成中文，该行为侵害了原英文字幕的翻译权。但《著作权法》第48条无法对侵犯翻译权的行为予以行政处罚。鉴于字幕文件是中外文对照的，总队认为射手公司在其网站提供未经许可翻译而成的字幕供社会公众播放、观看，该行为在侵害原英文字幕翻译权的同时，亦侵犯了原英文字幕文件的信息网络传播权。而依据《著作权法》第48条第1款第1项，侵犯信息网络传播权的行为可依法承担行政责任。射手网以提供侵权字幕文件为主要业务，情节严重，因而著作权行政管理部门可处以罚款。

射手公司在其经营的射手网上开设商城，以营利为目的，销售存储有“2TB高清综合影音合集资源”“3TB高清超级影音合集”等资源的硬盘存储设备，供用户购买和使用。该公司销售包含电影作品的存储设备侵害了电影作品的复制权和发行权。根据《著作权法》第48条第1款第1项，未经许可的复制、发行行为可依法承担行政责任。行政执法机关对射手公司的该行为亦依法予以行政处罚。

总队在予以行政处罚时，考虑到射手公司在被投诉后主动消除、减轻了其侵权行为造成的权利人的损害，依据《行政处罚法》第27条的规定，对射手公司从轻处罚。

四、案件启示

本案作为典型的电影作品字幕侵权案件，在行业内引起巨大反响。第一，对行政执法机关而言，要处罚侵犯著作权的行为应当正确适用法律。根据《著作权法》第48条的规定，仅能对部分侵犯著作权的行为予以行政处罚，例如未经许可复制、发行作品的行为可予以行政处罚，但未经许可对作品的翻译只能是民事侵权，不可能对此予以行政处罚。第二，对一些电影爱好者而言，其当然可以出于学习或欣赏目的自行翻译外文字幕，但在欣赏作品的同时，提高版权意识、保护版权作品不容忽视，切不可在欣赏之余擅自传播自行翻译的字幕文件。

（撰稿人：何佳）

---

[1] 《著作权法》第48条第1款第1项。

网络存储服务商对侵权行为的注意义务如何认定

——北京激动影业有限公司诉上海维西网络科技有限公司侵害著作财产权纠纷案案例评析

一、案情概要

2009年，上海市第一中级人民法院受理了北京激动影业有限公司（以下简称“激动公司”）诉上海维西网络科技有限公司（以下简称“维西公司”）侵害著作财产权纠纷一案。本案主要涉及对原告激动公司享有信息网络传播权的电影作品，被告维西公司经营的网络共享平台设立榜单共享电影资源的行为，是否侵犯原告激动公司的信息网络传播权，是否应当承担损害赔偿问题的判断。

原告激动公司是独家拥有电影作品《双食记》信息网络传播权的著作权人。被告维西公司是提供电影、音乐、游戏等各类资源共享服务和设置榜单服务的网络服务提供者。被告维西公司在其Verycd网站首页提供“TOP 250电影推荐”栏目，同时设置电影资源频道，又在该频道项下设置“文艺、动作、喜剧、爱情、科幻、战争、恐怖、灾难、伦理、魔幻、悬疑、音乐、武侠、罪案”等子频道，并对上述频道中的资源提供搜索和链接服务。平台上所有资源均由用户提供，包括涉案电影《双食记》在被告维西公司网站上的链接地址。通过该链接，用户能免费下载、传播转载涉案电影。原告激动公司起诉被告维西公司为网络用户下载电影作品、分享电影作品提供了便利条件，侵犯了原告激动公司的信息网络传播权，应当承担消除影响、停止侵权以及赔偿损失的责任。

一审法院依据《民法通则》第130条、《著作权法》第10条第1款第（12）项、第47条第（1）项、《最高人民法院关于审理涉及计算机网络著作权纠纷案件适用法律若干问题的解释》第3条、《关于审理著作权民事纠纷案件适用法律若干问题的解释》第25条第2款等相关规定，认定被告维西公司在帮助涉案电影被非法传播过程中具有主观过错，构成对原告激动公司就系争电影作品所享有的网络传播权的侵害，被告维西公司对其侵权行为应承担停止侵权和赔偿损失的责任。

二、争议焦点

本案中，原告激动公司认为被告维西公司在网络分享平台上提供影视资源搜索、下载、转载等服务、设立资源专栏的行为构成对其电影作品信息网络传播权的侵犯，应当消除影响，并停止侵权和赔偿损失。对此，被告维西公司认为，其网站上并不存在相关资源，也不知道其网站上存在涉案电影的侵权链接，只是设计了资源频道用以上传电影介绍。榜单推荐是软件系统根据发布时间或点击次数自动编排产生的，并且其在收到法院传票后对相应关键字设立了屏蔽，因此，不应当承担侵权责任。由此，本案的争议焦点可以归纳为：被告维西公司提供电影作品的搜索、下载等服务以及设定榜单服务的过程中，是否违反了注意义务，以致构成帮助侵权。

三、法理分析

上海市第一中级人民法院在对案件事实进行详细调查，对以上争议焦点展开分析之后，认定被告维西公司违反注意义务，具有主观过错，应承担停止侵权和损害赔偿的责任。法院认定被告维西公司侵犯了原告激动公司的信息网络传播权，应承担损害赔偿的责任，主要在于判断：被告维西公司提供的信息分享服务及在设定榜单的过程中是否违反注意义务。

对于网络服务提供者而言，“注意义务”是指在能够或者应当发现用户上传的内容侵权的情况下，其应当及时制止侵权行为的义务。[1] 被告维西公司提供了供用户上传和发布电影、音乐、游戏等资源和设置榜单服务的平台，该平台自动根据用户指令将其信息存储于其网络空间中，供其他用户欣赏和下载。[2] 据此，维西公司网络分享平台提供的服务是“信息存储空间”服务。

---

[1] 王迁：《网络环境中的著作权保护研究》，法律出版社2011年版，第316页。
[2] 王迁：《网络环境中的著作权保护研究》，法律出版社2011年版，第171页。

因此，需要对该类“信息存储空间”在提供服务过程中是否违反注意义务进行判断。

首先，被告维西公司对提供的信息存储空间服务、对其存储的信息具有一定的识别能力和控制能力。虽然，被告维西公司的信息存储平台本身具有无可争辩的合法用途，用户可以只上传电影介绍，并不上传电影内容。但是，其与信息定位服务不同，信息存储空间服务上对侵权内容具有更强的识别能力和控制能力，并且提供信息存储空间服务是侵权发生的必要条件，而提供信息定位服务只是使侵权后果扩大。[1] 所以，提供信息存储空间服务的网络服务提供者负有注意义务的程度应当高于提供信息定位服务的网络服务提供者负有的注意义务。

其次，被告维西公司提供网络共享服务的作品类型特殊。案件争议围绕着《双食记》展开，《双食记》属于电影作品，电影作品的著作权归属于制作人。制作人为保证票房，一般不允许电影同步上传，即使档期届满，电影作品往往也只在有限的数个视频网站允许播放和下载。并且，拍摄一部电影需要耗费大量的人力、物力和财力，投资电影成本之高，使得制作人一般不可能无偿提供给公众，制作人自己上传电影的可能性极低。所以，用户上传电影作品的行为往往将构成对该作品信息网络传播权的侵犯。电影作品具有的该特殊的性质对被告维西公司注意义务的判断具有较大影响。但是，若涉及平台共享美术作品、文字作品，作为一名理性人，网络服务平台不仅难以判断用户上传的作品是否是作者本人上传，往往也难以判断其是否构成侵权。越是难以认定用户上传的特定信息是否构成侵权，网络服务提供者的注意义务要求就越低。因此，电影作品相较美术作品、文字作品，其侵权可能性更大，被告维西公司应当施以更高的注意义务。正如判决书中指出：

> “电影作品与一般文字、图形等作品不同，其制作需耗费大量的人力、物力和财力，电影作品的著作权人通常情况下不会将电影作品无偿提供给广大网络用户。作为一名理性的分享网站经营者，被告理应知晓权利人不可能不计回报地将其电影作品免费提供给网络用户分享，被链接用户所提供的可以免费下载的电影绝大部分极有

---

[1] 司晓：《网络服务提供者知识产权注意义务的设定》，载《法律科学（西北政法大学学报）》2008年第1期。

可能是侵权作品。”❶

再者，设置榜单的形式不同对注意义务的判断有不同程度的影响。榜单的设置形式多样，依托的原理与技术也所有区别，网络服务提供者设置榜单对其注意义务要求的认定不能一概而论，应当区分不同情形分别讨论。

第一种情形，网站分类设立频道用以用户上传作品。网络服务提供者在用户上传作品前，预设用户上传的作品内容，并对其分门别类，设立不同频道。在一定程度上，网络服务提供者能预知用户可能上传的信息，所以，网络服务提供者对用户上传的特定信息负有一定的注意义务。但是，不能因为网络服务提供者能预见到用户可能上传侵权内容，就直接推定设立频道的网站违反了注意义务，这会赋予网络服务提供者过高的注意义务，使得网络服务提供者为防止侵权，投入大量成本过滤用户上传的信息，而这部分成本最终将转嫁到用户，用户必须为此承担高昂的费用。并且，这也不利于信息的传播和分享，甚至有可能会阻碍科技的进步与发展。同时，由于用户是按照网络服务提供者设定的分类上传特定信息，榜单分类越细致，网络服务提供者管理网站内容越容易，而其管理信息的能力越强，其合理注意义务的要求就越高。被告维西公司在其网络分享平台上设置了电影资源频道，并在该频道下又设置“文艺、动作、喜剧、爱情、科幻、战争、恐怖、灾难、伦理、魔幻、悬疑、音乐、武侠、罪案”等子频道。子频道的设立，使被告维西公司对用户上传特定信息所负的注意义务的程度有所上升。

第二种情形，网站自动编排设置榜单、推荐内容。在网站首页或者其他主要页面等能够为网络服务提供者明显感知的位置推荐作品的，网络提供者使用的技术会影响对其注意义务程度的判断。如果网络服务提供者利用算法规则，自动编排用户上传的特定信息的，网络服务提供者的注意义务程度较低。被告维西公司在其网站首页提供“TOP 250 电影推荐”栏目，该栏目是维西公司根据用户发布特定信息的时间或该特定信息的点击次数利用软件系统自动编排生成的。这是算法规则的计算结果，没有人主观能动性的体现，维西公司并不能决定推荐的电影内容，甚至有可能维西公司并不知悉推荐的电影内容。但是，维西公司实际知悉与否并不影响对注意义务程度的判断。

❶ 上海市第一中级人民法院（2009）沪一民中五（知）初字第 45 号民事判决书。

与上述第一种分类设立频道的情况相比，推荐栏目的内容更加细致，更为准确，推荐服务中所含的信息量更少，且是置于网络服务提供者能明显感知的位置——网站首页——推荐作品，被告维西公司作为一名理性人不可能没有注意到。因此，被告维西公司对推荐内容具有更强的管理能力，应当施以更高的注意义务，以防止产生著作权侵权。

第三种情况，人工编辑设计榜单、推荐内容。在网站首页或者其他主要页面等能够为网络服务提供者明显感知的位置推荐作品，或者对用户上传的作品专门设立排行榜，并且是网络服务提供者对用户上传的该特定信息主动进行了选择、整理、编辑、推荐的。此时，可以直接推定网络服务提供者应知，甚至明知，直接认定网络服务提供者未尽合理的注意义务。2013 年施行的《最高人民法院关于审理侵害信息网络传播权民事纠纷案件适用法律若干问题的规定》第 9 条规定："人民法院应当根据网络用户侵害信息网络传播权的具体事实是否明显，综合考虑以下因素，认定网络服务提供者是否构成应知：……（三）网络服务提供者是否主动对作品、表演、录音录像制品进行了选择、编辑、修改、推荐等……"该司法解释也明确将网络服务提供者人工干涉因素作为判断网络服务提供者是否构成应知的因素之一。

由于介入因素的不同，上述三种情况对网络服务提供者注意义务的要求有所不同，将上述三种情况按网络服务提供者注意义务程度从低到高排序，应当为：网络服务提供者分类设置频道的注意义务最低，自动编排设置榜单、推荐内容的注意义务程度较高，人工编辑设置榜单、推荐内容的注意义务最高。同时，分类的细致程度在一定程度上也会影响对注意义务要求的判断。上述三种情形可能单独出现，也可能同时出现。

最后，对于是否未尽到合理的注意义务的判断，不能仅凭单一要素、单一情形确定，应当结合全案，综合各要素总背景认定是否构成侵权。被告维西公司经营的网站虽然是通过自动编排用户上传电影资源的方式设置榜单，但是被告维西公司使用用户上传电影的目的是丰富网站资源，并且通过设立专栏的方式吸引用户，增加网络流量，进而引入广告获得经济利益。[1] 且电影作品不同于美术作品、文字作品，网络服务提供者应施以更高的注意义务。此外，被告维西公司事先在网站首页设立电影 TOP 榜单，TOP 榜单一般是在

[1] 北京市海淀区人民法院（2008）海民初字第 14025 号民事判决书。

特定时间内根据用户点击次数编排的。榜单的设立使得用户能够更轻易地获得信息，且榜单中的内容具有极大可能都是受版权保护的电影作品，而被告维西公司并没有移除该榜单，说明被告维西公司知道用户持续的侵权行为，却没有阻止。被告维西公司，一方面，作为提供信息存储服务的网络服务提供者对其平台所存储的信息具有一定的识别和管理能力；另一方面，被告维西公司对用户上传的电影不仅没有采取已为业界接受合理的过滤机制等有效措施防止侵权结果的扩大，反而设立电影频道及其子频道进一步扩大了侵权后果，违背了合理的注意义务，具有主观过错。正如判决书中指出：

> “被告在设计网站经营模式时仍然设置电影频道，并对电影频道类型进行事前分类编辑，允许用户上传电影宣传介绍资料，这些行为使网络用户更方便、更快捷地免费分享侵权电影作品，从而导致侵权后果的进一步扩大，而被告对此行为后果是可以预见的，然其不仅未采取有效措施来防止侵权结果的扩大，而且还设置电影推荐栏目以吸引网络用户进行下载。被告的前述行为已充分表明其显然具有鼓励、帮助侵权影视作品传播的意图，其在帮助涉案电影被非法传播过程中具有主观过错，构成了对原告就系争电影所享有的网络传播权的侵害。”❶

四、案件启示

本案是关于信息网络传播权侵权的经典案例，其最大的意义在于，法院对确定信息存储空间的网络服务提供者注意义务程度应当考虑的——“作品类型”“设置榜单”等因素作出了迄今为止在司法判决中最为清楚的阐述。就相关网络服务提供者而言，一方面，作为理性的信息存储空间的网络服务提供者应当尽到合理的注意义务，避免帮助用户造成著作权侵权的后果；另一方面，在用户侵权以及可以预见用户侵权的情况下，网络服务提供者应采取有效措施防止侵权结果的扩大，以维护著作人的权益。

（撰稿人：周婷）

❶ 上海市第一中级人民法院（2009）沪一民中五（知）初字第45号民事判决书。

未经许可的网络定时播放行为侵犯何种著作权

——北京时越网络技术有限公司、北京悠视互动科技有限公司与安乐影片有限公司侵犯著作财产权纠纷上诉案案例评析

一、案情概要

2009年，北京市高级人民法院审理了北京时越网络技术有限公司（以下简称“时越网络公司”）、北京悠视互动科技有限公司（以下简称“悠视互动公司”）与安乐影片有限公司（以下简称“安乐影片公司”）侵犯著作财产权纠纷上诉案。该案中，被上诉人（原审原告）安乐影片公司获得影片《霍元甲》的授权，包括但不限于通过有线和无线方式向公众提供作品的权利；通过有线和无线方式按照事先安排之时间表向公众传播、提供作品的定时在线播放、下载、传播的权利；通过有线和无线方式按照公众个人选定的时间和地点具有互动性的在线播放、下载、传播的权利等。上诉人（原审被告）时越网络公司通过其经营的“悠视网”和该网站可供下载的“UUSee网络电视”软件提供该影片的在线播放和录制服务，页面均显示影片的播放时间分别为07：18、08：58、10：37、12：16、13：56、15：35、17：15、18：54。点击播放后，该软件即开始播放影片《霍元甲》，但并未从起始时间开始而是按照上述时间表预订的时间进行播放。“悠视网”提供影片的定时在线播放服务和定时录制服务必须通过上诉人（原审被告）悠视互动公司的“UUSee网络电视”软件实现。

一审法院北京市第二中级人民法院认为：时越网络公司的行为侵犯了安乐影片公司对该影片享有的通过有线和无线方式按照事先安排之时间表向公众传播，提供作品的定时在线播放、下载、传播的权利，依法应当承担停止

侵害、赔偿损失的民事责任。悠视互动公司应与时越网络公司就侵权行为共同承担民事责任。

二审法院北京市高级人民法院同样认为：提供涉案电影作品定时在线播放服务和定时录制服务的行为不属于信息网络传播权所限定的信息网络传播行为。同时，因该种行为亦不能由《著作权法》第10条第1款所明确列举的其他财产权所调整，故一审法院认定其属于《著作权法》第10条第1款第(17)项“应当由著作权人享有的其他权利”调整的范围是正确的。悠视互动公司与时越网络公司共同提供了涉案电影作品的服务，悠视互动公司对涉案侵权行为应为明知，两上诉人应当承担共同侵权责任。

二、争议焦点

本案中，安乐影片公司认为时越网络公司与悠视互动公司合作，共同向公众提供涉案影片《霍元甲》的定时在线播放服务，侵犯其著作权。对此，时越网络公司认为，涉案网站已经停止对涉案影片的在线播放服务，法院判决赔偿的数额过高。悠视互动公司则主张“UUSee网络电视”软件仅为通用软件，与侵权行为没有法律上的因果关系，其并未实施侵权行为，也不存在任何过错。由此，本案的主要争议焦点可以归纳为：(1)时越网络公司提供涉案影片定时在线播放服务的行为是否侵犯安乐影片公司所享有的著作权；(2)悠视互动公司是否需承担共同侵权责任。

三、法理分析

针对上述争议焦点，北京市高级人民法院做出了肯定回答：时越网络公司提供涉案影片定时在线播放服务的行为侵犯了安乐影片公司经授权取得的“应当由著作权人享有的其他权利”。悠视互动公司与时越网络公司应当承担共同侵权责任。法院作此认定，主要基于以下两方面的考虑。

(一) 网络定时播放适用“其他权利”条款

网络定时播放，是指“网络用户只能定时收看，而不能在其选定的时间进行观看，也不能通过其他方式影响播放进程”。[1] 本案中，时越网络公司通

[1] 刘军华：《论“通过计算机网络定时播放作品”行为的权利属性与侵权之法律适用——兼论传播权立法之完善》，载《东方法学》2009年第1期。

过“悠视网”和“UUSee 网络电视”软件在固定的时间点播放影片《霍元甲》，该行为即属于典型的网络定时播放行为。对于该行为的定性，《著作权法》第 10 条第 1 款规定的 17 项权利中与之最为相关的权利主要分为信息网络传播权、广播权和其他权利。以下将对这三个不同权利条款进行逐一分析。

首先，能否适用信息网络传播权控制网络定时播放行为？在司法实践中，法院存在两种不同的观点。在“北京时越网络技术有限公司与宁波成功多媒体通信有限公司侵犯著作权纠纷上诉案”中，北京市第一中级人民法院认定“互联网用户通过悠视网能够观看该电视剧的内容，即使悠视网的播放方式系定时定集播放，悠视网未经许可的在线播放行为亦侵犯了宁波成功公司享有的信息网络传播权”。[1] 相反，在本案中北京市高级人民法院认定网络定时播放行为不受信息网络传播权控制。

《著作权法》第 10 条第 1 款第（12）项规定：“信息网络传播权，即以有线或者无线方式向公众提供作品，使公众可以在其个人选定的时间和地点获得作品的权利。”从条文表述来看，信息网络传播权所控制的行为需要满足两个要件，即“以有线或者无线方式向公众提供作品”和“公众可以在其个人选定的时间和地点获得作品”。本案的关键点在于网络定时播放行为是否满足第二个“交互式”要件。这至少需要包含两点：“1. 何时何地获得作品是由公众中的个人来选择的。2. 公众中的个人互不干涉，可以在自己选定的时间和地点获得作品的全部或任意部分”。[2] 如果传播作品的行为并未采用交互式手段，即使通过网络向公众传播作品，也不受信息网络传播权的控制。本案中，时越网络公司的网络定时播放行为只允许公众按照其预先规定的播放时间表进行观看，公众无法“在其个人选定的时间和地点”观看影片，因此该行为不满足“交互式”的要求，无法适用信息网络传播权予以规制。

其次，在无法适用信息网络传播权予以规制的情形下，不要求“交互式”要件的广播权是否能控制该行为？《著作权法》第 10 条第 1 款第（11）项规定：“广播权，即以无线方式公开广播或者传播作品，以有线传播或者转播的方式向公众传播广播的作品，以及通过扩音器或者其他传送符号、声音、图像的类似工具向公众传播广播的作品的权利。”本项规定的“广播权”，可以

---

[1] 北京市第一中级人民法院（2008）一中民终字第 5314 号民事判决书。

[2] 杨静：《网络定时播放视频行为的司法认定探究》，载《电子知识产权》2009 年第 4 期。

不限于电台、电视台的广播，还包括其他形式的播放。从这点来看，似乎可以涵盖不受信息网络传播权控制的其他网络传播行为。然而，广播权可以控制的行为细分为以下三类，即“无线广播”“以无线或有线方式转播”以及“公开播放接收到的广播”。显然，网络定时播放行为不属于第一类和第三类行为。对于第二类行为，广播权所控制的“有线传播”仅仅是指以有线方式传播无线广播的行为，并不包括直接以有线方式传播作品的行为。[1] 人大法工委的《著作权法释义》也印证了这一点：“通过‘有线方式’，如通过有线广播或者有线电视传播或者转播无线电台、电视台‘广播的作品’，而不是直接以有线的方式传播作品。”[2] 即使认定定时网络传播借助了光纤、双绞线等网线，是一种“有线的方式”，但是其并不是对接收到的“广播的作品”的转播，而是一种直接播放。因此网络定时播放亦无法适用广播权进行规制。

最后，在网络定时播放行为亦不能由《著作权法》第 10 条第 1 款所明确列举的其他财产权所调整之时，是否需要适用“其他权利”条款予以规制？《著作权法》第 10 条第 1 款第（17）项规定了“应当由著作权人享有的其他权利”。该条款的适用必须具备合理性基础，满足“应当”要件的认定，[3] 否则将导致权利滥用和误用。《世界知识产权组织版权条约》（World Intellectual Property Organization Copyright Treaty，WCT）第 8 条规定了一项“向公众传播权”，即“……文学和艺术作品的作者应享有专有权，以授权将其作品以有线或无线方式向公众传播，包括将其作品向公众提供，使公众中的成员在其个人选定的地点和时间可获得这些作品。”从法条结构分析，向公众传播权可以控制所有的有线或无线传播行为，“交互式传播”仅仅是受规制的行为类型之一。质言之，著作权人有权控制任何类型的网络传播行为，无论是交互式传播，还是网络定时播放。中国作为 WCT 缔约国，应当履行国际条约义务，在无法适用信息网络传播权或者广播权控制网络定时播放行为的情形下，应当借助兜底条款保护著作权人的合法权利。

尽管在现行法下可以适用“其他权利”这一兜底条款规制网络定时播放行为，但是这并非长久之计。目前，《著作权法修订草案（送审稿）》（以下

---

[1] 王迁：《著作权法》，中国人民大学出版社 2015 年版，第 197 页。

[2] 全国人大常委会法制工作委员会：《著作权法释义》，载 http://www.npc.gov.cn/npc/flsyywd/minshang/2002-07/15/content_297587.htm（最后访问日期为：2019 年 4 月 18 日）。

[3] 张俊发：《论著作权权项设置中兜底条款的适用》，载《知识产权》2018 年第 12 期。

简称《送审稿》）对广播权进行了修改。其中第13条第1款第（11）项规定："播放权，即以无线或者有线方式公开播放作品或者转播该作品的播放，以及通过技术设备向公众传播该作品的播放的权利。"可见，《送审稿》中的播放权可以控制任何非交互式传播行为。

（二）悠视互动公司为明知构成共同侵权

本案的另外一个争议焦点为悠视互动公司是否和时越网络公司构成共同侵权。侵犯著作权的行为可分为直接侵权和间接侵权。本案中，悠视互动公司并未直接实施网络定时播放行为，因此并不构成直接侵权行为。在著作权法理论中，"间接侵权"是相对于"直接侵权"而言的，它是指即使行为人并未直接实施受专有权利控制的行为，如果其行为与他人的直接侵权行为之间存在特定关系，且行为人具有特定的主观过错，也可基于公共政策的原因而被法律定为侵权行为。[1] 我国《侵权责任法》第9条第1款规定："教唆、帮助他人实施侵权行为的，应当与行为人承担连带责任。"《最高人民法院关于贯彻执行〈民法通则〉若干问题的意见（试行）》第148条规定："教唆、帮助他人实施侵权行为的人，为共同侵权人，应当承担连带民事责任。"

本案中，时越网络公司进行的网络定时播放行为侵犯了其他权利，构成直接侵权，悠视互动公司开发"UUSee网络电视"软件并在"悠视网"上提供软件下载，为直接侵权提供了帮助工具。间接侵权在客观行为要件方面得到了满足，对悠视互动公司主观过错的认定，便成了认定其是否承担间接侵权责任的关键。

悠视互动公司上诉主张，"UUSee网络电视"软件是一个通用软件，与侵权行为没有法律上的因果关系。其未实施侵权行为，也不存在任何过错。该平台和软件只是播放工具，不可能对版权问题进行判断。但是，从本案案情来看，时越网络公司网站上影片《霍元甲》的在线播放必须安装悠视互动公司开发的"UUSee网络电视"软件。"悠视网"提供影片的定时在线播放服务和定时录制服务必须通过悠视互动公司的"UUSee网络电视"软件实现。悠视互动公司对时越网络公司的直接侵权行为应为明知。正如二审法院判决所言：

---

[1] 王迁：《著作权法》，中国人民大学出版社2015年版，第406-407页。

> “通过悠视互动公司在‘悠视网’上的声明，以及‘悠视网’与悠视互动公司开发的‘UUSee 网络电视’软件之间的密切联系可以认定，悠视互动公司与时越网络公司共同提供了涉案电影作品的服务，悠视互动公司对涉案侵权行为应为明知。”

悠视互动公司主张“UUSee 网络电视”软件只是一个通用软件，并不能证明其不具有主观过错。其在明知时越网络公司直接侵权行为的情形下，仍然提供软件下载，为直接侵权的发生提供了帮助，应当与时越网络公司承担共同侵权责任。

四、案件启示

本案是关于网络定时播放的经典案例，其最大的意义在于法院对网络定时播放的定性做出了准确的分析和阐述。在现行法律框架下，无法适用信息网络传播权和广播权规制网络定时播放行为，应当借助“其他权利”这一兜底条款对此予以规制。

就相关企业而言，企业应在授权书等文件中明确权利范围，避免因缺乏请求权基础而无法受到保护。在本案中，安乐影片公司经授权取得的权利实际上涵盖了广播权、信息网络传播权以及其他权利。但是在其他案件中，原告所获授权可能只有信息网络传播权，其无法依据信息网络传播权控制网络定时播放行为。在这种情况下，原告是否享有其他权利是阻碍法官作出准确判决的障碍。如果原告未获得其他权利的授权，则可能由于缺乏权利基础而无法控制网络定时播放行为。

（撰稿人：梁翔蓝）

小“影吧”提供电影作品点播服务侵犯何种著作权

——某地“小影吧”版权执法典型案例评析

一、案情概要

2016年，为有效维护当地电影市场版权保护秩序，某地根据“剑网2016”专项行动的通知，开展“小影吧”侵权盗版整治活动。

2016年10月，在执法人员对当地处于营业状态的A“影吧”、B“影吧”进行执法检查中，经调查取证，确认以下事实：两家“小影吧”均设有数个包间；店内设有视频点播服务器，服务器中存储有多部影视作品供包间点播放映；两家“小影吧”均以营利为目的，在店内提供有偿观影服务，且均不能提供所使用的影视作品的著作权授权许可。

两家“小影吧”通过迅雷或者百度网盘等工具在“BT电影天堂”（该网站已被有关部门查处，认定为侵权影视网站）网站下载影视作品，供“影吧”运营使用，未向权利人支付任何费用，下载的影视作品直接拷贝进点播服务器中供顾客付费点播。

当地文化执法部门根据上述“小影吧”以营利为目的使用影视作品、无任何授权材料、未支付过影视作品版权费用、影视作品来源渠道等证据，认定这两家“小影吧”未经著作权人许可传播其影视作品，违反了《著作权法》第48条的规定，违法事实清楚，证据确凿。执法部门依据《著作权法》第48条和《著作权法实施条例》第36条的规定，对上述两家“影吧”做出了责令停止侵权行为，删除服务器内存储的侵权作品，罚款人民币伍仟元整的行政处罚。

二、争议焦点

行政执法部门根据查证的事实，认定上述两家“小影吧”运营者在店内设置视频点播服务器，有偿向消费者提供视频点播服务，构成对著作权人的信息网络传播权的侵权行为。因此，本案的争议焦点可以归纳为以下两点：（1）A、B“影吧”点播影视作品是否构成公开传播行为；（2）A、B“影吧”是否构成信息网络传播权侵权行为。

三、法理分析

结合行政执法部门查证的事实，以及最终认定的信息网络传播权的侵权行为这一结论，笔者结合上述争议焦点，分析其相应的法理依据。

（一）A、B“影吧”点播影视作品构成公开传播

“小影吧”是近年来市场上新出现的一种电影放映业态，又被称为“私人影院”“点播影吧”等（以下统称为“小影吧”）。“小影吧”以提供有偿观影服务为主营业务，经营者通常将用互联网下载下来的影视作品置于经营场所内的服务器中供以点播使用，在分隔开的独立包间内使用投影仪放映点播的影视作品，使付费观众体验相对自由、舒适的观影享受。[1] 我国《著作权法》中规定的包括表演权、放映权、广播权和信息网络传播权在内的各项专有权利，皆可规制向公众提供作品的行为，都以构成“公开传播”——即面向“公众”进行传播为前提条件。因此，如果要对“小影吧”点播影视作品的行为进行正确定性，那么，首先需要确定的就是其点播模式是否构成向“公众”传播。

在我国《著作权法》及相关实施条例和司法解释中，并未对“公开传播”中“公开”的标准进行具体地解释和规定。从其他国家和地区的立法与司法实践[2]来看，只要使家庭成员和经常交往的朋友圈子之外的不特定多数人能够阅读、欣赏或以其他方式感知作品，就构成了公开传播行为，至于受众

---

[1] 参见《“小影吧”里放电影，合法吗》，http://www.gapp.gov.cn/chinacopyright/contents/518/248478.html（最后访问日期为：2019年7月12日）。

[2] 我国台湾地区“著作权法”第3条规定：“公众：指不特定人或特定之多数人。但家庭及其正常社交之多数人，不在此限”。美国《版权法》（17 USC 101，“To perform or display a work”）对“公开”表演（在范围上相当于我国《著作权法》规定的公开表演、放映和广播）和“公开”展示（在范围上大于我国《著作权法》规定的展览）的定义为：“（1）在向公众开放的场所，或者在由通常家庭或社交圈之外相当数量的人聚集的场所表演或展示作品；或者（2）以传输或其他方式向上述场所传播对作品的表演或对作品的展示，或者通过任何设备或手段向公众进行的传播，无论公众中的成员是在同一地点，还是在分散的地点，也无论是在同一时间，还是在不同的时间能够接收该对作品的表演或展示。”

是否在同一时刻或同一地点接收到被传播的内容，则在所不问。[1] 从文义解释角度来看，所谓“公众”，是指“除自己及与自己有相当关系或一定交往的人（或团体）外的人群，具有排他性。而与自己有相当关系或一定交往的人就是自己的特殊群体。如亲戚、朋友、同学、邻居、同事、员工、合作伙伴或单位等等”。无论是从上述哪个角度理解或解释“公开传播”的内涵，其关键之处在于向除自己交际圈以外的不特定多数人传播。结合上述分析，以下情况下对作品传播可构成公开传播：第一，受众在地理上是分散的，但同一时刻不特定的多数人能够欣赏作品。第二，受众在欣赏作品的时间上是分散的，但时间积累的效果可以使不特定的多数人欣赏作品。第三，在半公开的场所，如大中院校、机关或工厂等传播作品也可构成公开传播。

实践中，“小影吧”通常以小包间作为观影厅向公众开放。因此，如果从单批次观影的公众来看，人数有限，甚至相互之间存在密切的社会关系。但是，“小影吧”是长期对外向不特定多数人开放运营的场所，随着时间积累，其受众必然会逐步超出特定熟人关系的范围，真正构成向不特定公众传播作品，这也符合“公众”这一概念的实质性要求。因此，本案中A、B“影吧”点播影视作品的行为应构成向公众公开传播作品。

（二）A、B“影吧”自设服务器点播构成信息网络传播权侵权行为

从本案执法部门查证的事实来看，A、B“影吧”的经营模式为——通过互联网下载影视作品，再将其存放在自己的局域网服务器中，供消费者在终端设备上点播。我国《著作权法》规定：“信息网络传播权，即以有线或者无线方式向公众提供作品，使公众可以在其个人选定的时间和地点获得作品的权利。”未经许可将作品上传至互联网服务器中，供公众在其自己选定的时间和地点进行欣赏或者下载的行为，可被认为是侵犯“信息网络传播权”的行为。如像A、B“影吧”仅将影视作品上传至其自己的局域网服务器中，只有在进入局域网服务范围内的用户才能点播观看，这样的行为是否构成对“信息网络传播权”的侵犯？

根据著作权立法对信息网络传播权的规定，该项权利只控制交互式传播行为，所谓“个人选定的时间和地点”正是对交互式传播的描述。但这并非指不加以任何限定的任意时间和任意地点。如果采用这样的广义解释将使信

---

[1] 王迁：《著作权法》，中国人民大学出版社2015年版，第184-185页。

息网络传播权在立法层面上出现巨大漏洞，使得对该权利的保护成为一纸空文。例如一个视频点播网站在上传未经许可的影视作品至其服务器的同时，通过技术手段将服务范围限定在除上海以外的世界各地，如果对“个人选定的时间和地点”采纳广义的解释，则该网站成功规避了信息网络传播权的侵权问题，这显然是不合理的。因此，此处的“个人选定的时间和地点”应当是指“在服务提供者加以限定的时间和地点内进行选择”。

同时，实践中“小影吧”的另一种行为引起了较大争议。一些“小影吧”经营者为规避法律风险，并不在本地服务器中存储作品，而是利用互联网的便利，设置网络机顶盒，使公众可以通过“互联网机顶盒+电视机”欣赏电影。那么此种行为是否构成向公众公开传播？如果构成公开传播，则侵犯作品著作权人的何种专有权利？

针对第一个问题，“小影吧”经营者并未将作品存储于自己的服务器直接向用户提供，而是提供网络机顶盒，由消费者自己通过机顶盒选择互联网中由他人提供的电影加以点播。这一经营模式并不影响其构成公开传播作品的行为。传播作品的行为在范围上是极其广泛的，其并未限制作品传播者直接操作设备进行传播，也并未限制被传播作品必须存储于传播经营者的服务器中。传播作品的行为，完全可以适用于经营者提供相应设备，公众可自己动手获取本地服务器内或远端网络中传播的作品。因此，“小影吧”经营者提供由电视机和机顶盒组成的设备，供公众获取他人通过互联网提供的电影并进行观赏，也属于公开传播作品的行为。

针对第二个问题，著作权法中涉及向公众公开传播作品的权利主要有广播权、放映权、表演权、信息网络传播权等。“小影吧”这一行为到底侵权何种专有权利，需逐一进行分析论证。首先，广播权无法对其适用。我国著作权法对于广播权的规定，直接来源于《伯尔尼公约》，广播权规制的行为主要是“以无线方式公开广播或者传播作品，以有线传播或者转播的方式向公众传播广播的作品”，以及“通过扩音器或者其他传送符号、声音、图像的类似工具向公众传播广播的作品”。《伯尔尼公约》最后一版形成于20世纪70年代，当时还没有互联网，因此术语中有关“有线或无线”方式不可能指互联网，从现行立法表述来看，如果不对广播权控制行为进行合理扩张解释，则无法规制通过互联网的方式传播作品的行为。而“小影吧”提供的是通过电视机和网络机顶盒供公众欣赏网络电影的行为，因此，广播权的适用存在较大障碍。其次，我国《著作权法》同时规定了表演权和放映权，这就意味着在我国《著作权法》中，表演和放映相互之间存在着不可逾越的界限，否则将导致法律对一项专有权利的设置丧失其意义。据此，放映权只能针对"美术、摄影、电影和以类似摄制电影的方法创作的作品"，反之，表演权也不可能适用于电影作品，对电影的播放不能构成我国《著作权法》中的"表演"。在《著作权法》中，表演权与放映权适用的作品范围完全不同，对电影作品并不存在"机械表演"的可能。[1] 最后，"小影吧"经营者提供的是通过电视机和网络机顶盒供公众欣赏网络电影的行为，并未直接向公众提供作品，使公众可以按需获得作品。用户点播的电影作品来自存储于不同地方的网络服务器，"小影吧"经营者只是提供了机顶盒这一聚合片源的设备，使用户可以节省搜索时间成本，直接点播欣赏作品。因此，经营者这一行为也并未直接侵犯作品著作权人的信息网络传播权。

综合上述分析，笔者认为对此适用放映权较为合适。首先，我国《著作权法》规定放映权是指"通过放映机、幻灯机等技术设备公开再现美术、摄影、电影和以类似摄制电影的方法创作的作品的权利"。通过这一定义可以看出，我国著作权立法对放映权的规定具有较大的弹性，立法以非穷尽列举的方式明确了放映是以技术设备公开再现作品的行为，而并未对借助何种技术设备进行限制和约束。因此，"小影吧"经营者提供"网络机顶盒+电视机"这一特定技术设备的方式，完全可以被立法用语所涵盖。其次，如上文所述，"小影吧"的经营者未直接操作机械设备，向公众传播作品，并不影响对其实施的传播行为的认定。这一结论在国内外司法实践和实务操作中多次被印证。如美国一些娱乐场所设置"自动点唱机"，作为"自动点唱机"的经营者仍然被认为实施了机械表演行为。卡拉 OK 厅的经营者很少直接为消费者选择曲目并操作机器设备，但我国法院在以往的案例中，都认定经营者实施了放映音乐电视（以类似摄制电影的方法创作的作品）的行为。[2]

四、案件启示

实践中为了满足消费者观影时既追求影片效果又追求自由舒适的需求，

---

[1] 王迁：《论在网吧等局域网范围内传播作品的法律性质——兼论"信息网络传播权"与"放映权"及"复制权"的区别》，载《中国版权》2009 年第 2 期，第 54 页。

[2] 王迁：《论在网吧等局域网范围内传播作品的法律性质——兼论"信息网络传播权"与"放映权"及"复制权"的区别》，载《中国版权》2009 年第 2 期，第 54 页。

“小影吧”业态呈现快速发展趋势。且投资一家具有四五间包房的“小影吧”成本低，回本快，这极大地刺激了该行业的“泛滥式”发展。“小影吧”经营者需要在充分了解相关法律规定尤其是版权法的基础上，强化自身的法律意识并合法经营。同时部分“小影吧”经营者已开始积极寻求获取版权授权和缴纳使用费。但是实践中由于“小影吧”经营模式分散，使得著作权人与使用者之间很难较为快捷地进行一对一的授权许可。因此，通过集体管理组织协助对接著作权授权合作事宜是较为可行的途径。

（撰稿人：吴音迪）

未经许可提供音乐的行为是否应承担法律责任

——上海青声网络科技有限公司未经著作权人许可擅自通过信息网络向公众传播音乐录音制品案案例评析

一、案情概要

深圳市腾讯计算机系统有限公司（以下简称“腾讯公司”）是《约定》等 40 部音乐作品的信息网络传播权著作权人。2016 年，腾讯公司发现上海青声网络科技有限公司（以下简称“上海青声公司”）未经其许可，擅自通过信息网络向公众提供其享有信息网络传播权的音乐录音制品，于是向上海市文化市场行政执法总队（以下简称“总队”）投诉，请求总队予以查处。

总队经查，上海青声公司制作经营移动客户端软件“echo 回声”。公众可利用“echo 回声”软件在线浏览、收听、使用和下载音乐录音制品。上海青声公司向公众提供权利人音乐录音制品共 90 部，其中包括腾讯公司享有信息网络传播权的《约定》等 40 部音乐作品。客户端软件“echo 回声”日活跃用户数量 30 万左右，下载量约 1600 万。上海青声公司从事经营性互联网文化活动使用服务器节点 300 个左右，使用阿里云服务器的方式，营业规模较大。

根据如上事实，总队依据《著作权法》第 10 条第（12）项，《信息网络传播权保护条例》第 2 条、第 18 条第（1）项的相关规定，认定上海青声公司的上述行为侵犯了信息网络传播权。据此，总队责令停止侵权行为，并作出罚款人民币 20 万元的行政处罚。

二、争议焦点

本案中，上海青声公司在制作经营移动客户端软件“echo 回声”的过程中，上传了多首权利人的音乐作品。因此，上海青声公司利用“echo 回声”软件向公众提供音乐作品行为是否侵犯信息网络传播权，以及该侵权行为是否属于行政处罚范围是本案的争议焦点。

三、法理分析

总队在对案件事实进行详细调查，对以上争议焦点分别展开论证之后，认定上海青声公司利用“echo 回声”软件向公众提供音乐作品的行为侵犯了信息网络传播权，并作出了相应的行政处罚。

（一）上海青声公司侵犯了权利人的信息网络传播权

本案的争议焦点在于上海青声公司是否侵犯了权利人的信息网络传播权。根据《著作权法》第 10 条第（12）项规定，信息网络传播权是指“以有线或者无线方式向公众提供作品，使公众可以在其个人选定的时间和地点获得作品的权利”。互联网带来的传播模式方面的最大变化是可实现“交互式传播”，其特征在于受众可以自主地选择信息内容，以及接收传播的时间和地点。[1] 这一权利在著作权法的确立，是在网络传播技术迅速发展的环境下，法律为调整著作权的相关利益而作出的规定。[2] 根据该款的定义，侵犯信息网络传播权的构成要件是“提供作品”和“公众可以在其个人选定的时间和地点获得作品”。对于“提供行为”的认定，《最高人民法院关于审理侵害信息网络传播权民事纠纷案件适用法律若干问题的规定》第 3 条第 2 款作出了未穷尽的列举：“通过上传到网络服务器、设置共享文件或者利用文件分享软件等方式，将作品、表演、录音录像制品置于信息网络中，使公众能够在个人选定的时间和地点以下载、浏览或者其他方式获得的，应当认定其实施了前款规定的提供行为。”[3] 而对于“公众可以在其个人选定的时间和地点获得作品”的理解，任何通过网络实施的“交互式传播”行为都应该受到信息网络传播权的控制，而不能将“个人选定的时间和地点”绝对地理解为个人可以随意选择任一时刻和世界上任何一个角落。因此，在传播者限定的时间和地域范围内，只要公众可以通过信息网络自行选择时间和地点去“点播”，这一

---

[1] 王迁：《著作权法》，中国人民大学出版社 2015 年版，第 195 页。

[2] 冯晓青：《知识产权法（第三版）》，中国政法大学出版社 2015 年版，第 113 页。

[3] 《最高人民法院关于审理侵害信息网络传播权民事纠纷案件适用法律若干问题的规定》》第 3 条第 2 款。

传播仍然是“交互式传播”，仍然是信息网络传播权所针对的行为。[1]

上海青声公司开发的“echo 回声”软件是典型的对音乐作品进行信息网络传播的音乐软件。当上海青声公司把音乐作品上传到“echo 回声”软件后，“echo 回声”软件的用户就可以在其个人选定的时间和地点在线浏览、收听、使用权利人的音乐作品，甚至可以下载权利人的音乐作品。因此，上海青声公司上传权利人音乐作品的行为是典型的“提供作品”行为，且符合“交互式传播行为”特征，侵犯了权利人的信息网络传播权。

（二）侵犯信息网络传播权与侵犯复制权的区别

实践中，区分侵犯信息网络传播权的行为与侵犯复制权的行为并不容易。根据《著作权法》第 10 条第（5）项规定，“复制权，即以印刷、复印、拓印、录音、录像、翻录、翻拍等方式将作品制作一份或者多份的权利”。除了法条中明确列举的传统复制行为，在数字环境中，复制行为还包括将作品上传到服务器的行为，由于信息网络传播行为也有“上传”这一步骤，因此这样看来“信息网络传播权”与“复制权”有相同的控制范围。但是，“信息网络传播权”与“复制权”仍然存在重大区别。首先，“复制权”控制的“复制行为”是一种一次性、不可持续的行为，而“信息网络传播权”控制的则是一种使公众得以获得作品的持续状态。当权利人发现作品未经许可被上传到网络中，由于上传完毕后，复制行为就自然实施完毕，权利人不可能通过“复制权”享有“停止侵权”的救济，但是权利人可通过“信息网络传播权”对这种持续性的、未经许可传播的状态享有“停止侵权”的救济。因此仅规定“复制权”不足以在网络环境中保护权利人的利益。其次，侵犯“复制权”的损失只能按照复制件的数量和价值计算，而当未经许可将作品上传至服务器时，只能按照一份复制件的价值计算赔偿数额。这无疑对权利人而言是不公平的。只有在规定了“信息网络传播权”的情况下，才可能根据传播范围和传播持续的时间等因素合理计算权利人的损失。[2] 因此，无论是侵权行为构成要件还是侵权损失的赔偿计算，侵犯“信息网络传播权”与侵犯“复制权”都存在重大区别。上海青声公司利用“echo 回声”软件向公众传播权利人的音乐作品，供用户下载，软件日活跃用户数量和下载量大，影响

---

[1] 王迁：《著作权法》，中国人民大学出版社 2015 年版，第 199 页。

[2] 王迁：《网络环境中的著作权保护》，法律出版社 2011 年版，第 141 页。

范围大，因此上海青声公司侵犯了权利人的信息网络传播权，总队正确地责令上海青声公司停止侵犯权利人信息网络传播权并处以行政罚款。

四、案件启示

本案是关于信息网络传播权侵权的经典案例，也是总队 2016 年落实国务院打击侵权假冒专项行动的第一个未经权利人许可通过移动终端传播音乐录音制品的信息网络传播权侵权案件。该案件的顺利查处，对今后面对侵犯信息网络传播权的执法工作具有积极的指导意义和示范作用。

（撰稿人：黄丹彤）

链接服务提供者对用户的侵权行为是承担注意义务还是审查义务

——北京慈文影视制作有限公司与中国网络通信集团公司海南省分公司侵犯著作权纠纷案案例评析

一、案情概要

2009年，最高人民法院审理了北京慈文影视制作有限公司（以下简称“慈文公司”）诉中国网络通信集团公司海南省分公司（以下简称“海南网通公司”）侵犯著作权纠纷案。本案中，原告慈文公司就电影《七剑》享有信息网络传播权，本案涉及的主要问题是被告海南网通公司在其经营的网站www.hai169.com上向公众提供电影《七剑》的在线播放服务是否构成著作权侵权。

2005年9月19日，原告发现被告未经许可在其经营的网站上向公众提供电影《七剑》的在线播放服务。法院查明，原告慈文公司拥有电影《七剑》在大陆地区的著作权。被告海南网通公司在其经营的网站www.hai169.com上的“影视天地”频道上向公众提供该电影介绍及整部电影作品，后公证书显示进入www.hai169.com网站首页后，点击首页上方的“影视频道”，进入的是“116天天在线”网页而非原来的“影视天地”网页。被告海南网通公司在2005年1月11日知道原告指控侵权后，立即采取措施中断链接。

二、争议焦点

本案中，原告慈文公司认为海南网通公司未经许可在其经营的网站上向公众提供电影《七剑》的在线播放服务，构成侵权。对此，被告海南网通公司主张其提供的仅是链接服务，并未直接传播涉案电影，涉嫌侵权的IP用户是海南网通公司24480个用户之一，海南网通公司无法对数量巨大的众多网站逐一进行审查，且在得知被链接网站涉嫌侵权后，已及时采取措施断开链接，故不应承担责任。由此，本案的争议焦点如下：被告海南网通公司提供侵权作品链接是否应承担侵权责任。

三、法理分析

一审、二审法院均支持了海南网通公司的抗辩理由，但最高人民法院再审时认为海南网通公司应当承担侵权责任。最高人民法院认定被告海南网通公司应承担侵权责任，主要基于以下问题的考虑：被告海南网通公司对其所链接的网页是否有注意义务。

本案的争议焦点是被告海南网通公司提供侵权作品链接是否应当承担侵权责任。最高人民法院的论证逻辑如下：首先，被告海南网通公司无法证明其仅是提供了链接服务；其次，即使被告海南网通公司的行为仅是提供链接服务，但被告的行为表明其对侵权频道的内容具有一定程度的审核义务，因其未尽到最低程度的注意义务，导致了侵权范围扩大化，所以对该网页上出现的侵权行为应承担连带责任。

具体而言，首先，最高人民法院指出："海南网通公司无法证明其仅是链接服务提供者，原因在于，侵权网页上没有显示任何对应的域名或者网站名称等信息可以表明该网页属于第三方所有，侵权网页上的IP地址也不能证明该网页另属于其他主体所有，从原告慈文公司及其他社会公众的角度，播放《七剑》电影的网页至少从表面上属于海南网通公司。海南网通公司如欲证明该网页仅是其链接的第三方网站，其不应为该网页上的侵权行为承担责任，应提交相应的证据。因该网页的IP地址位于海南网通公司管理的地址段范围内，海南网通公司能够提供该证据，而包括慈文公司在内的社会公众均无法获得。在海南网通公司未提供相关证据的情况下，其关于仅提供链接服务的抗辩不能得到支持。"最高院从现有证据出发，认为海南网通公司无法证明其仅是提供了链接服务。

其次，最高人民法院假设海南网通公司能够证明侵权网页确属第三方主体所有或实际经营，海南网通公司仅是链接服务提供者。随后，最高人民法院基于海南网通的行为，认为其对侵权频道的内容具有一定程度的审核义务，指出："由于海南网通公司将侵权网页内容作为内容频道向公众提供，且从其在原审中提交公证书显示被诉后即变更了该'影视频道'内容来看，该选择完全是海南网通公司自主进行的。由此可见，被告海南网通公司除了提供链接服务之外，其对频道内容具有一定程度的审核义务，其至少应对链接网站的实际所有者或经营者的主体资质进行一定的审核。由于链接网站的经营者提供的内容属于侵权作品，而被告海南网通公司未尽到最低程度的注意义务，对侵权作品设链接，导致侵权范围的扩大，应当承担侵权责任。”

笔者认同法院的上述观点。如果被告海南网通公司的行为无法证明其是链接服务提供者，那么可以视作其直接提供了侵权作品，构成侵犯原告的著作权。重点在于，如果被告海南网通公司能够证明该网页确属第三方主体所有或实际经营，其仅是向公众提供了指向含有侵权作品的网页的链接，导致网络用户能够很容易地找到侵犯著作权的作品，那么此时提供侵权作品网页链接的被告是否应承担侵权责任？

需要注意的是，这里讨论的链接服务提供者的侵权责任是一种间接侵权责任。网页经营者未经许可通过信息网络传播侵权作品的行为属于直接侵权行为，而提供侵权作品网页链接的链接服务提供者，只可能构成间接侵权责任。

根据“间接侵权”理论，间接侵权行为应具备下列构成要件：（1）存在直接侵权行为；（2）客观上有诱导或帮助直接侵权的行为发生；（3）间接侵权人主观上存在过错，包括故意和过失。故意是指明知他人意欲或正在实施侵权行为而仍然提供实质性的帮助，过失则意味着本应尽到“合理注意义务”发现他人意欲或正在实施侵权行为的事实，却因疏忽大意而没有发现，以至于对他人的侵权行为提供了帮助。[1] 因此，在存在直接侵权行为的前提下，认定链接服务提供者是否构成间接侵权，主要是判断链接服务提供者的行为是否满足上述第二个和第三个要件，即链接服务提供者是否在客观上引诱或帮助他人实施直接侵权的行为，且主观上具有过错。

客观上，在公众点击进入链接服务提供者的网站的前提下，正是由于链接服务提供者提供了含有侵权作品的网页链接，该含有侵权作品的网页链接才会有被相关公众点击并进入的可能，链接服务提供者提供侵权作品网页链接的行为在客观上扩大了直接侵权行为的范围，属于帮助他人实施直接侵权

[1] 王迁：《论“网络传播行为”的界定及其侵权认定》，载《法学》2006年第5期。

的行为。

然而在判断链接服务提供者是否构成间接侵权时，除了认定链接服务提供者提供侵权作品网页链接的行为满足客观要件外，还须从主观上判断其是否具有过错。因此，如何判定行为人具有主观过错对于认定“间接侵权”具有决定性意义，但链接服务提供者作为网络服务商的一种，其主观过错很难认定，现有的过错概念很难适用于网络服务商侵权责任的问题。[1]“主观过错”总是与行为人是否“明知”他人的“直接侵权”行为，以及是否根据其应尽的“合理注意义务”而“应知”联系在一起的。但无论“明知”还是“应知”都是内在的心理状态，只能从外部事实加以判定。[2]而外部事实就体现在链接服务提供者的“注意义务”上，可以在“注意义务”的基础上确立链接服务提供者的可归责性，只要未尽注意义务，其就应承担未尽注意义务而产生的责任，即可不必再单独认定网络服务商是否具有过错，也就不必纠结于构成何种过错形态，这样就能解决现有的过错概念难以适用于网络服务商侵权责任的问题。[3]

若链接服务提供者应尽注意义务且未尽到其注意义务，则构成帮助侵权；若其没有注意义务或者有注意义务但尽到了其注意义务，则不构成帮助侵权。所以法院考虑的主要问题是假设被告海南网通公司提供的仅是链接服务，那么其作为链接服务提供者是否需要承担注意义务。对于这一问题，目前存在两种观点：一种观点与被告海南网通公司的抗辩理由相同，链接服务提供者对网络信息不具备编辑控制能力，对网络信息的合法性不具备注意义务，对他人在网络上实施的侵权行为没有过错，不必承担法律责任，侵权的法律责任应当由行为人本人来承担。另一种观点认为，设置链接者对其所链接的内容具有注意义务，如果其链接了侵权信息，那么客观上扩大了侵权行为的范围，造成了侵害结果，应当承担侵权责任。[4]

笔者认为，就链接服务提供者是否具有注意义务这一问题，应当分情况讨论。在提供链接服务案中，通常而言，链接服务提供者具体还可分为两种，一种可被称为“主动链接”，即链接服务提供者主动对被链接信息进行了编辑

---

[1] 宋哲：《网络服务商注意义务研究》，北京大学出版社 2014 年版，第 37-52 页。

[2] 王迁：《论“网络传播行为”的界定及其侵权认定》，载《法学》2006 年第 5 期。

[3] 宋哲：《网络服务商注意义务研究》，北京大学出版社 2014 年版，第 53 页。

[4] 万莉莉：《网络链接侵权责任探析》，载《电子知识产权》2004 年第 1 期。

整理，设置了各种栏目；另一种可被称为“被动链接”，即基于用户的搜索指令所提供的相应搜索结果的链接。❶

如果链接服务提供者提供的是“主动链接”，即反映的外部事实是其主动对被链接信息进行了编辑整理，设置了各种栏目，表明链接服务提供者对侵权内容具有接触的可能性，那么其对于被链接内容就具有一定的审核义务和注意义务，如本案中最高人民法院在判决书中所提：

“因该‘影视频道’与海南网通公司网站‘主页’、‘新闻频道’、‘文学频道’等并列，海南网通公司将该网页内容作为其内容频道向公众提供，且从其在原审中提交公证书显示被诉后即变更了该‘影视频道’内容来看，该选择完全是海南网通公司自主进行的。”❷

最高人民法院通过外部事实确定被告海南网通公司对其所链接的侵权网页上的内容具有一定程度的审核义务，至少被告应对该网站的实际所有者或经营者的主体资质进行一定的审核义务，认为被告不知晓侵权网页的实际经营主体，属于未尽到最低程度的注意义务，应当对其所链接的网页上出现的侵权行为承担连带责任。

如果链接服务提供者提供的是“被动链接”，则此时由于链接服务提供者无法预知用户的搜索内容，那么用户通过搜索得出的搜索结果及相应链接是经程序自动生成的，与链接服务提供者的筛选行为无关，链接服务提供者无法对被链接内容是否侵权作出判定，那么其也就不具备对被链接网页的审查义务和注意义务，即便被链接网页中含有侵权内容，链接服务提供者也无须承担侵权责任。

四、案件启示

本案是关于链接服务提供者提供侵权作品网页链接的经典案例，其最大的意义在于，当链接服务提供者的商业模式表明其对链接网页具有一定的注意义务，且未尽到注意义务时，法院认为链接服务提供者提供侵权作品网页链接的行为扩大了侵权范围，应当承担侵权责任。在认定链接服务提供者提

❶ 芮松艳：《论搜索、链接服务提供行为的侵权构成要件》，载《知识产权》2011年第1期。

❷ 最高人民法院（2009）民提字第17号民事判决书。

供侵权作品网页链接是否构成侵权时，最高人民法院的上述判决思路值得借鉴。总而言之，链接服务提供者提供侵权作品网页链接的行为并不会构成直接侵权，在其所提供的侵权作品网页链接构成直接侵权的前提下，链接服务提供者提供侵权作品网页链接的行为才可能构成“间接侵权”，承担连带责任。具体而言，在链接服务提供者侵权认定上，可以在“注意义务”的基础上确立链接服务提供者的可归责性，只要链接服务提供者具有一定的注意义务，且未尽注意义务，就应承担未尽注意义务而产生的责任。

（撰稿人：胡向玲）

破坏有效技术措施设链的行为应如何定性

——深圳市腾讯计算机系统有限公司与上海千杉网络技术发展有限公司侵害作品信息网络传播权纠纷案案例评析

一、案情概要

2018年11月20日，广东省深圳市中级人民法院审结深圳市腾讯计算机系统有限公司（以下简称“腾讯公司”）诉上海千杉网络技术发展有限公司（以下简称“千杉公司”）侵害作品信息网络传播权纠纷一案。本案中，被告千杉公司通过技术手段破解原告腾讯公司的技术措施，模拟原告的用户点播涉案影视作品《乱世三义》，从而获取原告腾讯视频服务器中存储的视频数据，并在其“电视猫APP软件”界面中提供点播服务。

原告腾讯公司，经东阳华录百纳影视有限公司等合法授权，对影视作品《乱世三义》在中国境内（不包括港、澳、台地区）享有独占信息网络传播权（包括独占信息网络传播权、独占维权权利、转授权权利）。

被告千杉公司声称“电视猫手机APP软件是针对各视频网站的视频内容，为用户提供搜索服务，并通过网络链接为用户提供上述视频点播的聚合性视频播放软件，供用户在手机中使用”，❶“电视猫视频所有影视资源均来自于第三方网站，本服务运营方并未做任何的存储及编辑操作”。❷根据法院查明的事实，被告在其“电视猫APP软件”中提供了涉案影视作品《乱世三义》的在线点播服务，但并未将涉案作品存储在其软件服务器上。

一审法院依据《著作权法》《信息网络传播权保护条例》等相关规定，认定被告的上述行为属于“提供行为”，构成侵害作品信息网络传播权，应赔偿损失。二审法院驳回上诉，维持原判。

---

❶ 上海千杉公司出具的《有关电视猫手机APP软件的技术说明》。

❷ 电视猫网站网页打印件，在首页的“知识产权保护声明”显示。

二、争议焦点

本案中，原告腾讯公司认为被告未经许可，通过其运营的“电视猫APP软件”向公众提供作品，该行为侵犯原告的信息网络传播权。被告则辩称其仅是提供搜索链接服务，并未实施信息网络传播行为。因此，本案的争议焦点可以归纳为以下三点：（1）关于被告是通过何种方式获取涉案作品的问题。（2）关于被告的行为是否属于“提供行为”的问题。（3）关于被告的行为是否构成侵权的问题。

三、法理分析

根据我国《著作权法》的相关规定，信息网络传播权控制的行为是“以有线或无线方式向公众提供作品，使公众可以在其个人选定的时间和地点获得作品的行为”，即点对点的“交互式传播”行为。随着信息传播技术的不断发展，视频聚合链接技术日趋成熟，本案中被告实施的破解技术措施后的设链行为是否构成向公众提供作品的行为，需要结合这个行为的本质特征，从信息网络传播行为的基本要件出发进行具体分析判断。

（一）关于被告是通过何种方式获取涉案作品的问题

原告为防止其视频内容被非授权的程序或网站播放，在其视频网站设定了视频播放地址的鉴真密钥和视频播放密钥。被告经营的“电视猫”视频应用软件，通过技术手段解析了只应由腾讯公司专有视频播放服务程序才能生成的特定密钥，并模拟其用户的请求获取腾讯视频服务器中的视频数据，进而提供播放，且被告未将涉案视频资源存储于自己的服务器上。对于以上事实，原告主张被告的行为是通过破坏技术措施获取视频数据的行为，被告则主张其实施的只是通过“爬虫技术”与第三方网站构建“深度链接”的行为。

所谓“深度链接”，即绕过被链网站首页直接链接到分页的链接方式。设链网站对用户查询的内容进行搜索，自动生成一个含有查询结果的链接页面，用户点击搜索链接，便可直接访问目标页面，一般不会经过目标页面的主页。[1] 简单而言，“深度链接”要求被链地址是开放的地址，获取的资源是可

[1] 吕长军：《简析深度链接、加框链接与盗链——以信息网络传播权视角》，载《中国版权》2016年第2期。

以直接访问的资源。而原告的视频播放地址不是开放的地址，其视频资源也不是可以直接访问的资源。因此被告获取涉案作品的方式与通过“爬虫技术”构建“深度链接”存在明显差异，“电视猫”获取涉案作品的方式不是“深度链接”。

被告破坏技术措施的相关事实已在前文中予以查明，不再赘述。而其采纳的链接模式是以自己的网页外观形式呈现原告网页所拥有的实质视频内容，并且这些视频数据并没有在其服务器上储存下来，这与“深层链接”的概念相符合。因此，被告获取涉案作品的方式可以分解为两个步骤：第一，通过破解技术措施模拟原告的用户获取涉案视频；第二，通过“深层链接”在自己的网站或者 APP 上向其用户提供涉案视频的点播服务。这是互联网侵权中典型的破坏技术措施设链的行为。

（二）关于被告的行为是否属于“提供行为”的问题

在案件审理过程中，原告提出被告的行为实际性替代了原告针对涉案作品的全部功能，不能等同于一般的搜索链接服务或提供技术中介服务。原告认为被告主观上向公众提供了涉案作品，客观上也使其用户获得涉案作品，应当认定被告对涉案作品实施了完整的提供行为。而被告则主张“电视猫”仅提供链接服务，没有实施作品提供行为，原告的理解是对“提供行为”进行了错误地扩大解释。因此，解决该争议焦点的关键在于厘清“提供行为”的含义，从而判断被告的行为是否属于“提供行为”。

首先，根据《著作权法》第 10 条第 12 项关于“信息网络传播权”的相关定义，可以将“有线或无线”以及“使公众可以在个人选定的时间和地点获得作品”理解为“提供作品”的应有之义。其次，根据《最高人民法院关于审理侵害信息网络传播权民事纠纷案件适用法律若干问题的规定》第 3 条第 2 款关于“提供行为”的规定内容，可以明确“通过上传到网络服务器”进行传播属于“提供行为”。那么被告这种破坏技术措施设置深层链接，且并未将作品上传至自己的服务器中的行为是否也属于“提供行为”？

被告的行为与按照“服务器标准”规定的“提供行为”的最大区别在于没有将涉案作品上传至自己的服务器。所以其用户可以通过点击被告设置的链接获得作品，也可以通过直接登录原服务器网站获得作品。但是，如果在原服务器中删除涉案作品的相关数据，那么被告的链接也会相应地无效。[1] 因此，“深层链接”对于原服务器始终存在一种依赖的伴生关系。而“提供行为”所表现出来的传播效果，客观上需要形成一个“传播源”，使得作品能够以该“传播源”为起点向公众传送。[2]“深层链接”对原服务器的依赖性正是由缺乏独立的“传播源”造成的。“深层链接”的设链者没有将作品存储于自己的服务器中，可以将这一点理解为没有创制新的“传播源”，其利用的始终是作品在原服务器中处于“使公众可以在个人选定的时间和地点获得”的状态。根据上述分析，作品“使公众可以在个人选定的时间和地点获得”的状态，并非由设链行为形成，而仅由上传或其他使作品在服务器中向公众传播的行为导致。

综上所述，被告破坏技术措施设链的行为虽然可以使得公众在其选定的时间和地点获得作品，但这只是实现了一种客观的提供效果，并没有从本质上形成新的传播源。因而笔者认为，被告千杉公司破坏技术措施设链的行为不属于“提供行为”。

（三）关于被告的行为是否构成侵权的问题

根据上述分析，被告破坏技术措施设置深层链接的行为不属于“提供行为”，即不属于信息网络传播行为，不存在对信息网络传播权的直接侵害。但这并不意味着被告的行为属于合法行为，无须承担法律责任。

原告为防止其视频内容被非授权的程序或网站播放，在其视频网站设定了视频播放地址的鉴真密钥和视频播放密钥。原告的行为属于《信息网络传播权保护条例》（以下简称“《条例》”）中规定的防止他人设置深层链接的接触控制措施。当然，依据《条例》第 26 条的规定，只有有效的技术措施才能受到我国《著作权法》的保护。对此，北京市高级人民法院于 2010 年下发的《关于审理涉及网络环境下著作权纠纷案件若干问题的指导意见（一）》第 33 条指出：“……技术措施是否有效，应以一般用户掌握的通常方法是否能够避开或者破解为标准。技术专家能够通过某种方式避开或者破解技术措施的，不影响技术措施的有效性。”根据法院查明的事实——“被告通过技术手段破解原告腾讯公司设定的秘钥”，原告腾讯公司采取的技术措施不是仅凭

---

[1] 王迁：《认定信息网络传播行为应采用“服务器标准”》，载《检查日报》2017 年 4 月 6 日第 3 版。

[2] 王迁：《论提供“深层链接”行为的法律定性及其规制》，载《法学》2016 年第 10 期。

一般用户掌握的通用方法就能破解的，原告的技术措施符合法律规定的“有效的技术措施”这一概念，因而受到《著作权法》的保护。

被告千杉公司通过技术手段破解了只应由原告腾讯公司专有的视频播放服务程序才能生成的特定密钥，并模拟其用户的请求获取腾讯视频服务器中的视频数据的行为属于《条例》第 4 条规定的“故意破坏技术措施”的行为，因而可以认定，千杉公司破坏技术措施设置深层链接的行为是《著作权法》规定的违法行为。此外，腾讯公司之所以对其视频网站上的作品设置技术措施，一般是为了实施“广告+会员制度”的商业收费模式，千杉公司明知腾讯公司设置了技术措施，却仍然采取故意破坏技术措施的手段进行设链，这显然是一种违背商业道德的行为，因此，该行为也属于《反不正当竞争法》规定的不正当竞争行为。[1]

四、案件启示

本案是破坏技术措施设链的经典案例，其最大的意义在于正确辨识了破坏技术措施设链行为与信息网络传播权侵权行为之间的本质区别，对破坏技术措施设链行为作出了正确的定性。即破坏技术措施设链行为不是“提供行为”，不构成对信息网络传播权的侵权；破坏技术措施设链行为是《著作权法》规定的违法行为，设链者应当承担相应的法律责任。如果简单地将破坏技术措施设链的行为与侵害信息网络传播权的行为混为一谈，虽然可以暂时解决相关案件的燃眉之急，但是长远来看，这种做法不仅会使著作权法的体系解释自相矛盾，而且还会破坏著作权法的基本制度。因此，这种本末倒置、因小失大的做法显然是不可取的。法院和著作权行政管理部门只有在明晰法理的基础上，在实践中，不断加强对破坏技术措施设链的典型案件的研究学习，不断积累相关案件的处理经验，才能有效规制破坏技术措施设链的行为，才能保障著作权人的合法权益，才能维护良好的网络环境。

（撰稿人：吴音迪）

---

[1] 陈绍玲：《如何规制破坏技术措施的设链行为?》，载《中国知识产权报》2016 年 10 月 14 日第 10 版。

■ 著作权限制与例外

“教学目的使用作品”的合理使用应如何认定

——朱莉亚·班纳·亚历山大诉北京市海淀区戴尔培训学校、北京洲际文化艺术交流有限公司侵害著作权纠纷案案例评析

一、案情概要

2008年，北京市高级人民法院受理了朱莉亚·班纳·亚历山大（以下简称“朱莉亚·亚历山大”）诉北京市海淀区戴尔培训学校（以下简称“戴尔学校”）、北京洲际文化艺术交流有限公司（以下简称“洲际公司”）侵害著作权纠纷上诉案。本案中，被告戴尔学校、洲际公司使用原告朱莉亚·亚历山大享有著作权的《新概念英语》（新版）全四册英语教材制作网络学习课件，并提供上述课件的网络下载服务，本案主要涉及上述行为是否构成著作权侵权的问题。

原告朱莉亚·亚历山大系大不列颠及北爱尔兰联合王国居民。《新概念英语》（新版）全四册由外语教学与研究出版社、朗文出版亚洲有限公司联合出版，署名亚历山大（L. G. ALEXANDER）、何其莘合作编著。路易·乔治·亚历山大（以下简称“路易·亚历山大”）系《新概念英语》英语部分的著作权人，其于2002年6月17日去世，本案原告朱莉亚·亚历山大系其

遗孀。根据路易·亚历山大的遗嘱，其著作权归本案原告所有。《新概念英语》教材中，除了第1册复数课为练习课外，基本上每一课均有课文、课文注释、生词和短语等内容。第1~3册的课文均为作者原创，第4册中课文均系引用他人文章或片断。第1册中复数课中有书面练习题，第2~4册则按其教学目的设计了如摘要写作、词汇、关键句型、难点及多项选择题等练习内容。

被告戴尔学校提供了名称为“新概念英语1~4册下载学”的网络课程，报名该课程的用户可以在戴尔学校指定的网站下载该课程的学习课件，通过视频的方式进行《新概念英语》的学习。一审法院查明，课件中老师的讲解方式如下：第1册，单词和课文基本为逐一和逐句朗读、讲解以及页面显示，页面上同时会显示老师扩充讲解的部分内容。第2~4册中仍然会逐一和逐句地朗读和讲解单词及课文，但只有部分单词和课文中的句子在页面上显示，大部分显示的内容是老师延伸讲解的内容。上述课件只能固定到一台电脑上进行学习，不能进行复制或者在其他电脑上操作，且授权使用期限为半年，超过后不能使用。但公证证据表明，课件到期后，可以通过联系戴尔学校以获得新的用户名和口令重新申请认证。被告洲际公司系戴尔学校的举办者和相关网站的经营者。

一审法院认为，原告作为作者的继承人享有著作权中的财产权利，受到《著作权法》的保护。被告使用作品的行为属于《著作权法实施条例》（以下简称《实施条例》）第19条允许因使用方式的特性而不指明作者身份的情形，[1] 故不侵犯作者署名权；被告提供课件下载、课程中的课文朗读、页面显示行为均是服务于教学目的，且没有超出该目的，因此被告不侵权复制权、发行权和信息网络传播权；被告行为不会影响原告自行行使权利，也不影响其该部分利益的实现。据此，一审法院驳回原告诉讼请求。原告不服提起上诉，二审法院判决撤销原判决，认定被上诉人构成复制权、信息网络传播权以及署名权侵权。

二、争议焦点

本案上诉过程中，上诉人主要理由为：（1）一审判决认定被上诉人使用

[1] 《著作权法实施条例》第19条规定：“使用他人作品的，应当指明作者姓名、作品名称；但是，当事人另有约定或者由于作品使用方式的特性无法指明的除外。”

《新概念英语》作品内容制作涉案网络课件并销售等行为属于“正常的教学行为”，显系对事实性质的错误认定；（2）一审判决适用法律错误，依法应当予以改判；（3）一审判决对《新概念英语》作品作者之署名利益问题，在认定事实和适用法律方面均存在严重错误，应予纠正。被上诉人戴尔学校、洲际公司服从一审判决并提出对涉案作品的使用属于合理使用。由此，本案的争议焦点可以归纳为以下两点：（1）被上诉人制作并网上销售“新概念英语 1~4 册下载学”学习软件的行为是否侵犯了上诉人的复制权、发行权和信息网络传播权以及已故作者的署名权；（2）被上诉人的行为是否构成合理使用。

三、法理分析

北京市高级人民法院首先根据《伯尔尼保护文学和艺术作品公约》（以下简称《伯尔尼公约》）的规定，认为朱莉亚·亚历山大对涉案作品享有的著作权应受中国著作权法保护。然后法院确认了上诉人的权利范围，认为上诉人对涉案作品第 1~3 册中除单词和短语部分以外的英文部分，第 4 册中除课文、单词和短语部分以外的内容以及对课文独创性的选择和编排依法享有著作财产权，同时有权对作者的人身权利进行保护。最后法院重点分析了被上诉人使用涉案作品的行为，认为被上诉人构成复制权、信息网络传播权和署名权侵权，并且其合理使用抗辩不能成立，故撤销了一审判决并予以改判。具体分析如下：

（一）被上诉人构成复制权、信息网络传播权和署名权侵权

本案的第一个争议焦点为被上诉人制作并网上销售“新概念英语 1~4 册下载学”学习软件的行为是否侵犯了上诉人的复制权、发行权和信息网络传播权以及作者的署名权。二审法院在对被上诉人的行为进行详细分析的基础上，逐一针对以上权利作出论述。

关于复制权，根据我国《著作权法》的规定，复制权是指“以印刷、复印、拓印、录音、录像、翻录、翻拍等方式将作品制作一份或者多份的权利”。[1] 一审法院认为：

> “复制应是通过某种手段非创造性地再现作品的内容，其表达形

[1] 《著作权法》第 10 条第 5 项。

> 式与作品具有重复性……上述行为（老师朗读课文和页面显示）与著作权法意义上的复制显然不是同一概念，其并非简单地再现《新概念英语》，其目的亦并非向相关公众提供该作品的复制件。”[1]

这种观点是不能成立的。首先，作品复制件无需与作品的表达形式相同。只要将作品相对稳定和持久地“固定”在有形物质载体之上，形成作品的复制件即可构成著作权法意义上的复制。[2] 被上诉人将涉案作品的朗读和页面显示录制并上传到相关网站的服务器依次构成“从无载体到有载体”和“从平面到平面”的复制行为，[3] 涉案作品最终被固定于网站服务器的硬盘。其次，是否向公众提供复制件并不是著作权法上复制行为的构成要件。例如，将作品纹在身体上的行为就是典型的复制，而身体作为作品的载体显然是不能向公众提供的。最后，被上诉人作为专业的英语教学机构，选用教材理应主动寻求著作权人许可，但却未经许可擅自使用。因此被上诉人显然具有主观过错，不仅构成直接侵权，还应当承担损害赔偿责任。二审法院纠正了一审判决的错误并指出：“本案中，戴尔学校、洲际公司是在将涉案作品进行数字化复制后，再通过互联网提供课件下载服务。该数字化复制行为未经朱莉亚·亚历山大许可，已经构成对朱莉亚·亚历山大享有的复制权的侵犯”。[4]

关于发行权，根据我国《著作权法》的规定，发行权是指“以出售或者赠与方式向公众提供作品的原件或者复制件的权利”。[5] 根据定义中“原件或复制件”的用语，构成发行行为必然涉及作品有形物质载体所有权的移转。换言之，我国《著作权法》中的发行权不能适用于网络环境。[6] 如上所述，本案中涉案作品的有形物质载体是被上诉人网站的服务器硬盘，而学员从被上诉人网站上下载课件到本地计算机硬盘的过程是新的复制行为。此过程中，被上诉人网站的服务器硬盘所有权显然没有发生移转。因此二审法院并未支持上诉人有关侵犯发行权的请求。

关于信息网络传播权，根据我国《著作权法》的规定，是指“以有线或

---

[1] 北京市第一中级人民法院（2007）一中民初字第 10169 号民事判决书。

[2] 王迁：《著作权法》，中国人民大学出版社 2015 年版，第 164 页。

[3] 王迁：《著作权法》，中国人民大学出版社 2015 年版，第 166-171 页。

[4] 北京市高级人民法院（2008）高民终字第 185 号民事判决书。

[5] 《著作权法》第 10 条第 6 项。

[6] 王迁：《网络环境中的著作权保护研究》，法律出版社 2011 年版，第 81 页。

者无线方式向公众提供作品，使公众可以在其个人选定的时间和地点获得作品的权利”。[1] 根据定义，该权利控制的是以交互式手段向公众提供作品的行为。二审法院将授课老师的讲解方式分为以下三种分别进行分析：一是对每篇课文进行朗读，页面显示全部或部分课文中的句子；二是对单词和短语进行讲解，页面显示全部或部分单词和短语；三是页面显示老师扩充讲解的部分内容。对于第一种情况，老师对课文的朗读以及在页面上对作品内容的显示，是对涉案作品在网络上进行的公开传播，该传播行为未经著作权人许可，使公众可以通过互联网在个人选定的时间和地点获得涉案作品，构成对上诉人享有的信息网络传播权的侵犯。对于第二种情况，是对单词和短语的显示和讲解，因这些单词和短语并非作品，且其选择、排序也不具有独立于作品的独创性，故并未侵犯上诉人的著作权。第三种情况是老师对作品的扩充讲解，并非是对涉案作品的使用，也没有侵犯上诉人的著作权。[2] 实际上，被上诉人将录制完成的课件上传到指定网站的服务器中供学员下载的行为已经足以认定为信息网络传播权侵权。我国的信息网络传播权来源于《世界知识产权组织版权条约》（WIPO Copyright Treaty，WCT）第 8 条。[3] 根据该条规定中“makingavailable”（使……可获得）的用语，只要使公众有获得作品的“可能性”即可，并不要求他人已经获得作品。因此，即使事实上没有人下载学习该课件，该课件也已经处于可被公众获得的状态，满足了信息网络传播行为的定义。正如有人将受保护的电影上传至网络后，即使没有人点击观看该电影，仍然侵犯了电影著作权人的信息网络传播权。

关于署名权，根据我国《著作权法》的规定，是指“表明作者身份，在作品上署名的权利”。[4] 一审法院认为被告在进行具体内容的讲述时，由于使用方式的特性，不可能要求其每次都须提及作者，属于《实施条例》第 19 条允许因使用方式的特性而不指明作者身份的情形。但是二审法院推翻了上述认定，认为“在涉案课件内容中、网页页面宣传介绍以及销售课件过程中，戴尔学校均未指明《新概念英语》的作者，因此，已构成对路易·亚历山大

[1] 《著作权法》第 10 条第 12 项。

[2] 北京市高级人民法院（2008）高民终字第 185 号民事判决书。

[3] See WIPO Copyright Treaty，Article 8.

[4] 《著作权法》第 10 条第 2 项。

署名权的侵犯，应承担相应的民事责任”。[1]

综上所述，二审法院认定被上诉人侵犯了上诉人的复制权和信息网络传播权，侵犯了涉案作品作者的署名权。

（二）被上诉人的行为不构成合理使用

审理过程中，被上诉人提出使用涉案作品的行为构成合理使用。在我国《著作权法》第22条列举的12种合理使用情形中，最有可能适用的是第6项，即“为学校课堂教学或者科学研究，翻译或者少量复制已经发表的作品，供教学或者科研人员使用，但不得出版发行”。[2] 包括通过网络向少数教学、科研人员提供少量已经发表的作品。[3] 但是，该条款的适用需要满足诸多限制条件：第一，必须是为课堂教学或者科学研究的目的使用作品。参与立法者认为：“‘课堂教学’一词是有严格限制的，考研辅导班、托福、GRE培训班等以营利为目的的教学不属于‘课堂教学’”。[4] 第二，必须是翻译或少量复制已经发表的作品，或者通过信息网络提供少量已经发表的作品；第三，必须是供教学或者科研人员使用。这些限制条件过于严格以至于远远超出了《伯尔尼公约》的保护水平，[5] 因此是不合理的。如果根据该条规定，本案被上诉人的行为毫无疑问不能构成合理使用。

二审法院可能是考虑到现行法律条文的不合理，所以在审理中借鉴了美国司法实践中判断合理使用的四个要素。此四要素分别是是否基于商业目的而使用、所使用作品的性质、使用的数量和比例、使用行为对作品的潜在市场价值是否有较大的不利影响。[6] 本案中，戴尔学校作为营利性教学机构使用《新概念英语》的行为，显然不属于非商业使用；戴尔学校对《新概念英语》绝大部分英文内容进行了使用，而非少量使用；学员通过涉案网络教学中的朗读和显示，完全可以不再购买《新概念英语》而进行学习，这对《新概念英语》潜在的市场价值也具有较大的不利影响。[7] 据此，二审法院没有支持被上诉人关于使用涉案作品系合理使用的抗辩。

---

[1] 北京市高级人民法院（2008）高民终字第185号民事判决书。

[2] 《著作权法》第22条第1款第6项。

[3] 《信息网络传播权保护条例》第6条第3项。

[4] 胡康生主编：《著作权法释义》，法律出版社2011年版，第107页。

[5] Berne Conventionfor the Protection of Literary and Artistic Works，Paris Act，Article 10，(2).

[6] 17 U. S. C. A. § 107.

[7] 北京市高级人民法院（2008）高民终字第185号民事判决书。

四、案件启示

本案二审法院纠正了一审法院对“教学目的使用作品”的错误认识，明确了如果未经著作权人许可且不存在“合理使用”等法定抗辩事由的情况下使用他人作品，就构成著作权侵权行为。教学目的并不是擅自使用他人作品的正当理由。此外，二审法院在判断是否属于“合理使用”时并未机械性地适用我国不合理的法律条文，而是突破性地适用了合理使用的四要素分析法，在一定程度上弥补了立法的缺陷，使判决理由更加公平、合理、具有说服力。

（撰稿人：尤洋）

在电影海报上使用与电影时代背景相关的美术作品是否构成合理使用

——上海美术电影制片厂与浙江新影年代文化传播有限公司、华谊兄弟上海影院管理有限公司著作权权属、侵权纠纷案案例评析

一、案情概要

2015年，上海市普陀区人民法院开庭审理了原告上海美术电影制片厂（以下简称“美影厂”）诉被告浙江新影年代文化传播有限公司（以下简称“新影年代公司”）、华谊兄弟上海影院管理有限公司（以下简称“华谊兄弟”）著作权侵权纠纷一案。本案中，新影年代公司和华谊兄弟未经许可使用美影厂享有著作权的角色形象美术作品制作海报，本案主要涉及新影年代公司和华谊兄弟的行为是否构成著作权侵权的问题。

原告美影厂拥有动画片《葫芦兄弟》中“葫芦娃”角色形象美术作品和动画片《黑猫警长》中“黑猫警长”角色形象美术作品的著作权。被告新影年代公司是电影《80后的独立宣言》的制作方，在电影公映前及公映中，新影年代公司在电影的宣传海报中使用了“葫芦娃”和“黑猫警长”角色形象，而华谊兄弟在其新浪官方微博上介绍该影片时也传播了涉案海报。原告美影厂认为新影年代公司未经许可使用“葫芦娃”和“黑猫警长”角色形象美术作品用于电影《80后的独立宣言》的宣传推广，构成对原告修改权、复制权、发行权、信息网络传播权的侵犯；华谊兄弟在其官方微博中发布了涉案海报，构成对原告信息网络传播权的侵犯，并与被告新影年代公司构成共同侵权。被告则抗辩称涉案电影对涉案作品的使用是为了说明电影主角的年龄特征，构成著作权法上的“合理使用”。

一审法院依据《著作权法》第22条第1款第2项、《著作权法实施条

例》第 21 条之规定，同时综合考虑了被引用作品的性质是否属于已经公开发表、引用他人作品的目的、被引用作品占整个作品的比例、是否会对原作品的正常使用或市场销售造成不良影响等因素，认为新影年代公司与华谊兄弟的行为属于对作品的合理使用。据此一审法院判决驳回了美影厂的诉讼请求。美影厂不服，向上海知识产权法院提起上诉。

二、争议焦点

上诉人美影厂的主要观点是，两被上诉人对涉案作品的使用不符合著作权法关于合理使用的规定，理由是：（1）原审认定被上诉人使用涉案作品是为了说明某一问题即涉案电影主角的年龄特征，该认定不当。其一，年龄特征不需要通过涉案作品来说明，因为通过海报上的电影名称，电影主角的年龄特征就一目了然；其二，被上诉人也未实施“说明”的行为，被上诉人将涉案作品放置海报上，仅仅是为了契合电影主题丰富海报内容，不符合“为说明某一问题而使用”的定义。（2）原审认定涉案作品占海报面积小，并未突出显示，属于适度的引用，该认定与法律规定相悖。本案电影主角的年龄特征不需要引用涉案作品说明，且涉案作品知名度高于两主演，故不论涉案作品排版如何，都不能构成“适当引用”。由此，上海知识产权法院认为本案二审的争议焦点在于：被上诉人在电影海报上使用“葫芦娃”“黑猫警长”美术作品是否构成合理使用。

三、法理分析

本案二审中，就我国著作权法中的合理使用的审查判断标准以及如何认定适当引用的问题，上海知识产权法院对一审法院的观点及认定方法予以认可，又认为被上诉人的行为属于转换性使用。据此，上海知识产权法维持原判，认定被上诉人使用作品的行为构成合理使用。具体法理分析如下：

（一）合理使用的审查判断标准

根据《著作权法》第 1 条的规定，[1] 著作权法具有促进作品创作与传播的

[1] 《著作权法》第 1 条规定：“为保护文学、艺术和科学作品作者的著作权，以及与著作权有关的权益，鼓励有益于社会主义精神文明、物质文明建设的作品的创作和传播，促进社会主义文化和科学事业的发展与繁荣，根据宪法制定本法。”

双重目的。国家授予作品创作者专有权利并以著作权法加以保护的目的不是让创作者对作品的传播和使用进行绝对的垄断，而是在确保创作者的创作激励没有被不合理地减损的同时，保障社会公众对作品的借鉴与利用，最终服务于更大的价值目标。合理使用制度便是一项平衡著作权人与社会公众利益的重要制度。

在本案一审中，法院首先就对合理使用制度的价值进行了阐述，认为：

> “平衡著作权人专有权的边界和公众自由获取作品的起点，成为著作权的永恒命题，而著作权合理使用制度就是其中的精髓所在……合理使用制度通过规定一系列无须经过著作权人许可即可使用作品的情形，从法律上保障了适度引用前人作品的可能性，促使各方的利益在平衡和协调的关系中得到最大满足。”❶

作为著作权人利益与社会公众利益的平衡器，合理使用需要遵循“三步检验法”的规定。“三步检验法”最初源于《伯尔尼保护文学和艺术作品公约》第9条对“复制权”的限制，❷ 它规定：

> “本同盟成员国法律得允许在某些特殊情况下复制上述作品，只要这种复制不损害作品的正常使用也不致无故侵害作者的合法利益”。

随后，《与贸易有关的知识产权协议》第13条将该条扩大至对著作权人所有专有权利的限制，❸ 形成合理使用的“三步检验法”：对专有权利的限制与例外只针对特定情形；不与作品的正常使用相冲突；没有不合理地损害权利人的合法利益。它在我国法条中体现在《著作权法》第22条和《著作权法实施条例》第21条的规定。

根据《著作权法》第22条第1款第2项的规定，“为介绍、评论某一作品或者说明某一问题，在作品中适当引用他人已经发表的作品，可以不经著作权人许可，不向其支付报酬，但应当指明作者姓名、作品名称，并且不得侵犯著作权人依照本法享有的其他权利”；根据《著作权法实施条例》第21

---

❶ 上海市普陀区人民法院（2014）普民三（知）初字第258号民事判决书。

❷ Berne Convention for the Protection of Literary and Artistic Works, Article 9 (2).

❸ Agreement on Trade-Related Aspects ofIntellectual Property Rights, Article 13.

条的规定，“使用不经著作权人许可的已经发表的作品的，不得影响该作品的正常使用，也不得不合理地损害著作权人的合法利益”。据此，一审法院提出本案合理使用的判断标准，即判断被告的行为是否构成“适当引用”，且与作品正常利用不冲突，也未不合理地损害权利人合法权益。

（二）适当引用的具体认定方法

在适当引用的具体认定方法上，一审法院认为：

> “判断对他人作品的使用是否属于合理使用，应当综合考虑被引用作品是否已经公开发表、引用他人作品的目的、被引用作品占整个作品的比例、是否会对原作品的正常使用或市场销售造成不良影响等因素予以认定。”[1]

这一观点实际上借鉴了美国法院对于合理使用的判断方法。在美国司法实践中，法院判断是否构成合理使用至少需要考虑4个方面的内容：（1）使用作品的目的和性质；（2）作品的性质；（3）使用作品的数量和质量；（4）对版权作品潜在市场或价值的影响。[2] 根据以往美国的司法实践，第一个因素主要考察作品使用行为是否具有转换性以及在多大程度上具有转换性，如果原作品被作为原材料用于创造新的信息、美感、洞察力和理解之中，那么此种使用便是丰富社会知识财富的合理使用行为；[3] 第二个因素主要需要判断作品的独创性高度和是否已经发表两方面，使用事实性的作品和已发表作品更有可能构成合理使用；第三个因素需要判断使用原作品的数量和在原作品中的重要性，使用的数量越多、使用的部分对于原作品越重要，就越不容易构成合理使用；第四个因素则主要考察使用行为对被使用作品市场的影响。[4] 其中，居于核心地位的是“使用行为的性质和目的”。特别是在利用作品的行为被认定为“转换性使用”的情况下，该行为被认定为合理使用的可能性较大。[5] 美国最高法院的先例也曾指出，转换性越强，其他因素的重要性就越弱。[6]

---

[1] 上海市普陀区人民法院（2014）普民三（知）初字第258号民事判决书。

[2] 17 U. S. C. A. § 107.

[3] Pierre N. Leval, Toward a Fair Use Standard [J]. Harvard Law Review, 1990, 103: 1105-1136.

[4] 李明德：《美国知识产权法（第二版）》，法律出版社2014年版，第381-382页。

[5] 陈绍玲：《短视频对版权法律制度的挑战及应对》，载《中国出版》2019年第5期。

[6] Campbell v. Acuff-Rose Music, Inc., 510 U. S. 569, 579 (1994).

本案一审法院基本遵循了上述分析路径：首先，从引用他人作品的目的来看，涉案影片讲述了一个当代80后年轻人自主创业的励志故事，影片名称也明确指向了这一年龄段群体。《葫芦娃》和《黑猫警长》即诞生于20世纪80年代并且是该时期国产动画片中的代表之作，受众范围较广，知名度较高。因此，“葫芦娃”和“黑猫警长”的角色形象与该时期的年代特征紧密结合。同时法院注意到，新影年代公司制作的海报中，除了涉案美术作品之外，还包括身着校服的少先队员、黑白电视机、落地灯、缝纫机、二八式自行车、热水瓶、痰盂、课桌、铅笔盒、铁皮青蛙、陀螺、弹珠、无花果零食等元素，一审法院认为：

> “（上述元素）皆属80后成长记忆中具有代表性的人、物、景，这些元素相组合后确具较强的时代带入感，符合被告新影年代公司所述为配合说明影片‘80后’主题进行海报创作的创意构思，故法院认定被告新影年代公司使用被引用作品是为了说明某一问题，即涉案电影主角的年龄特征。”[1]

其次，从被引用作品的性质来看，《葫芦娃》《黑猫警长》动画片已于20世纪80年代播出，因此涉案被引用作品均属于已经发表的作品。再次，从被引用作品占整个作品的比例来看，涉案美术作品属于辅助、配角、从属的地位。一审法院指出，涉案海报突出的是电影男女主角，约占整个海报的二分之一，涉案美术作品与其他二十余个表明“80后”时代特征的元素均作为背景使用，占海报面积较小，且比例大致相同，“葫芦娃”“黑猫警长”的形象并未突出显示。最后，从引用是否会对原告作品的正常使用造成影响来看，考虑到电影上映时间较短，电影内容和电影宣传文案中也未涉及“葫芦娃”“黑猫警长”的内容，不会与涉案作品的正常使用产生冲突，在市场上未形成竞争关系。同时，合理使用制度并不天然排斥商业性使用的可能，因此一审法院认为涉案海报的使用未对原作品的正常使用造成影响。

综上，一审法院认定新影年代公司在电影海报中对“葫芦娃”“黑猫警长”美术作品的使用属于著作权法所规定的合理使用。

（三）“转换性使用”理论的借鉴

二审法院对上述合理使用的审查判断标准以及适当引用的认定方法予以

---

[1] 上海市普陀区人民法院（2014）普民三（知）初字第258号民事判决书。

认可，同时明确指出了涉案作品使用行为的“转换性”本质。二审法院指出：

“为说明某一问题，是指对作品的引用是为了说明其他问题，并不是为了纯粹展示被引用作品本身的艺术价值，而被引用作品在新作品中的被引用致使其原有的艺术价值和功能发生了转换。”❶

本案中，“葫芦娃”“黑猫警长”都是20世纪80年代家喻户晓的动画形象，它们已经成为该时期少年儿童的成长记忆中不可缺少的一部分。连同涉案海报对其他具有代表性元素的使用，整张海报呈现出的显然是20世纪80年代少年儿童日常生活的信息，而非单纯地再现美术作品的美感。因此二审法院认定：

“‘葫芦娃’、‘黑猫警长’美术作品被引用在电影海报中具有了新的价值、意义和功能，其原有的艺术价值功能发生了转换，而且转换性程度较高，属于我国著作权法规定的为了说明某一问题的情形。”❷

而且是否有必要引用作品对合理使用的认定并没有影响。

关于上诉人提出的引用作品不适度的问题，二审法院认同一审法院的认定结论，同时指出“葫芦娃”“黑猫警长”是20世纪80年代的动画形象，如今人们将它们单纯作为美术作品加以欣赏的情形并不多见。因此相关公众对该作品的使用需求通常情况下不太可能通过观赏涉案电影海报就能满足，从而放弃对原有作品的选择使用。此外，由于涉案海报的发行期短暂，随着电影播映期的消逝，该电影海报的影响也会逐步减小，因此不会不合理地损害权利人的合法利益。据此二审法院最终认定为引用适当。

四、案件启示

我国的合理使用制度采用的是大陆法系国家的“限制与例外”立法模式，即穷尽式地列举不构成侵权的情形，并没有一个评判合理使用的开放式标准。随着社会的发展和技术的进步，我国《著作权法》规定的12种合理使用情形

---

❶ 上海知识产权法院（2015）沪知民终字第730号民事判决书。

❷ 上海知识产权法院（2015）沪知民终字第730号民事判决书。

已经无法满足实践的需求。我国的司法政策也曾提出：

> “在促进技术创新和商业发展确有必要的特殊情形下，考虑作品使用行为的性质和目的、被使用作品的性质、被使用部分的数量和质量、使用对作品潜在市场或价值的影响等因素，如果该使用行为既不与作品的正常使用相冲突，也不至于不合理地损害作者的正当利益，可以认定为合理使用。”❶

为了适应社会发展的需要，该司法政策将判断合理使用的四要素与“三步检验法”结合了起来，提出了一个开放式的判断标准。本案即遵从了司法政策的精神，创新性地适用了合理使用四要素的判断方法，并借鉴了“转换性使用”理论。法院的做法一方面可以加强论证的说服力，使判决更加公正合理；另一方面对于缓解我国合理使用“封闭式”立法的局限，以及应对未来作品传播技术的发展变化也有着重要的意义。

（撰稿人：郝其昌）

❶ 《最高人民法院关于充分发挥知识产权审判职能作用推动社会主义文化大发展大繁荣和促进经济自主协调发展若干问题的意见》第8条。

数字图书馆提供图书检索服务是否构成合理使用

——王莘与北京谷翔信息技术有限公司等著作权权属、侵权纠纷案案例评析

一、案情概要

2012年，北京市第一中级人民法院受理了王莘诉北京谷翔信息技术有限公司（以下简称“北京谷翔公司”）、谷歌公司侵犯著作权纠纷一案。本案中，针对原告王莘享有著作权的文字作品《盐酸情人》，被告谷歌公司首先对该作品实施了全文数字化扫描行为，并将扫描件提供给另一被告北京谷翔公司，北京谷翔公司在其网站“图书搜索”栏目中收录该书并向用户提供全文检索服务。本案主要涉及北京谷翔公司和谷歌公司的行为是否构成著作权侵权的判断问题。

原告王莘，曾发表《香港情人》《九个目标的欲望》《白色飘渺》《黑烟袅袅》《啦啦啦》《盐酸情人》等10余篇随笔，并于2000年3月授权上海三联书店收录出版于文集《盐酸情人》中。该书中除序言之外的其他部分均由原告独立创作，因此原告对该书中除序言之外的其他部分享有著作权。

被告谷歌公司系在美国注册的互联网公司，其未经著作权人的许可对涉案图书进行了数字化扫描，从而得到一个可以被机器识别的电子化文本，再将该文本提供给另一被告北京谷翔公司。

被告北京谷翔公司是谷歌中国网站（网址 http://www.google.cn）的经营者，其在网站的“图书搜索”栏目中收录了原告的《盐酸情人》一书，并提供全文检索服务，即用户输入关键词后，网站会将含有该关键词的作品片段予以显示，通常长度不会超过以该关键词为中心的四五行文字。

一审法院依据《著作权法》第10条第（4）项、第（5）项、第（11）项、

第（12）项，第46条第（4）项，第47条第（1）项和第48条的规定，认定被告北京谷翔公司实施的信息网络传播行为虽未经原告许可，但其行为属于对原告作品的合理使用，故不构成侵权，无需承担赔偿责任；被告谷歌公司对原告作品进行全文复制的行为，不属于合理使用行为，故构成侵权，应赔偿损失。

二审法院认定一审判决事实清楚，适用法律基本正确。谷歌公司的上诉理由缺乏事实依据，最终判决驳回上诉，维持原判。

二、争议焦点

本案中，原告王莘诉称被告北京谷翔公司在其网站中的“图书搜索”栏目中收录《盐酸情人》一书并向不特定公众提供的行为构成信息网络传播权侵权，被告谷歌公司对原告作品进行全文数字化扫描的行为构成复制权侵权。对此，被告北京谷翔公司主张其在网站中提供对涉案图书的搜索、链接服务，这一行为不受信息网络传播权规制，并不构成侵权；被告谷歌公司认为原告的主张无法律依据。据此，本案的争议焦点可以归纳为以下两点：（1）被告北京谷翔公司在“图书搜索”栏目中收录该书并提供图书检索服务的行为，是否侵犯了原告的信息网络传播权；（2）被告谷歌公司对涉案图书进行全文扫描的行为是否侵犯了原告的复制权。

三、法理分析

北京市高级人民法院在对案件事实进行详细调查，对以上争议焦点分别展开论证之后，认定被告北京谷翔公司提供的图书检索服务，这一行为构成对原告作品的合理使用；而被告谷歌公司全文扫描原告作品的行为，因谷歌提供的现有证据不足以判断属于合理使用，故构成复制权侵权，应赔偿损失。法院作此认定，主要基于以下两个方面的考虑：

（一）被告北京谷翔公司不侵犯原告的信息网络传播权

本案的第一个争议焦点在于北京谷翔公司是否侵犯了涉案作品的信息网络传播权。判断他人实施的行为是否构成信息网络传播权侵权，需要逐一考虑以下两个问题：一是他人是否未经著作权人许可实施了信息网络传播行为；二是该行为是否构成合理使用。

针对被告北京谷翔公司是否未经许可实施了信息网络传播行为这一问题。

根据《著作权法》第10条第（12）项有关信息网络传播权的规定，信息网络传播行为是指以有线或无线方式向公众提供作品，使公众可以在其个人选定的时间或地点获得作品的行为。因此构成信息网络传播行为的关键在于该主体实施了将作品、表演、录音录像制品上传至或以其他方式将其置于向公众开放的网络服务器中的行为。“只要将作品‘上传’至或放置在网络服务器中供网络用户下载或浏览就构成对作品的‘提供’，而无论是否有人实际进行过下载或浏览。”❶ 同时，依据服务器标准，即网络服务提供者的行为是否构成信息网络传播行为，通常应以传播的作品、表演、录音录像制品是否由网络服务提供者上传或以其他方式置于向公众开放的网络服务器上为标准。❷ 如果原告在被告网站的页面下获得了相关内容，法院就可以推定该内容存储于被告网站的服务器中，但被告可以提供充分的证据以推翻这一推定。具体到本案中，被告提供涉案图书检索服务的全过程均在其网站页面之下，未发生页面跳转，且其亦未提供其他证据佐证涉案图书并不存储于其服务器中，因此法院能够合理认定涉案图书存储于被告北京谷翔公司的服务器中，其实施了对涉案作品的信息网络传播行为。并且，法院已明确查明被告实施的这一行为并未取得原告的授权，之所以需要经过著作权人许可，是因为著作权的本质为专有权利，他人实施受著作权专有权利控制的行为，理应获得著作权人的许可。因此被告北京谷翔公司未经许可实施了信息网络传播行为。

针对被告北京谷翔公司的行为是否属于合理使用这一问题，需要从以下两个方面进行考量，从而最终判断被告的行为是否侵权。

一方面，被告北京谷翔公司对原告的作品系采取片段式的提供方式，从而方便用户快捷地检索图书，这一行为已然构成了转换性使用。“所谓‘转换性使用’，是指对原作品的使用并非为了单纯地再现原作品本身的文学、艺术价值或者实现其内在功能或目的，而是通过增加新的美学内容、新的视角、新的理念或通过其他方式，使原作品在被使用过程中具有新的价值、功能或性质，从而改变了其原先的功能或目的。”❸ 对原作品的使用“转换性”越高，越有可能构成“合理使用”，某些情况下商业性地使用原作品也可能构成“合理使用”。这是因为“转换性使用”符合著作权立法促进文学艺术创作的

---

❶ 王迁：《知识产权法教程》，中国人民大学出版社2019年版，第140~141页。

❷ 北京市高级人民法院2010年《关于网络著作权纠纷案件若干问题的指导意见（一）》第4条。

❸ 王迁：《知识产权法教程》，中国人民大学出版社2019年版，第213页。

目标，通过保护利用了现有作品的灵感或原始素材的转换性创作行为，一定程度上推动了文学艺术的多样化发展。本案中，根据涉案网站采取的片段式的提供方式，其对于原告作品的传播行为并非为了单纯的展现原告作品本身的文学、艺术价值，而旨在为用户提供更多种类、更为全面的图书检索信息，从而满足广大用户对于海量图书信息的需求。因此，此处北京谷翔公司对原告文学作品的使用已经构成了一种转化性使用。

另一方面，被告的信息网络传播行为对原告作品的市场价值不会造成实质性的影响，亦难以使得用户检索的图书片段成为对原告作品的“竞争性替代品”。法院在考察是否产生“实质性的影响”时，需要结合被告引用他人作品的质与量进行判断。通常情况下，引用他人作品的数量越多，侵权的可能性就会越大。虽然我国《著作权法》对于合理使用制度采用的是穷尽列举式的立法模式，仅在《著作权法》第 22 条穷尽式列举了十二种情形，但本案中法院之所以认定《著作权法》第 22 条之外的特殊情形也可以构成合理使用，原因在于：首先，这种封闭式的立法无法及时应对新技术条件变化所带来的新例外类型，从而导致司法实践中法官无法根据既定的判定规则作为统一的裁判基础，认定立法明文规定以外的情形也可构成合理使用；其次，最高人民法院在 2011 年 12 月 16 日发布的《关于充分发挥知识产权审判职能作用推动社会主义文化大发展大繁荣和促进经济自主协调发展若干问题的意见》中明确指出：“在促进技术创新和商业发展确有必要的特殊情形下，考虑作品使用行为的性质和目的、被使用作品的性质、被使用部分的数量和质量、使用对作品潜在市场或价值的影响等因素，如果该使用行为既不与作品的正常使用相冲突，也不至于不合理地损害作者的正当利益，可以认定为合理使用。”在这份司法意见中，最高人民法院首次把三部检验法与美国合理使用四要素的判断结合起来，以克服现行法对权利的限制和例外做出的封闭式规定的僵化性和滞后性，从而更能灵活地适应技术的发展和现实的需求。

具体到本案中，其一，在被告的网站搜索服务中，仅仅提供了原告作品的部分片段，读者通过检索既不能看到连续的作品章节，亦无法查找作品的整个段落，这种片段式的作品很难使读者相对完整地知晓作者所欲表达的思想感情，难以真正满足读者对此类作品的鉴赏需求。其二，被告提供的这种全文检索服务，可能使得潜在的读者群体发现这些书籍，他人如欲阅读该作品，仍然需要通过购买方式方可获得，这在一定程度上有利于原告作品的广泛传播。很难存在这样一种情况，即有人花费大量的时间和精力穷尽关键词尝试去获取足够形成整本书的大量片段。因此，被告的行为并不会对原告作品的潜在市场价值和市场销售产生消极影响，没有不合理地损害到原告的合法利益。

（二）被告谷歌公司侵犯原告的复制权

本案的第二个焦点是被告谷歌公司全文数字化扫描原告作品的行为是否侵犯了原告的复制权。根据《著作权法》第 10 条第 1 款第（5）项的规定，“复制权，即以印刷、复印、拓印、录音、录像、翻录、翻拍等方式将作品制作一份或者多份的权利”。鉴于谷歌公司明确承认其在未经原告许可的情况下对原告作品实施了扫描行为，该行为属于《著作权法》所规定的复制行为，构成对涉案作品的复制。

同时，谷歌公司将复制后得到的作品扫描件提供给北京谷翔公司，二审法院据此将两被告实施的行为拆分成对原告作品的全文复制行为以及后续的上传行为。根据前述分析，北京谷翔公司后续实施的上传行为因为构成合理使用而不侵犯原告的信息网络传播权，所以这里判断谷歌公司的全文复制行为是否侵犯复制权的关键在于，其行为是否属于合理使用。

在判断复制行为是否构成《著作权法》第 22 条规定之外的合理使用特殊情形时，法官应当综合各种考量因素，从严认定判断标准。在具体判断过程中，作品使用者应当承担举证责任，提交充分的证据从而帮助法官在完整的信息材料的基础上认定合理使用是否成立。如果使用者提供的证据不够充分，应当自行承担不利后果。[1]

具体到本案中，谷歌公司主张涉案复制行为构成合理使用，法院在分析被告的行为是否构成合理使用时，需要从多个方面综合判断，这建立在大量证据佐证的基础上。如前述法官在判断信息网络传播行为是否构成合理使用时，法官采用合理使用判断的各项要素，从“使用的目的和性质、受著作权保护的作品的性质、被告所使用部分在整个作品中的比例以及被告的使用行为对原告作品的正常利用是否产生影响，是否会不合理地损害著作权人的合

---

[1] 石必胜：《合理使用认定的有罪推定——评国内首例谷歌数字图书馆著作权纠纷案》，载《中国版权》2014 年第 3 期。

法利益”等方面进行综合考量，上述因素需要以相关事实的认定为基础。[1] 由于谷歌公司仅仅提交了用以证明中国法院对本案无管辖权的证据，并未针对其行为构成合理使用的事实提交充足证据，二审法院根据现有的证据无从判断其是否构成对原告作品的合理使用。因此，谷歌公司主张该复制行为构成合理使用，证据不足，二审法院不予支持。

四、案件启示

本案是关于合理使用的经典案例，作为国内首个作家诉谷歌数字图书馆侵害著作权的案件，其最大的意义在于法院阐述了认定作品构成合理使用的判断要件。伴随着当前数字技术的迅速发展，法官有必要在封闭式立法的基础上综合各项因素以判断是否构成合理使用，从而在司法实践中增强对合理使用的灵活化判断。简言之，一方处于新技术环境下对他人作品的全新功能或者全新价值的使用，同样有可能构成合理使用。就提供检索服务的相关企业而言，使用他人作品的首要前提是明晰合理使用的范畴，避免与他人的作品的正常利用相冲突，不能不合理地损害著作权人的合法利益，以符合著作权立法促进文艺发展、社会创造的终极目标。

（撰稿人：戴佶）

[1] 刘宇晖：《论著作权合理使用扩张适用的路径选择》，载《知识产权》2018 年第 10 期。

第二部分／商标权案例

■ 一般商标的侵权判断与责任承担

将他人注册商标作为酒店名称使用的行为是否侵犯商标权

——深圳市维也纳国际酒店管理有限公司侵犯“迪士尼”注册商标权行政处罚案案例评析

一、案情概要

2015 年 7 月，上海市工商局检查总队在接到商标权利人迪士尼公司的投诉举报后，对相关案件线索进行调查核实。经查，在浦东新区范围内维也纳酒店存在大量使用“迪士尼”“迪士尼乐园”“迪士尼大道”等字样的情况。此外，上述酒店在招牌、酒店官方网站、第三方网站、电子显示屏等媒介中均以“维也纳酒店（迪士尼店）”“维也纳酒店（周浦迪士尼乐园店）”等名义发布相关经营信息。

经查，维也纳酒店系连锁加盟酒店，由物业的业主委托维也纳国际酒店管理有限公司（以下简称“维也纳公司”）经营管理。维也纳公司在接受业主方委托后，授权业主方使用维也纳品牌，并派驻酒店管理团队，由管理团队实际负责该酒店的经营管理。同时，维也纳公司向业主方收取加盟费、品牌使用费、管理团队薪金等费用。

自 2015 年起，维也纳公司为提高上述酒店的入住率，未经商标权利人迪士尼公司的许可，擅自将位于上海市浦东新区川沙新镇华夏东路 1478 号的加盟酒店“维也纳酒店”改名为“维也纳酒店（迪士尼店）”，将“维也纳国际酒店（浦东新区周浦万达店）”改名为“维也纳酒店（上海浦东新区迪士尼万达店）”，将“维也纳国际酒店（浦东新区曹路店）”改名为“维也纳酒店（上海迪士尼曹路店）”，将“维也纳酒店（浦东机场惠南店）”改名为“维也纳酒店（上海迪士尼乐园惠南店）”。当事人随后还在其官方网站、电子屏等媒介以上述名称发布信息开展经营。

经过承办人员对上述酒店及管理公司的调查，上海市工商局检查总队对维也纳公司处以10万元罚款，对上述酒店的业主方作出责令整改的处罚。

二、争议焦点

本案中，商标权利人迪士尼公司认为维也纳公司使用“迪士尼”的行为会对消费者造成混淆，减损“迪士尼”商标的商誉，已侵犯其注册商标专用权。维也纳公司则抗辩称，其使用行为系对“迪士尼”商标的合理使用。因此，本案的争议焦点可以归纳为以下三点：（1）维也纳公司的行为是否构成商标侵权行为；（2）维也纳公司的行为是否属于合理使用商标；（3）在确定维也纳公司侵犯商标权的情形下，如何认定其应当承担的责任。

三、法理分析

上海市工商局检查总队在对案件事实进行详细调查，对以上争议焦点分别展开分析之后，认定维也纳公司侵犯了商标权利人迪士尼公司的权利，对维也纳公司处以10万元罚款，对上述酒店的业主方作出责令整改的处罚。上海市工商局检查总队作出该行政处罚决定，主要基于以下三个方面的考虑。

（一）维也纳公司的行为属于商标侵权行为

本案的第一个争议焦点在于维也纳公司的行为是否构成商标侵权行为。在判断是否构成商标侵权之时，首先需要判断该行为是否属于商标性使用行为。《商标法》第48条规定，商标的使用是指将商标用于商品、商品包装或者容器以及商品交易文书上，或者将商标用于广告宣传、展览以及其他商业活动中，用于识别商品来源的行为。由此可见，只有将他人商标用于商业活动中，并且用于识别商品来源的行为才可以被认定为商标性使用。在酒店等服务企业中，名称在对外宣传、开展经营时的实际作用就是表明主体身份，是区别不同服务提供者的关键因素。对于消费者来说，名称也是在选择服务时首要的参考因素。维也纳公司经营过程中在酒店名称、招牌、网页等使用

"迪士尼"商标已构成商标性使用。

《商标法》第57条规定，未经商标注册人的许可，在同一种商品上使用与其注册商标相同的商标，以及在同一种商品上使用与其注册商标近似的商标，或者在类似商品上使用与其注册商标相同或者近似的商标，容易导致混淆的，属于侵犯商标专用权的行为。最高人民法院《关于审理商标民事纠纷案件适用法律若干问题的解释》第9条第2款规定，商标近似是指被控侵权的商标与原告的注册商标相比较，其文字的字形、读音、含义或者图形的构图及颜色，或者其各要素组合后的整体结构相似，或者其立体形状、颜色组合近似，易使相关公众对商品的来源产生误认或者认为其来源与原告注册商标的商品有特定的联系。本案中迪士尼公司的"迪士尼""迪士尼乐园"等商标核准注册在第43类供膳寄宿处、饭店等服务上。上述商标核定使用的服务与维也纳酒店提供的服务相同，属于《商标法》中规定的"同一种商品"情形。维也纳公司将"维也纳酒店（迪士尼店）""维也纳酒店（周浦迪士尼乐园店）"作为酒店名称，进行对外宣传。其上述行为系对"维也纳"和"迪士尼""迪士尼乐园"商标的组合使用，上述标识与迪士尼公司商标近似。维也纳公司的使用行为足以引起相关公众对服务的来源或者维也纳公司与迪士尼公司是否存在关联关系产生混淆、误认。因此，维也纳公司的行为属于《商标法》第57条第（2）项规定的"未经商标注册人的许可，在同一种商品上使用与其注册商标近似的商标"的行为。

（二）维也纳公司的行为不属于合理使用商标

《商标法》第59条规定，注册商标中含有的本商品的通用名称、图形、型号，或者直接表示商品的质量、主要原料、功能、用途、重量、数量及其他特点，或者含有的地名，注册商标专用权人无权禁止他人正当使用。维也纳公司据此认为，在名称中使用"迪士尼"等字样是用于帮助消费者指示酒店的位置，是对"迪士尼"商标的合理使用。

维也纳公司的上述抗辩实难成立。构成合理使用的前提，一方面是善意的、适当的，即不得超出必要的范围，客观上不得造成相关公众的混淆误认；另一方面对他人的商标应当系描述性使用，而非商标性使用。在本案中，维也纳公司的酒店实际位于康桥、惠南等地，且在名称中已表明该地地名，并无使用"迪士尼"等字样的必要性。此外，"迪士尼""迪士尼乐园"等文字并不是地名，在名称中使用上述文字实际上是在暗示自身与迪士尼公司存在某种特定的商业联系，使消费者误认为维也纳酒店获得迪士尼公司认证或授权。因此维也纳公司的上述使用方式难谓合理使用。

（三）维也纳公司应当承担的责任

根据上文的分析，维也纳公司的上述行为违反了《商标法》第57条第（2）项的规定，且不存在合理使用商标情形，已构成了商标侵权。《商标法》第60条规定，工商行政管理部门处理时，认定侵权行为成立的，责令立即停止侵权行为，没收、销毁侵权商品和主要用于制造侵权商品、伪造注册商标标识的工具，违法经营额5万元以上的，可以处违法经营额5倍以下的罚款，没有违法经营额或者违法经营额不足5万元的，可以处25万元以下的罚款。据此，上海市工商局检查总队认定维也纳公司立即停止侵权行为。

《商标法》第60条规定了罚款数额，但是并未规定违法经营额的计算。在实际情况中，“没有违法经营额”存在两种情形，一种是没有实际经营；另一种是实际经营过程中，合法经营收入和涉及侵权的经营收入难以区分。在本案中，涉案企业为提供酒店住宿服务的公司，在经营过程中所提供的服务虽与迪士尼公司属于同一类别，但是服务的内涵确有一定的差异。维也纳公司和业主的违法行为与经营收入间无法形成完整的证据链，因此无法仅从当事人的经营额来判断违法经营额的多少。在实际的操作中，对当事人的违法经营额确实难以计算，也无法将客观事实转变为法律事实。所以现阶段，从商标保护策略考虑，上海市工商局检查总队推定没有违法经营额，对维也纳公司依法作出责令立即停止侵权行为，并处罚款人民币10万元的行政处罚。

四、案件启示

该案是工商部门查处侵犯注册商标专用权行为的典型案件，被评为上海市2015年度知识产权十大典型案件之一。在该案中，上海市工商局检查总队充分考量了案件具体情节，排除了维也纳公司合理使用抗辩，最终对该案作出了准确的定性处罚。该案当事人未提出行政复议和行政诉讼，相关罚款已全部执行到位。该案有效遏制了借上海迪士尼乐园开园前的搭便车现象，防止发生损害商标权利人迪士尼公司良好商誉的违法行为，充分彰显了上海工商部门依法严厉打击侵犯“迪士尼”注册商标专用权行为的态度和决心。

（撰稿人：梁翔蓝）

同一行为侵犯多种知识产权时如何追究法律责任

——上海海洋水族馆有限公司、上海品味轩实业有限公司侵犯知识产权案案例评析

一、案情概要

2017年7月24日，上海赢银贸易有限公司（以下简称“赢银贸易公司”）投诉上海海洋水族馆有限公司（以下简称“海洋水族馆”）餐厅内销售的韩国米饼侵犯其著作权、专利权和商标权。

经查，权利人赢银贸易公司于2014年9月12日对米饼包装图（见图1）申请外观设计专利，并于2015年2月4日获得授权；2016年5月16日又对该图办理了美术作品登记，作品登记证书中显示的首次发表日期为2009年1月9日；2015年12月30日就该图向商标局申请注册商标，2017年2月7日获得核准注册，核定使用类别为第30类，包括玉米花、以谷物为主的零食小吃、以米为主的零食小吃、饼干等。

图1

另查，海洋水族馆主要从事海洋水族馆旅游服务。馆内的部分餐饮服务

由海洋水族馆与上海品味轩实业有限公司（以下简称“品味轩公司”）合作经营，营业款由海洋水族馆与品味轩公司六四分成。餐厅内销售的韩国米饼（见图 2）为海洋水族馆和品味轩公司合作经营的产品。上述韩国米饼外包装由品味轩公司于 2014 年 2 月 21 日委托广告公司设计完成，2014 年 3 月委托包材公司印制，自 2014 年 4 月起在馆内餐厅使用该图形的外包装袋对外销售韩国米饼。上述外包装袋韩国米饼自 2017 年 2 月 7 日至案发共销售 1040 袋，销售金额为 10400 元。根据海洋水族馆与品味轩公司的合作分成计算，海洋水族馆的违法经营额为人民币 6240 元，品味轩公司的违法经营额为人民币 4160 元。

图 2

二、争议焦点

根据赢银贸易公司的投诉内容，本案的争议焦点实际上可以归纳以下三个问题：（1）海洋水族馆和品味轩公司是否侵犯著作权；（2）海洋水族馆和品味轩公司是否侵犯专利权；（3）海洋水族馆和品味轩公司是否侵犯商标权。

三、法理分析

浦东新区知识产权局在对案件事实进行详细调查后，最终认定海洋水族馆和品味轩公司构成商标侵权，责令其立即停止侵权行为，没收侵权商品，并对海洋水族馆和品味轩公司分别处以罚款。根据案情，针对上述争议焦点，主要有以下考虑。

（一）著作权侵权认定

《著作权法》第48条规定："有下列侵权行为的，应当根据情况，承担停止侵害、消除影响、赔礼道歉、赔偿损失等民事责任；同时损害公共利益的，可以由著作权行政管理部门责令停止侵权行为，没收违法所得，没收、销毁侵权复制品，并可处以罚款……"可见，行政机关给予行政处罚的前提是行为人的行为属于第48条规定的侵权行为，且该行为同时损害公共利益。

在判断行为人是否构成著作权侵权时，必须首先对投诉人赢银贸易公司是否享有著作权做出认定。在本案中，赢银贸易公司于2014年9月12日对米饼包装图申请外观设计专利，于2016年5月16日对米饼包装图片办理了美术作品登记，作品登记证书中显示的首次发表日期为2009年1月9日。品味轩公司提供的证据材料可以证明其于2014年2月21日委托广告公司设计完成米饼包装图片，并于2014年4月投入市场使用。尽管赢银贸易公司作品登记证书显示的首次发表日期明显早于品味轩公司委托设计的时间，但是我国著作权登记制度遵循自愿原则，登记机关对登记证书的内容不进行实质审查，登记证书的证明效力有限。在品味轩公司提出相反证据的情形下，赢银贸易公司应当进一步提供证据证明其创作完成或公开发表该美术作品的时间。因此，根据品味轩公司及赢银贸易公司提供的现有证据材料，上述美术作品的权属存在争议，行政机关无法作出侵权判定，对于权属争议赢银贸易公司应通过民事诉讼途径先予以确权。

（二）专利权侵权认定

在本案中，权利人赢银贸易公司于2014年9月12日就米饼包装图申请外观设计专利，并于2015年2月4日获得授权。品味轩公司于2014年2月21日委托创作完成类似设计，并于2014年4月投入市场广泛使用。根据双方提供的证据材料，赢银贸易公司于2014年9月12日申请上述图形的外观设计专利时，该设计已于2014年4月公开，属于现有设计。如权利人按照法定程序向行政管理部门提出专利侵权投诉，行政部门可以根据《专利法》第62条"在专利侵权纠纷中，被控侵权人有证据证明其实施的技术或者设计属于现有技术或者现有设计的，不构成侵犯专利权"之规定，认定海洋水族馆和品味轩公司不构成侵犯专利权。

此外，对于品味轩公司而言，其可以请求宣告该专利无效。《专利法》第

45 条规定："自国务院专利行政部门公告授予专利权之日起，任何单位或者个人认为该专利权的授予不符合本法有关规定的，可以请求专利复审委员会宣告该专利权无效。"《专利法》第 23 条规定："授予专利权的外观设计，应当不属于现有设计；也没有任何单位或者个人就同样的外观设计在申请日以前向国务院专利行政部门提出过申请，并记载在申请日以后公告的专利文件中。"由于在赢银贸易公司 2014 年 9 月 12 日申请外观设计专利之前，品味轩公司已经委托广告公司设计米饼包装并投入使用，该设计已经公开，属于申请日以前在国内外为公众所知的现有技术。因此，品味轩公司可以以赢银贸易公司的外观设计不满足新颖性要求为由，请求宣告该外观设计专利无效。

（三）商标权侵权认定

《商标法》第 60 条规定，对于侵犯注册商标专用权的行为，商标注册人或者利害关系人可以请求工商行政管理部门处理。本案的商标侵权认定可以分为两个问题：首先，米饼包装使用该图形的行为是否构成商标侵权；其次，在构成商标侵权的情形下，如何认定当事人海洋水族馆应当承担的责任。

对于第一个问题，判断是否构成商标侵权，首先要判断海洋水族馆使用米饼包装图片的行为是否已构成商标性使用行为。《商标法》第 48 条规定："本法所称商标的使用，是指将商标用于商品、商品包装或者容器以及商品交易文书上，或者将商标用于广告宣传、展览以及其他商业活动中，用于识别商品来源的行为。"本案中，当事人海洋水族馆在商品外包装上使用相同商标，容易使消费者认为产品的来源是赢银贸易公司，会起到了标识产品来源的作用，因此海洋水族馆的行为属于商标性使用行为。

《商标法》第 57 条第（2）项规定："未经商标注册人的许可，在同一种商品上使用与其注册商标近似的商标，或者在类似商品上使用与其注册商标相同或者近似的商标，容易导致混淆的属于侵犯注册商标专用权的行为。"结合本案证据材料，当事人海洋水族馆使用的米饼包装图片与赢银贸易公司的注册商标仅在左侧树枝、蓝色云朵形状、色彩等处有细微差别，因此两者属于近似商标。此外，由于赢银贸易公司的商标核定使用商品为第 30 类以谷物为主的零食小吃、以米为主的零食小吃等，而海洋水族馆的侵权标识亦使用在相关米饼包装上，两者的商品类别相同。当事人海洋水族馆的上述行为容易导致相关公众对商品来源产生混淆误认。因此，该行为属于《商标法》第 57 条第（2）项规定的在相同商品上使用近似商标的情形，海洋水族馆和品味轩公司在海洋馆内合作经营，故构成共同侵权。

对于第二个责任承担问题，行政机关可以根据《商标法》第 60 条第 2 款进行处罚。该款规定“……工商行政管理部门处理时，认定侵权行为成立的，责令立即停止侵权行为，没收、销毁侵权商品和主要用于制造侵权商品、伪造注册商标标识的工具，违法经营额五万元以上的，可以处违法经营额五倍以下的罚款……”据此，行政机关责令当事人海洋水族馆立即停止侵权行为，没收侵权韩国米饼 14 包及包装袋 50 个。对于违法经营额的计算，鉴于海洋水族馆与品味轩公司为合作经营，营业款由海洋水族馆与品味轩公司六四分成，故应当根据双方的收益分成比例认定责任比例。自 2017 年 2 月 7 日至案发销售金额为 10400 元，故海洋水族馆的违法经营额为人民币 6240 元，品味轩公司的违法经营额为人民币 4160 元。最终，对海洋水族馆罚款人民币 6240 元，对品味轩公司罚款人民币 4160 元。

四、案件启示

本案是涉及多种知识产权侵权的典型案例。本案投诉人对米饼包装图片先后申请外观设计专利、办理美术作品登记以及申请注册商标，其主张被投诉人侵犯其著作权、专利权以及商标权。实践中，明确权属是认定侵权的前提，行政机关在深入研究证据材料的基础上判断投诉人是否享有上述专有权利。对于权属不清，行政机关无法做出侵权认定的，建议投诉人通过其他途径予以维权。此外，在本案商标侵权认定过程中，行政机关充分考虑了被投诉人利润分成模式，根据收益分成比例认定责任大小，此做法具有较大的借鉴意义。

（撰稿人：梁翔蓝）

“商标性使用”是否是商标侵权认定的前提条件

——上海东方制药有限公司破产清算组与辉瑞产品有限公司等侵犯商标权纠纷上诉案案例评析

一、案情概要

2007年，北京市高级人民法院受理了上海东方制药有限公司破产清算组（以下简称“东方公司”）与辉瑞产品有限公司（以下简称“辉瑞公司”）等侵犯商标权纠纷上诉案。本案主要涉及东方公司的行为是否侵犯辉瑞公司的立体商标专用权的问题。

上诉人辉瑞公司为菱形和蓝色相结合的立体商标的注册商标权人，指定使用商品包括人用药。被上诉人东方公司生产一种可以治疗男性勃起功能障碍的药品，药片为浅蓝色、近似于指南针形状的菱形，并标有“伟哥”和“TM”字样。该药品包装盒上载明药品名称为“甲磺酸酚妥拉明分散片”，包装盒正反面标有“伟哥”和“TM”字样。盒内药片的包装为不透明材料，有与药片形状相应的菱形突起。

一审法院认为，东方公司生产的药品的立体形状与辉瑞公司的立体商标的形状基本构成要素相同，二者构成近似。尽管在实际销售时，东方公司的药片包装为不透明材料，消费者看不到药片的外表形态。但是知道辉瑞公司的立体商标的消费者在拆开被控侵权产品时，会因为两者的形状、颜色近似而认为被控侵权产品与原告辉瑞公司存在某种联系，进而产生误认。因此，东方公司的行为构成对原告辉瑞公司商标专用权的侵害。

二审法院认为，虽然该药片的外部形态与辉瑞产品公司的涉案立体商标相同或相近似，但由于药片包装于不透明材料内，并不能起到表明其来源和生产者的作用。消费者在购买该药品时不会产生混淆，亦不会认为该药品与辉瑞产品公司、辉瑞制药公司存在某种联系进而产生误认。故东方公司的涉案使用行为不构成对辉瑞产品公司涉案立体商标权的侵犯。

二、争议焦点

上诉人辉瑞公司拥有蓝色菱形的立体商标权，被上诉人东方公司生产了蓝色菱形的药片并将其置于不透明的包装之内。本案的争议焦点在于，东方公司未经辉瑞公司的许可生产蓝色菱形药片的行为，是否侵犯了辉瑞公司的立体商标专用权。

三、法理分析

针对上述争议焦点，北京市高级人民法院做出了否定回答。北京市高级人民法院认为，东方公司生产的蓝色菱形药片被包装于不透明的材料之内，其颜色和形状并不能起到表明其来源和生产者的作用，不能认定为商标意义上的使用。消费者在购买该药品时不会与辉瑞公司的立体商标相混淆，亦不会认为该药品与辉瑞公司存在某种联系进而产生误认。故东方公司的行为并不侵犯辉瑞公司的立体商标专用权。法院作此认定主要是基于商标性使用的考虑。

（一）商标性使用与商标侵权判定的关系的学理之辩

商标使用是商标制度的重要组成部分，无论是程序问题还是实体问题，都与商标使用密切相关。程序方面，商标权的取得必须以使用为目的。此外，商标三年不使用撤销制度也与商标的使用密不可分。实体方面，无论是商标权的内容还是商标权范围的界定，其核心考虑要素亦为商标使用。商标使用贯穿整个商标制度，在商标制度中占据重要地位因而获得了学界的广泛关注。

理论界一般称商标侵权认定中的商标使用为“商标性使用”，[1] 商标性使用以起到标识来源和生产者的作用为必要条件。[2] 对于商标性使用和商标侵权判定的关系，理论界仍存争议。部分学者认为商标性使用应当作为商标侵权的构成要件。具体而言，商标性使用是商标侵权判断的前置条件。判断商标

---

[1] 亦有称为“商标法意义上的使用”或者“商标侵权意义上的商标使用”，为叙述简洁，本文统一使用“商标性使用”这一概念。

[2] 奚晓明主编：《最高人民法院知识产权审判案例指导（第2辑）》，中国法制出版社2010年版，第34页。

侵权是否成立遵循这样的思路：原告首先举证证明被告的行为是商标性使用行为，如果不能证明则判定被告的行为不侵权。如果原告可以证明被告的行为是商标性使用行为，在此基础上法院应当进一步判断被告的行为是否会构成混淆，若是构成混淆则判定侵权。[1] 部分学者认为“相关公众混淆之虞本身”才是所有商标侵权行为的决定性条件，没有必要将“商标性使用”作为商标侵权认定的构成要件。[2]

但事实上商标性使用与混淆是商标侵权判定的两个不同的构成要件，二者不能相互替代。混淆标准用以判断消费者是否对商品的来源或者出处产生混淆，是商标侵权判断的核心。商标性使用则是用以判断被控侵权商标是否起到指示商品或者服务来源的作用，是商标侵权判断的前置条件。[3] 消费者的认知过程存在着一定的逻辑顺序：首先消费者必须将原被告各自的标识识别为商标，认为该标识出现在商品或者服务之上是为了证明商品或服务的来源。在此基础上才有可能在不同商品的来源之间产生混淆。如果消费者一开始便没有将两个主体的标识识别为商标，根本就不可能将两个标识主体混淆。[4] 可见，商标性使用判断为商标混淆的判断奠定了基础。在认定商标侵权过程中，应首先进行商标性使用的判定，然后再进行商标混淆的判定。如果不构成商标性使用，几乎难以引起消费者的混淆，商标性使用是商标侵权判定的构成要件之一。

（二）商标性使用与商标侵权判定的关系的实践做法

随着审判经验的不断累积，司法实践对于商标性使用的认识也不断加深，本案便是关于商标性使用的典型案例。本案中法院认为东方公司的药片被包装于不透明材料中，不能起到表明药片来源的作用。消费者在购买药品之时不会因为药片的形状而产生混淆或者误认，因此东方公司并没有侵犯辉瑞公司的商标专用权。易言之，东方公司的使用不构成商标性使用，因此东方公

---

[1] 祝建军：《判定商标侵权应以“商标性使用”为前提——苹果公司商标案引发的思考》，载《知识产权》2014 年第 1 期。类似观点可参见苏平、胡海容、李庆：《论商标侵权中“商标使用”的判断标准》，载《法律适用》2013 年第 1 期。

[2] 何怀文：《“商标性使用”的法律效力》，载《浙江大学学报（人文社会科学版）》2014 年第 2 期。

[3] 万迪：《侵害商标权纠纷案件中商标性使用与正当使用的界定——从“草莓音乐节案”说起》，载《法律适用》2017 年第 24 期。

[4] 马丽萍：《论商标使用与商标侵权判定的关系》，载《武陵学刊》2019 年第 2 期。

司的行为不侵犯辉瑞公司的商标专用权。也即，本案中法院认为商标性使用应为判定商标侵权的构成要件。法院的这一观点为在后相似纠纷提供了参考，其后发生的普拉达有限公司诉陕西东方源投资发展有限公司侵害商标权、不正当竞争纠纷等案件中亦持有类似观点。[1]

部分法院不仅认为商标性使用是侵权判定要件，而且认为该要件是一种前置性的构成要件。因为是一种前置性的构成要件，所以在认定侵权之时要首先对商标性使用进行考察，在满足商标性使用的基础上再对其他因素进行考察。在“钱柜商标案”[2] 中法院在判定原告是否侵犯被告的商标权时，首先分析了被告对被控标识的使用是否属于商标性使用。至于被告使用被控标识提供的服务是否与原告商标的核定服务项目相同或类似，被控标识是否与原告商标相同或近似，法院在认定被告的行为构成商标性使用之后，才对这些问题进行了分析。此外值得一提的是，该案中法院不仅在审判过程中将商标性使用作为商标侵权认定的前置条件，还在判决书中明确提及了“商标性使用”这一概念。因为商标性使用是前置性的构成要件，在认定侵权时要首先对该要件进行考察。如果不满足该要件，则可以直接认定为不侵权，无需进行后续考察。在仁爱商标侵权案中[3]北京双语报在自己的报纸上载有“仁爱”商标。但“仁爱”的注册商标专用权为仁爱教育所有，因此仁爱教育认为北京双语报的行为侵犯了自己的注册商标专用权。法院认为，双语报对于仁爱商标的使用是为了表明报纸为仁爱版英语教材的配套教辅资料，而不是表明报纸的出处。故双语报的行为不构成商标性使用，不侵犯原告的商标权。由此，法院并没有再进一步对于是否构成混淆进行分析，而是由不构成商标性使用直接得出不侵权的结论。

可见我国的司法实践中，法院已经将商标性使用作为侵犯商标权的基本构成要件，并且大多数法院将其视为一种前置性的构成要件。在认定商标侵权之时首先考察被告的使用是否构成商标性使用，倘若构成商标性使用，需要进一步考察是否为近似商标和类似商品。如果不构成商标性使用则可以直接将被告的行为排除出商标侵权的范畴，无需进行后续的认定过程，有效地节约了司法资源。

---

[1] 陕西省西安市中级人民法院（2013）西民四初字第 00227 号民事判决书。

[2] 湖北省武汉市江岸区人民法院（2010）岸知民初字第 68 号民事判决书。

[3] 北京市第一中级人民法院（2006）一中民终字第 15091 号民事判决书。

四、案件启示

商标属于广义的商业标识的一种，其基本功能在于指示商品或者服务的来源，对商标的保护也应当以此为界限。脱离商标的基本功能——识别来源功能，谈商标权的保护，会不恰当地扩大商标权的范围。法律赋予商标权人商标专用权从而保护商标权人的利益，但是过度扩张这种保护则会导致对社会资源的不合理的垄断，使得一些正当的使用行为亦被认定为侵权。将商标性使用作为商标侵权认定的前置条件，可以在一开始的时候就过滤掉非侵权性的合理且正当的使用行为。此种判断方法可以使得这些行为不进入后续的混淆可能性的判定过程，免受被认定为侵权的困扰，在保障商标权人利益的同时也为社会公众的正当合理的使用留足了空间。

本案中东方公司的药片被包装于不透明材料之内，消费者在购买之时看不到药片的形态，故而此时药片的蓝色菱形形态无法起到识别商品或者服务的来源的作用。东方公司的行为不构成商标性使用，故而更不可能构成商标侵权。本案即是通过不构成商标性使用而认定不构成侵权的典型案例，具有较高的参考价值。

（撰稿人：袁旺然）

将他人文字商标拆解后注册并使用的行为是否构成商标侵权

——重庆胖子天骄食品有限公司与重庆老码头食品公司、晋江市内坑镇婧宇调味品店侵害商标权纠纷案案例评析

一、案情概要

2017年，重庆市第五中级人民法院受理了重庆胖子天骄食品有限公司（以下简称“天骄公司”）诉重庆老码头食品公司（以下简称“老码头公司”）、晋江市内坑镇婧宇调味品店（以下简称“婧宇调味品店”）侵犯商标权纠纷一案。本案中，被告老码头公司将原告天骄公司享有的“胖子”文字图形商标拆分重组成“月半之子”并予以注册、使用，被告婧宇调味品店销售被告老码头公司生产的“月半之子”麻辣鱼佐料产品，本案主要涉及老码头公司和婧宇调味品店的行为是否侵犯原告注册商标专用权的问题。

原告天骄公司，经原商标权人的转让，在第30类火锅佐料上享有第902855号“胖子”文字图形商标专用权，后经过注册核准在第30类调味品上享有第4107352号和第12503471号“胖子”文字图形商标专用权。通过原告天骄公司的长期推广、宣传和使用，“胖子”商标和“胖子”牌麻辣鱼佐料在消费者中享有较高的知名度，“胖子”商标曾分别在2007年6月、2010年7月、2012年12月、2013年8月和2016年1月被重庆市工商行政管理局审定为“重庆市著名商标”。

被告老码头公司，在第3016类味噌等调味品上申请注册“月半之子”的文字图形商标并获得核准。但是在使用过程中，被告老码头公司以黄色为背景底色，将“月半之子”商标上下排列，通过字体颜色等方式弱化了“之”字，使“月半之子”商标与原告天骄公司的“胖子”商标相近似，并将制造

的麻辣鱼佐料产品销售至各地。被告婧宇调味品店，从被告老码头公司处购买其制造的麻辣鱼佐料产品并进行销售。

一审法院根据《商标法》第 57 条第 1 项、第 2 项和第 3 项侵犯注册商标专用权的规定和第 63 条第 3 款侵权赔偿数额计算方法的规定，认定被告老码头公司未经原告天骄公司的许可，在其生产的产品上使用与原告天骄公司第 12503471 号注册商标相同的商标，使用与原告第 902855 号、第 4107352 号注册商标近似的商标，容易导致公众混淆，侵害了原告享有的涉案注册商标专用权；被告婧宇调味品店销售被告老码头公司生产的侵犯原告涉案注册商标专用权的产品，侵害了原告享有的涉案注册商标专用权。因此，一审法院判决被告老码头公司和婧宇调味品店停止侵权并赔偿损失。被告老码头公司与婧宇调味品店不服一审判决向重庆市高级人民法院提出上诉，经审理，二审法院驳回上诉，维持原判。

二、争议焦点

本案中，原告天骄公司认为被告老码头公司在麻辣鱼佐料上使用与“胖子”商标相近似的“月半之子”商标、被告婧宇调味品店销售相关产品的行为构成商标权侵权。对此，被告老码头公司、婧宇调味品店主张，其在产品、产品包装及宣传资料上使用的其合法享有商标权的“月半之子”商标与原告的“胖子”商标有明显区别，不构成相同或相近似，不会造成公众混淆，并不构成商标侵权。因此，本案的争议焦点可以归纳为：被告老码头公司使用的“月半之子”商标是否与原告“胖子”商标构成相同或相近似，继而侵犯原告天骄公司的商标权。

三、法理分析

重庆市第五中级人民法院在对案件事实进行详细调查之后，认定被告老码头公司未经原告天骄公司的许可，使用与原告第 12503471 号商标相同的商标，使用与原告第 902855 号、第 4107352 号商标相近似的商标，容易导致公众混淆，侵犯了原告天骄公司的注册商标专用权；被告婧宇调味品店销售侵害原告天骄公司商标专用权的商品，构成对原告天骄公司商标专用权的侵害，被告应承担侵权责任。本案的争议焦点在于被告老码头公司使用的“月半之子”文字商标是否属于与原告天骄公司的“胖子”文字商标相同或近似的商标。文字商标是由语言文字、字母和数字等纯文字符号构成的。[1] 根据《最高人民法院关于审理商标民事纠纷适用法律若干问题的解释》第9条规定，文字商标相同，是指被控侵权的商标与原告的注册商标相比较，二者在视觉上基本无差别。文字商标近似，是指被控侵权的商标与原告的注册商标相比较，其文字的字形、读音、含义相似，易使相关公众对商品的来源产生误认或者认为其来源与原告注册商标的商品有特定的联系。同时，根据《最高人民法院关于审理商标民事纠纷适用法律若干问题的解释》第10条规定，法院在认定文字商标相同或相近似时应按照以下原则进行：

首先，法院需以相关公众的一般注意力为标准来判定文字商标是否相同或近似。“相关公众”是指与商标所标识的某类商品或服务有关的消费者和与这些商品或服务的营销有密切关系的其他经营者。而“一般注意力”是指具有普通知识与经验的一般购物人，在购物时运用的普通注意力。[2] 本案中，原告天骄公司与被告老码头公司都将商标用于麻辣鱼佐料产品上加以销售，此时，法院应以消费者在市场购买麻辣鱼佐料时运用的普通注意力为标准。

其次，法院应在隔离状态[3]下对文字商标进行整体对比，即在隔离状态下，法院将商标作为一个整体进行观察，而不是将商标各要素独立分别比对，[4] 以此判断两商标在整体上是否给人留下非常接近的印象。无论商标各相对应的要素是否近似，但只要两个商标在整体上接近，就会被认定为商标相似。如，“洛其”商标与“洛淇”商标，[5] 两商标的构成要素近似，都是由两个汉字组成的文字商标，唯一的差别在于“洛淇”商标比“洛其”商标多了偏旁“氵”。但这唯一的差别并未使得“洛淇”商标与“洛其”商标产生明显区别，相反两商标的读音相同且文字构成、字形相似，在“隔离观察”时两个商标显然在整体上是近似的，使相关公众误将“洛淇”商标认为是“洛其”商标。本案中，被告的“月半之子”商标与原告的“胖子”商标相比，

---

[1] 王迁：《知识产权法教程》，中国人民大学出版社2016年版，第395页。

[2] 王迁：《知识产权法教程》，中国人民大学出版社2016年版，第436-437页。

[3] 隔离状态下比对，是指将注册商标和被指控的侵权商标放在不同的地点在不同的时间进行分析对比，而不是把比对的两个商标放在一起进行观察对比。王莲峰：《商标法学》，北京大学出版社2019年版，第130页。

[4] 王莲峰：《商标法学》，北京大学出版社2019年版，第130页。

[5] 《商标审查及审理标准》，中华人民共和国国家工商行政管理总局商标局、商标评审委员会，2016年12月印发，第69页。

虽然只有“子”字完全相同，但“月”“半”二字是将“胖”字进行拆解而来的，“月半”不过是粗壮的“胖”。两商标唯一的差别体现在被告的“月半之子”商标比原告的“胖子”商标多了一个“之”字。然而，被告老码头公司在使用“月半之子”商标时，并没有明显突出其与原告“胖子”商标的差别之处，而是通过更改文字的排列与背景颜色的方式弱化了“之”字。在“隔离状态”下，被告老码头公司的“月半之子”商标与原告注册的第12503471号“胖子”商标（上下排列）在整体上并无实质差异，构成商标相同，与原告注册的第902855号商标（左右排列）、第4107352号商标（左右排列）在整体上构成近似，导致消费者将“月半之子”商标误认为“胖子”商标。

再次，法院还需在隔离状态下将商标的主要部分进行比对。商标可能由数个要素构成，但消费者往往只是记住了商标中最为突出和重要的部分，❶ 如果两商标的主要部分相同或近似，易造成消费者的误认，则两商标被认定构成近似。❷ 例如，剑南春酒厂有限公司的“玉龙”商标与争议商标“新玉龙春”，❸ 争议商标“新玉龙春”包含了引证商标显著识别部分的文字“玉龙”，争议商标只是在“玉龙”前后添加了两个字，但其显著部分“玉龙”与引证商标完全相同，会使公众误认“新玉龙春”是剑南春酒厂推出的新品，如此两商标构成近似。本案中，原告的“胖子”商标的主要部分是“胖子”二字，然而被告将“月半之子”商标中的“月半”二字左右排列成“胖”字后弱化“之”字，以凸显出原告商标的显著部分，易使相关公众误认为“月半之子”商标就是“胖子”商标。因此，在“隔离状态”下，被告的“月半之子”商标与原告注册的第12503471号“胖子”商标（上下排列）构成商标相同，与原告第902855号商标（左右排列）、第4107352号商标（左右排列）构成近似。

最后，法院在判断文字商标是否相同或近似时，除了以相关公众的一般注意力为标准、在隔离状态下进行整体比对和主要部分比对外，还需要将请求保护的注册商标的知名度和显著性纳入考量范围内。一般而言，请求保护的注册商标的显著性越强、知名度越大，普通消费者的印象就会越深刻，混

---

❶ 王迁：《知识产权法教程》，中国人民大学出版社2016年版，第438页。

❷ 王莲峰：《商标法学》，北京大学出版社2019年版，第130页。

❸ 北京市第一中级人民法院（2010）一中知行初字第2473号行政判决书。

淆的可能性就越小，但通过该商标的知名度达到极高的程度之后，发生混淆的可能性会降低。[1] 本案原告天骄公司提交的诸多证据足以证明其“胖子”商标的知名度，综合考量《最高人民法院关于审理商标民事纠纷案件适用法律若干问题的解释》第 10 条规定的相关原则，法院认定被告老码头公司的“月半之子”商标与原告天骄公司第 12503471 号“胖子”商标构成相同和第 902855 号“胖子”商标、第 4107352 号“胖子”商标构成近似。

综上，本案被告的商标明显与原告的第 12503471 号注册商标构成相同和第 902855 号商标、第 4107352 号商标构成近似，由此商标评审委员会对被告享有的第 12235041 号“月半之子”商标在食品防腐盐、醋、酱油、调味料、胡椒、调味酱汁、豆酱（调味品）、鸡精（调味品）、味精商品上作出了无效宣告的裁定。根据《商标法》第 57 条第 1 项、第 2 项和第 3 项侵犯注册商标专用权的规定，被告老码头公司未经原告天骄公司的许可，在麻辣鱼佐料上使用“月半之子”的商标，导致公众产生混淆，显然构成了商标侵权；被告婧宇调味品店销售侵犯原告天骄公司注册商标的产品，也构成了侵犯原告的注册商标专用权。

四、案件启示

本案是关于判定商标相同或近似的经典案例，其最大的意义在于是对我国《最高人民法院关于审理商标民事纠纷案件适用法律若干问题的解释》第 10 条规定的判定商标相同或近似的三要素的运用。就相关企业而言，一方面，当商标与他人的商标存在相近似的可能时，应合理使用其注册商标，禁止投机取巧、搭便车的行为，需突出商标中明显区别于其他商标的部分，以免使相关公众产生误认；另一方面，在申请注册商标时，避免申请注册单纯的文字商标，应将文字、图形进行组合注册或通过其他方式以突出商标的显著性。

（撰稿人：黄益相）

[1] 王迁：《知识产权法教程》，中国人民大学出版社 2016 年版，第 439 页。

仿冒对象为与商品形状类似的商标时应如何判定商标侵权行为

——上海沪唐物资有限公司与上海市浦东新区市场监督管理局行政处罚纠纷案案例评析

一、案情概要

2015 年，上海沪唐物资有限公司（以下简称“沪唐公司”）不服上海市浦东新区市场监督管理局（以下简称“市场监管局”）对其作出的行政处罚，向上海市浦东新区人民法院提出行政诉讼。本案主要涉及商标侵权的认定问题。

被告市场监管局在市场监管活动中发现，原告沪唐公司在地板膨胀钉包装上使用的图形（见图 1），与第三人上海美固澄梵固件有限公司（以下简称“美固公司”）所有的注册商标（见图 2）构成实质相似，故认定沪唐公司的行为侵犯了美固公司的注册商标权，对沪唐公司作出行政处罚决定，责令沪唐公司停止侵权行为，并没收侵权商品。沪唐公司不服上述行政处罚决定，提出行政诉讼。

图 1　沪唐公司所使用的图形

图 2　美固公司的注册商标

浦东新区人民法院依据《商标法》，认定原告实施了销售侵犯注册商标专用权的商品的行为，被告的行政处罚结果合法、适当，故驳回原告诉讼请求。

二、争议焦点

原告沪唐公司认为其在钉子包装中使用的标记，是低度抽象化的实际生活中钉子的形象，属于通用标识，不具备显著性，更不具备与已注册商标混淆的条件，故被告的行政处罚决定不当，请求法院撤销。由此，本案的争议焦点是：原告行为是否侵犯第三人美固公司的注册商标专用权。

三、法理分析

市场监管局对沪唐公司上述行为作出行政处罚的法律依据是《商标法》第 57 条第 1 款第（2）项，该条款规定：

> "有下列行为之一的，均属侵犯注册商标专用权：
>
> （二）未经商标注册人的许可，在同一种商品上使用与其注册商标近似的商标，或者在类似商品上使用与其注册商标相同或者近似的商标，容易导致混淆的。"

依据该规定，沪唐公司的行为必须同时符合以下两个判断要件，才可能构成商标侵权：第一，在相同或类似的商品或服务上使用了与注册商标相同或近似的商标；第二，使用行为容易导致混淆。

首先，注册商标的专有权利是有特定范围的，如果他人使用的标记与注册商标既不相同也不类似，或虽然相同或类似，但使用在了完全无关的商品或服务中，那么该行为不构成对商标权的侵犯。据核实，本案中美固公司将其商标申请注册在了螺栓、金属铆钉、钉子、角钉等商品之中；而沪唐公司将争议图形使用在了地板膨胀钉的包装上，毫无疑问，两者提供的商品一致。同时，美固公司的注册商标由"M"和"G"两个字母组合而成，代表"美固"二字，并通过精心设计构成了钉子的形象；但原告所使用的图形，仅仅简单加长了字母"M"，让钉子形象更加修长，与美固公司的注册商标相比较，没有作出过多改变，相似度较高。因此，沪唐公司在与美固公司相同的商品上使用了与美固公司注册商标近似的标记，符合第一个判断要件。

其次，《商标法》的立法目的，不仅仅在于维护商标所有人凝聚在商标中的商誉，还要保护消费者的利益。[1] 消费者依据商标判断商品或服务的来源，如果有不法商家冒用他人注册商标，便会将消费者指引向错误的商品或服务，进而损害消费者利益。一般而言，在相同或类似的商品或服务中使用相同或近似的标识，都会造成消费者混淆。例如，在奶糖包装上使用“大白兔”字样，就会让消费者误以为该奶糖来源于“大白兔”品牌。因此，如何正确判断混淆可能性，是商标侵权案件中最关键的问题。

最高人民法院在2002年出台的《关于审理商标民事纠纷案件适用法律若干问题的解释》第10条中规定：“判断商标是否近似，应当考虑请求保护注册商标的显著性和知名度。”该规定为司法实践中判断商标混淆提供了思路。这是因为，当商标的显著性与知名度越高、越能给消费者留下深刻的印象时，便会给“傍名牌”者留下可乘之机。在本案中，浦东新区人民法院正确地指出，美固公司的注册商标虽然形状像钉子，但由两个字母巧妙组合而成，与钉子的通用形状存在一定差异，因此该商标具有一定显著性；同时，美固公司对其品牌进行了广泛的销售使用和广告宣传，且其产品曾荣获多项荣誉，在相关消费者中已享有一定的知名度和影响力。因此，美固公司的注册商标应获得与其显著性和知名度相适应的保护力度。沪唐公司所使用的图形与美固公司注册商标的相似度较高，一般消费者不仔细辨别，极易将两者混淆，从而对商品的来源产生错误认识。因此，沪唐公司的使用行为容易导致混淆，符合第二个要件。

事实上，除了商标的显著性与知名度等判断要素外，上述司法解释第10条还要求法院在判断混淆时，应“以相关公众的一般注意力为准；既要进行对商标的整体比对，又要进行对商标主要部分的比对，比对应当在比对对象隔离的状态下分别进行”。王莲峰教授亦指出，消费者智力水平和注意程度、原被告商品的销售渠道、被告意图以及消费者实际混淆等，都是我国法院通过多年司法实践所形成的认定混淆可能性的判断要素。[2]

最后，针对沪唐公司提出的其标记是低度抽象化的钉子形象，属于通用标志，不具有显著性，不会与已注册商标混淆的抗辩，并不成立。正如法院所指出的，美固公司的注册商标与钉子的通用形状存在差异，具有一定显著

---

[1] 王迁：《知识产权法教程》，中国人民大学出版社2016年版，第499页。

[2] 王莲峰：《商标法学》，北京大学出版社2014年版，第123页。

性，而沪唐公司使用的标志与上述注册商标的差异又很小，显然也不属于通用标志。退一步说，即使沪唐公司的标识不具有显著性，也是判断该标志能否作为商标申请注册的问题，与该标识是否会和美固公司已注册商标混淆的问题无关。因此，沪唐公司的抗辩事由均无法否定其标识会造成消费者混淆的客观事实。

综上所述，原告沪唐公司在钉子包装上使用与第三人美固公司注册商标相似图案的行为，容易造成混淆，侵犯了注册商标专用权，被告市场监管局的行政处罚决定是完全合法的。

四、案件启示

本案是判断商标混淆问题的典型案例，入选了浦东法院 2015 年度知识产权司法保护十佳案例。商标权制度对于维护正常的市场秩序具有重要作用，未经许可使用他人商标的搭便车行为是被《商标法》禁止的。就企业而言，应在商品或服务中尽量使用不会与他人商标发生混淆的标识，这样不仅能避免与他人的商标权发生侵权纠纷，更能够通过有新意的标识起到商品或服务的广告宣传作用，从而为企业打开销路。

（撰稿人：杨岸松）

在产品配套的软件上使用他人商标是否构成商标侵权

——iFiT 商标纠纷案案例评析

一、案情概要

2016 年 3 月 17 日，A 公司向浦东新区（自贸区）知识产权局投诉美国 B 公司的全资子公司 C 公司在中国境内售卖的健身器材产品中安装的软件“iFIT”涉嫌侵犯其注册商标专用权，要求按照《商标法》有关规定对其予以行政处罚。

经查明，A 公司于 1999 年 10 月 22 日于四川成都注册，主营数字信号处理、应用电子产品、医疗电子产品，其于 2009 年 4 月 28 日注册取得“iFit!”商标在第 9 类“电脑软件（录制好的）、计算机程序（可下载软件）、数据处理设备等”上的商标专用权。美国母公司 B 成立于美国特拉华州，其官网网址为 www.ifit.com，用户可以登录该网站下载与之销售的健身器材配套使用的“iFIT”软件。C 公司于 2013 年 5 月 20 日于上海成立，为美国 B 公司在中国的全资子公司，在 2004 年进入中国市场后取得了在第 3 类“腿部护肤霜；洗浴用芳香按摩油；身体用按摩油等”、第 5 类“缓解肌肉不适的药膏；含药物成分的缓解肌肉不适的摩擦膏等”、第 28 类“锻炼身体器械”、第 41 类“健康和健身方面的个人教育指导服务；教育”及第 29、30、32 类的各类饮品类别上的“iFIT”商标专用权。C 公司的主要业务为在中国境内销售 B 公司所生产的各类健身器材，其销售的跑步机控制显示屏显示有“iFIT”商标，该跑步机配套使用的软件有“iFit”字样，A 公司即投诉 C 公司对上述“iFIT”软件的使用涉嫌侵犯其注册商标专用权。

C 公司反映，其母公司 B 在初入中国时将系争商标注册在多个商品类别上，却由于疏漏导致没有在第 9 类上注册，因此其曾于 2015 年 5 月 21 日基于

《商标法》第49条“无正当理由连续三年不使用”的规定向商标局主张撤销A公司第4869639号第9类“iFit!”商标在“用于识别声音类型的计算机程序”等全部核定使用商品上的注册，但国家商标局于2016年1月30日作出不予撤销决定。此外，A公司曾私下向B公司表达希望转让商标的意愿，但最终未能达成转让协议。

2016年6月16日，该案移送浦东新区版权纠纷人民调解委员会进行调解，最终A公司与C公司的美国母公司B以13.5万美元（约90万元人民币）的价格就A公司所持有的2个“iFit!”商标达成转让协议，并签署了人民调解协议书。

二、争议焦点

本案中，A公司认为C公司所销售的健身器材显示屏显示有“iFIT”商标，配套使用的软件上也有“iFIT”字样，C公司对涉案商标的使用侵犯了其在第9类商品类别上的注册商标专用权。而C公司认为在健身器材显示屏、健身器材配套使用的电脑软件上对“iFIT”商标的使用不侵犯商标权。由此，本案的争议焦点可以归纳为以下两点：（1）上述使用“iFIT”商标的行为是否构成商标性使用；（2）上述行为是否构成侵犯注册商标专用权的行为。

三、法理分析

浦东新区版权纠纷人民调解委员会与双方当事人、相关专家对以上争议焦点进行讨论、调处之后，促使A公司与C公司的美国母公司B达成了商标转让协议，并签署了人民调解协议书。虽然本案最终是以调解结案，但是调解人对于侵权与否也应当有自己的判断，这样才能更好地把握案件调解的走向，并且让双方当事人明确侵权与否也有利于推进调解进程。

本案涉及的侵权行为涉及我国《商标法》第57条第2项规定的“未经商标注册人的许可，在同一种商品上使用与其注册商标近似的商标，或者在类似商品上使用与其注册商标相同或者近似的商标，容易导致混淆的”情形。在本案中，C公司出售的商品为其美国母公司B所生产的跑步机，跑步机的电子显示屏显示有“iFIT”商标，与跑步机配套使用的还有在官网可供下载的“iFIT”计算机软件及APP。无论是跑步机内置的计算机软件还是在官网下载的“iFIT”软件均与A公司在第9类注册的“数据处理设备；计算机外围设备；电脑软件（录制好的）；计算机程序（可下载软件）等”属于同种商品，其显示屏在使用过程中显示的“iFIT”标识与A公司注册的“iFit!”商标具有相同的构成字母，虽然字体、色彩等存在较小区别，但仍然属于近似商标。因此，要认定在健身器材显示屏上使用系争商标是否构成侵犯商标权的行为，首先需要判断此种使用行为是否属于57条第1款第2项中的商标“使用”行为。

（一）在健身器材显示屏及配套软件上使用他人注册商标构成商标性使用

首先，根据体系解释，《商标法》第57条用语中“使用”行为的内涵已在第48条作了明确规定：“本法所称商标的使用，是指将商标用于商品、商品包装或者容器以及商品交易文书上，或者将商标用于广告宣传、展览以及其他商业活动中，用于识别商品来源的行为。”“iFIT”标识在B公司所生产的商品“跑步机”的显示屏、官网、电脑软件、APP上的醒目位置均作为商标使用，对于跑步机及软件的消费者来说发挥了识别来源的功能，因此该行为构成“在同种商品上使用相近似商标”。在浙江省高级人民法院2016年发布的知识产权调解典型案例中，北京小桔科技有限公司就将“嘀嘀”作为APP商标使用在“嘀嘀”打车的乘客版APP、司机版APP、官方网站以及其各地门店招牌、微博、微信公众号上，后被“嘀嘀”商标权人杭州妙影公司以侵犯商标权起诉至杭州市中级人民法院。在“互联网+”时代，将商标用于电脑软件、手机APP、网站等上的行为越来越普遍，而此类行为与传统使用商标的行为一样，均能够发挥识别来源的作用，可以被认定为我国《商标法》第48条所述的“商标的使用”。

其次，第9类商品的范围包括“数据处理设备；计算机外围设备；电脑软件（录制好的）；计算机程序（可下载软件）等”，若是在跑步机显示屏、电脑软件、APP上对商标进行使用不构成商标性使用，则作为商标注册时可供选择的《分类表》第9类商品就失去了存在意义。因此，在健身器材显示屏及配套软件上使用他人注册商标构成商标性使用。

（二）在健身器材显示屏及配套软件上使用他人注册商标不一定侵犯商标权

根据我国《商标法》第57条第2项的规定，即使在同种商品上使用近似商标，也需要“容易导致混淆”才构成商标侵权。在本案中，B公司所生产跑步机的内置软件（包括显示屏）、官网下载的软件及APP都是作为跑步机的配套设备来使用的。因此，虽然B公司的中国子公司A仅于第28类商品“锻炼身体器械”进行了商标注册，而由于商标战略布局失误未能在第9类的“软件”上注册商标，但以上软件均未独立作为产品使用（在没有跑步机的情况下也无法独立使用），消费者一般也只会在能够使用B公司生产的跑步机的情况下才会去了解并下载配套使用的软件，故而不会对软件的来源产生误认，一般不会存在混淆可能性，也就不会构成第57条第2项的商标侵权。

当然，若B公司的软件具有除“与跑步机配套使用，提升用户体验”以外的功能，可能吸引消费者单独下载该软件的，该软件就可能视为独立的第9类商品，则在该软件上使用与他人在同类别上的注册商标相近似的商标可能造成消费者对商品来源的误认而构成侵权。

四、案件启示

此案是知识产权多元纠纷化解的典型案例，是知识产权纠纷快速解决的有效途径。一方面，调解与行政执法、民事诉讼相比具有用时较短、程序简单、成本较低、效果明显又不伤和气等优势，是纠纷双方和平解决矛盾的方式，实现了定纷止争、案结事了的效果。本案中的权利人曾向多地行政执法部门进行了投诉，但因为对侵权判断困难等各种原因，最后都没有作出处理。纠纷的双方也进行了包括撤三、无效、诉讼等各种行政或司法程序，也都没有解决问题。最后该案件通过调解得到了圆满解决，凸显了调解的高效便捷低成本的优势。另一方面，近年来传统行业转型“互联网+”而涉及相关软件、APP等问题是商标案件执法面对的新挑战，通过人民调解手段处理双方当事人的纠纷可以避免纠纷双方僵持于侵权与否的纠缠，从源头上一揽子解决诉求，不失为一种可供选择的快速解决途径。

此外，随着“互联网+”时代的到来，企业在生产实体商品的同时，如果有配套使用的电脑软件、APP等，或是将来有将相关产品扩大到电子软件的可能的，也需要格外注意完善在此类商品类别的商标战略布局，合理扩大商标注册的范围，如此一来才能使自己的商标获得更全面、程度更高的保护。

（撰稿人：公佳卉）

将他人注册商标作为企业字号使用的行为是否构成商标侵权

——山东齐鲁众合科技有限公司与齐鲁证券有限公司南京太平南路证券营业部侵犯商标专用权纠纷案案例评析

一、案情概要

2011 年，最高人民法院就再审申请人山东齐鲁众合科技有限公司（以下简称“齐鲁众合公司”）与被申请人齐鲁证券有限公司南京太平南路证券营业部（以下简称“南京太平南路营业部”）侵犯注册商标专用权纠纷案作出裁定，驳回齐鲁众合公司的再审申请。本案主要涉及被申请人南京太平南路营业部在营业活动中使用“齐鲁”“齐鲁证券”文字的行为，是否侵犯了申请人齐鲁众合公司对涉案注册商标享有的被许可使用权的判断问题。

再审申请人（一审原告）齐鲁众合公司成立于 1995 年 5 月 31 日，2006 年企业法人营业执照记载经营范围为：软件开发与应用；网络工程施工；提供科技企业投资咨询服务。2009 年 4 月 2 日，其经营范围变更为：软硬件开发及批发零售。同年 7 月 16 日，齐鲁众合公司又变更经营范围为：证券、期货应用软件的开发及销售；硬件开发及销售；科技企业投资咨询（不含证券、期货咨询）。2008 年 4 月 20 日，经山东省信达投资管理有限公司（以下简称“信达公司”）许可，申请人就“齐鲁”文字商标在第 36 类上享有独占被许可使用权，“齐鲁”文字商标被核定服务的项目为资本投资、基金投资、金融分析、金融咨询、证券交易行情、期货经纪、信托、受托管理、金融信息。

被申请人（一审被告）南京太平南路营业部，是齐鲁证券有限公司（以下简称“齐鲁证券公司”）的分支机构。齐鲁证券公司成立于2001年5月15日，由山东省8家信托投资有限公司所属证券营业部联合组建，并于2001年12月9日获准企业名称变更。南京太平南路营业部成立于2002年8月9日，经营范围为：许可经营项目为证券代理买卖、代理还本付息、分红派息、证券代保管、鉴证、代理登记开户。南京太平南路营业部在其店面招牌、业务介绍宣传册上均使用“齐鲁证券”文字及松树图形标识，并且使用了“真诚待客户满意在齐鲁”宣传字样。

一审南京市中级人民法院依据《商标法》《最高人民法院关于审理商标民事纠纷案件适用法律若干问题的解释》等相关规定，认定南京太平南路营业部在经营活动中单独使用“齐鲁”或“齐鲁证券”文字的行为，属合理使用企业名称，不侵犯齐鲁众合公司的注册商标专用权。齐鲁众合公司不服，上诉至江苏省高级人民法院，江苏省高级人民法院维持一审判决，齐鲁众合公司申请最高人民法院再审，最高人民法院经查后驳回再审申请。

二、争议焦点

本案申请人齐鲁众合公司认为：被申请人南京太平南路营业部对“齐鲁”“齐鲁证券”文字的使用，足以使得相关公众认为二者之间存在一定的联系，具有商品或服务来源误认的可能性，因此构成商标侵权。被申请人南京太平南路营业部认为“齐鲁证券”字号及企业名称的取得时间早于涉案注册商标取得时间，且齐鲁证券公司多年来投入大量心血对字号进行宣传，该字号在证券行业具有较高知名度。而双方实际经营范围不同，不存在造成公众混淆误认的可能性，原审法院判决正确。由此，本案的争议焦点可以归纳为以下两点：（1）被申请人南京太平南路营业部在经营活动中使用“齐鲁”“齐鲁证券”文字的行为是否具有正当性。（2）被申请人南京太平南路营业部的使用行为是否造成相关公众混淆。

三、法理分析

最高人民法院在对案件事实进行调查了解后，对上述争议焦点进行详细论证，认为齐鲁众合公司以其享有“齐鲁”注册商标被使用许可权为由，禁止他人合理使用“齐鲁”“齐鲁证券”文字的主张没有法律依据，对此不予以支持，主要是基于以下考虑：

（一）南京太平南路营业部使用“齐鲁”等文字的行为是合理的企业名称简化使用

本案的第一个争议焦点在于南京太平南路营业部在经营活动中使用“齐鲁”“齐鲁证券”文字是否具有正当性。南京太平南路营业部对“齐鲁”“齐鲁证券”文字的使用实际上是对“齐鲁证券有限公司”这一企业名称的简化使用，符合商业惯例。“齐鲁”虽是字号，但如孔祥俊教授在《反不正当竞争法原理》一书中所提到的：“广义的企业名称还应包括企业名称的字号、简称、缩略语、代号、图形标志、外文名称等称谓。”❶ 最高人民法院在 2007 年 1 月公布的《关于审理不正当竞争民事案件应用法律若干问题的解释》也规定“具有一定的市场知名度、为相关公众所知悉的企业名称中的字号，可以认定为《反不正当竞争法》第五条第（三）项规定的‘企业名称’”。字号可以视为企业名称的一种，且字号和企业名称一样，能够发挥区别市场主体的作用，甚至有学者提出字号是企业名称中最能彰显其区别功能的核心组成部分。❷

企业名称与商标相同或相似的情形由来已久，其根本原因在于我国对企业名称和商标实施的是两种不同的登记注册管理制度。各级工商行政机关均有权在其区域范围内核准企业名称，并且无须对企业名称是否与他人商标相同或相似进行检索。企业名称的核准注册并没有在先的公示和异议程序，无法通过事先的异议程序规避一部分与商标相同或类似的企业名称的登记。❸ 在现有制度现实下，冲突不可避免，本案中产生冲突的是简化后的企业名称。

依据《企业名称登记管理规定》第 20 条，规范使用企业名称为原则，简化使用为例外，❹ 法律没有完全否认对企业名称的简化使用。而实践中，企业通过字号或者简化的企业名称进行宣传已十分常见，例如，“华为技术有限公司”通常以“华为”文字的形式进行宣传，简化的企业名称或字号更有利于在企业主体和商品、服务之间建立特定的联系。但对企业名称的简化使用要

---

❶ 孔祥俊：《反不正当竞争法原理》，知识产权出版社 2005 年版，第 233 页。

❷ 张晔、蔡永民：《论企业名称权和商标权冲突的法律适用》，载《时代法学》2019 年第 1 期。

❸ 冯晓青、马翔：《知识产权法热点问题研究（第 4 卷）》，中国政法大学出版社 2015 年版，第 607 页。

❹《企业名称登记管理规定》第 20 条：“企业的印章、银行账户、牌匾、信笺所使用的名称应当与登记注册的企业名称相同。从事商业、公共饮食、服务等行业的企业名称牌匾可适当简化，但应当报登记主管机关备案。”

注意其行为是否具有正当性，在企业名称权和商标权发生权利冲突时，这一点尤为重要。现有法律对企业名称等商业标识使用的正当性判断并无明确的标准，有人主张只有在恶意使用和商业标识意义上使用特有名称时，才可能构成侵权，而非商业标识意义上的使用则属于合理使用。[1] 也有人认为被控侵权人对诉争标识的使用是正当使用还是商标性使用，应从以下两个方面进行考虑：一是被告在主观上是不是善意的，使用标识的目的何在；二是客观上可能产生的后果，被告对诉争标识的使用是否会起到标识商品来源的作用，是否足以造成混淆和误认。[2]

被控侵权人的主观意图不能以被告的主观意识为标准，判断是否善意应当参照商业惯例、企业名称登记及使用时间是否具有在先性、诚实信用原则等因素。例如，在“大光明眼镜店”商标侵权再审案件中，最高人民法院就考虑企业名称登记的时间因素。原告浙江大光明公司诉被告合肥大光明公司，认为被告使用“大光明”“大光明眼镜店”字样侵犯其“大光明”商标专用权。最高人民法院认定被告不构成侵权，对于依法登记取得的企业名称，企业可以依照相关规定简化使用，被告取得工商登记和使用“大光明”标识的时间均早于原告取得注册商标的时间。被告在相关市场具有一定知名度，形成与原告注册商标可以区分的标识效果。[3] 在本案中，南京太平南路营业部作为齐鲁证券公司的分支机构，对字号突出使用的行为意图是合理的，正如江苏省高级人民法院在判决书指出：

> “根据证监会于 2001 年 4 月 27 日《关于同意山东省齐鲁证券经济有限公司开业的批复》的内容，可以证明在涉案‘齐鲁’商标尚未公告时，齐鲁证券有限公司就已筹划并拟定使用‘齐鲁’字号。齐鲁众合公司亦未能提供证据证明涉案商标在经核准注册之前，作为其使用的商业标识已具有较高知名度。故齐鲁证券有限公司在经工商行政管理机关核准后取得并使用‘齐鲁’字号，客观上显然不存在攀附涉案商誉的故意，应属于正当使用。”[4]

---

[1] 冯晓青：《不正当竞争与其他知识产权侵权专题判解与学理研究》，中国大百科全书出版社 2010 年版，第 288 页。

[2] 苏志甫：《侵害商标权案件中正当使用的认定》，载《人民司法（案例）》2015 年第 22 期。

[3] 最高人民法院（2016）最高法民申字第 1405 号民事裁定书。

[4] 江苏省高级人民法院（2010）苏知民终字第 0012 号民事判决书。

（二）南京太平南路营业部对“齐鲁”“齐鲁证券”文字的使用行为不会造成相关公众混淆

根据《最高人民法院关于审理商标民事纠纷案件适用法律若干问题的解释》第1条的规定：“将与他人注册商标相同或者相近似的文字作为企业的字号在相同或者类似商品上突出使用，容易使相关公众产生误认的，属于侵犯他人注册商标专用权的行为。”根据《商标法》第58条的规定：“将他人注册商标作为企业名称中的字号使用，误导公众，构成不正当竞争行为的，依照《中华人民共和国反不正当竞争法》处理。”上述两条法规主要规制不当使用企业名称及其字号的行为。在本案中，南京太平南路营业部在宣传册上、广告语上都突出使用了“齐鲁”“齐鲁证券”文字，这一点并无争议，因此本案判断被控侵权行为是否成立，主要在判断其行为是否会使公众对齐鲁众合公司与南京太平南路营业部在经营主体及经营范围上产生混淆、误认。

被控侵权行为是否造成相关公众的混淆，是商标侵权认定的核心。传统商标法的立法目的重点在于确保消费者能够将注册商标与其所指示的商品或服务来源正确地联系在一起，防止消费者对商品或服务来源产生混淆，以此维护社会公共利益并保护商标权人的投资。[1] 我国2001年《商标法》将商标相似性与商品类似性规定为商标侵权判定的基础，混淆可能性是商标近似、商品类似的考虑因素，但2013年修订的《商标法》把混淆可能性独立出来，足见其重要性。判断混淆可能性的裁量因素有很多，其中被控侵权行为是否造成混淆，与商标自身的显著性和知名度有关。[2]

首先，商标的显著性，又称为识别性，是指将商标使用于商品或其包装以及服务上时，能够引起一般消费者的注意，并凭此与其他商品或者服务相区别。[3] 我国《商标法》对显著性没有直接做出规定，但将其视为注册商标的构成要件，这一点基本符合TRIPs协定第15条的规定。[4] 商标主

[1] 王迁：《知识产权法教程》，中国人民大学出版社2015年版，第498页。

[2] 吴汉东：《知识产权法学》，北京大学出版社2014年版，第264页。

[3] 奚晓明：《解读最高人民法院司法解释、指导案例（知识产权卷）》，人民法院出版社2014年版，第215页。

[4] 《与贸易有关的知识产权协定》第15条第（1）款。

管机关在商标注册审查过程中，首先要看商标本身是否具备显著性，不具有显著性就不能注册。显著性存在大小程度之分，有的商标独创性强、显著性大，侵权认定更易实现，例如，臆造商标被搭便车的认定就相对容易判定。而对于显著性小的商标，商标权人指控他人商标与自己商标近似就比较困难。但商标的显著性不是绝对的，具有固有显著性的商标，会因为经营不善而丧失显著性变为商品的通用名称，例如，“热水瓶”“阿司匹林”。一个商标是否具有显著特征，在很大程度上取决于使用的情况。

本案中，注册商标“齐鲁”是山东省的别称，其固有显著性较低，而无论是商标许可人信达公司还是商标被许可人齐鲁众合公司对涉案商标的使用，都不足以使得该商标具有较高的显著性。

其次，关于商标的知名度，在侵犯商标专用权的案件中，涉案商标的知名度是侵权认定、酌定被告赔偿数额的重要因素。但商标知名度是较为宽泛且动态的概念，相关公众对商标的知晓程度，往往与该商标使用的持续时间、广告投入、所获奖项和该商标商品所处的特定区域、市场份额以及售后服务等有关。知名度越高，商标所承载的商誉就越大，商标和商品或服务之间建立的联系就越紧密，该商标被侵犯的可能性就更大，因此需要得到更强的保护，驰名商标的强保护也正是出于这个原因。

我国是商标注册制度的国家，允许他人通过商标注册取得权利。但是，商标只有在实际使用中才能发挥识别作用并积累商誉。即使在商标注册制度下，商标真正的保护对象仍然是商标所承载的商誉，而非单纯的标志本身。[1] 但商标在注册之后，即便未投入实际使用，在被撤销之前仍然能够阻止他人在相同或者类似商品上注册相同或者近似商标，这是注册商标专用权发挥的作用，与商誉的损害大小无关。但在讨论企业名称、字号与商标之间的权利冲突时，商标的使用、商标的知名度应当被考虑，尤其是在判断被控侵权行为是否造成相关公众混淆的时候。

本案中，涉案注册商标的服务类别是第 36 类金融服务，但齐鲁众合公司的经营范围与此并未重合。因为不具备提供金融服务的资质，齐鲁众合公司并未在该领域真正使用涉案注册商标，该“齐鲁”文字商标未能积

[1] 王迁：《知识产权法教程》，中国人民大学出版社 2015 年版，第 401 页。

累商誉，相关公众不会在涉案商标和齐鲁众合公司之间建立稳定的联系，更加不会产生混淆的认知。正如最高人民法院在裁定书中写道：

> “本案涉案商标虽然核定服务类别为36类，但注册商标权人信达公司及其被许可使用人齐鲁众合公司经营范围与齐鲁证券有限公司及南京太平南路营业部经营范围不同，鉴于国家对证券行业实行严格的市场准入制度，未取得《经营证券业务许可证》的企业，不得从事特许证券经营业务，故在该行业不存在知名度的问题，进而也就不可能使公众对齐鲁众合公司与南京太平南路营业部经营主体及经营范围产生混淆、误认。”[1]

四、案件启示

本案是关于企业名称商标侵权认定的经典案例，其最大的意义在于法院在判定是否造成相关公众混淆时，考虑了涉案商标的显著性和知名度，以混淆要件为核心判断商标侵权，避免了对注册商标的过度保护。商标显著性和知名度的判定要素有很多，在本案中主要是该商标是否投入实际使用。对商标权人而言，如果想更全面地保护自己的注册商标，应当将商标投入实际使用，由此建立商誉，方可阻止他人对自己商誉造成损害。

（撰稿人：凌梦）

[1] 最高人民法院（2011）民申字第222号民事裁定书。

建筑装修工程中使用侵犯商标权的产品是否构成商标侵权行为

——上海杰思工程实业有限公司侵犯注册商标专用权纠纷案案例评析

一、案情概要

2016年，浦东新区知识产权局根据上海博邦知识产权服务有限公司的请求，对嘉华地产上海绿地建设（集团）有限公司（以下简称“绿地集团”）建筑工地进行检查，发现在工地仓库内存有涉嫌侵犯商标权的商品，该批商品为上海杰思工程实业有限公司（以下称为“杰思公司”）所有。浦东新区知识产权局当场扣押涉嫌侵权商品后，于2016年5月16日对当事人予以立案调查。

经查，杰思公司于2015年10月承包了绿地集团的铝合金门窗和幕墙项目，施工地点为嘉华地产。2016年4月，杰思公司的员工从上门兜售人的手中购入化学胶管和金属螺栓用于安装，该化学胶管及金属螺栓上的商标与费希尔厂有限责任两合公司（FISCHERWERKS GMBH & CO. KG）在中国注册的数个商标完全相同，且使用在同种商品上。至案发时杰思公司还未安装使用上述侵权产品，也没有进货相关凭证。

最终，浦东新区知识产权局根据《商标法》第57条第1款第（三）项认定杰思公司的行为构成“销售侵犯注册商标专用权的商品”，属于侵犯注册商标专用权的行为，并根据第60条第2款对其进行行政处罚，责令杰思公司停止侵权、没收侵权商品并罚以违法经营额3倍的罚款。

二、争议焦点

本案中，当事人杰思公司的委托代理人认为公司不是生产假冒产品的主体，且不存在销售侵犯注册商标专用权商品的行为和意图，而调查人员则认为员工的职务行为应当由用人单位即杰思公司承担侵权责任，且从杰思公司与上海绿地集团所签合同来看，其购入这批侵权产品具有销售的意图。由此，本案的争议焦点可以归纳为以下两点：（1）包工包料的建筑装修承包工程中使用侵犯商标权的商品是否属于“销售侵犯他人注册商标专用权商品”的行为；（2）侵权行为属于个人行为还是公司行为，公司是否需要承担侵权责任。

三、法理分析

本案件经过调查及听证，最终认定包工包料的建筑装修工程中使用侵权产品也属于销售行为，且员工收购侵权产品属于职务行为，应当由用人单位即杰思公司承担侵权责任。浦东新区知识产权局作出这样的决定主要基于以下两个方面的考虑：

（一）建筑装修工程中使用侵权产品也可能构成商标侵权

《商标法》第57条未明确规定本条的“销售”具有特殊的含义，按照一般法律意义上对“销售”的理解，其是指以出售、租赁或其他方式向第三方提供产品或服务的行为，其目的通常在于转移商品所有权并获取对价。本案中所涉及的建筑装修承包工程中所谓的包工包料，一般是指承包人除了负责先行垫付劳务费用等施工费用外，还需以自己名义购入建筑装修所需要的材料，待工程完工后，通过与发包方之间的结算，收取包括施工劳务报酬以及先前所购买的建筑装修材料的价款在内的工程款项，同时其先前所购入的建筑材料的所有权也有偿转让给了发包人。一旦将包工包料建设工程的全过程分解来看，就可以明显地看出，在该过程中购买、使用并通过合同结算侵犯商标权的商品的行为符合“销售”的行为特征，构成“侵犯注册商标专用权的行为”：首先，使用价格相对低廉的侵权商品的建筑工程承包人，其“包料”行为具有营利性。若承包人购买侵权商品没有相关进货凭证及其他能证明该商品是合法取得的证据，说明其主观上明知或应知自己购买的是侵权商品，由此可以推断其具有通过材料购入时与结算时的价款之间的差价获取利益的主观目的。其次，由于工程的承包方在购买时就具有将材料通过建设工程的结算以高于成本价的价格“再出售”的主观目的，因此其不属于建筑材料的终端消费者。而对于建筑工程的发包方而言，通过最初对材料品牌的指定或最后的结算都能够知悉该工程所使用的材料品牌，而工程中实际使用的商品却并非来自于该品牌，由此会造成“发包方”这一商品的相关公众对商品来源的混淆。再次，劳动成果的交付方式可以界定为一种混合销售行为。混合销售行为是税法上的概念，属于“销售”行为的一种，其行为特点在于，在一项销售行为中，销售货物与提供非应税劳务由同一纳税人提供，价款从一个购买方取得，而本案中的包工包料行为包括承包人购买侵权产品，将劳务附着于侵权产品之上，最后通过结算将劳务与侵权产品的结合转移给发包方，其行为完全符合如上“混合销售行为”的特点。[1] 最后，该行为不仅使注册商标权人所销售商品的市场份额被侵占，若假冒商品质量不佳，还可能造成对商誉的损害，侵害商标权人的合法权益。

因此，本案中包工包料的建筑装修工程中使用侵权产品的行为以承包方为“出卖人”，发包方为“买受人”，符合“销售”行为的特征，同时会损害商标功能、造成对注册商标专用权的损害，构成“销售侵犯注册商标专用权的行为”。

（二）销售侵犯商标权的商品的侵权责任由公司承担

本案在听证过程中，杰思公司的委托代理人提出，涉事员工由于贪图差价才购买侵权商品，属于个人行为，因此侵权责任不应由杰思公司承担。但首先，本案要认定侵权的是“销售”行为而非此前的“购买行为”。如果调查人员不介入，则最终这批侵权商品就将直接在施工中被使用，并按照“包工包料”的约定，以杰思公司的名义在结算时向绿地集团收取相应的材料费，该材料结算费又必然会以商标权人费希尔厂所生产的相同商品的市场价为基础，而最终通过购入价格与结算价格之间的差价而赚取的利益也将归于杰思公司，因此“销售侵犯注册商标专用权”的行为主体也应当为杰思公司。其次，根据《侵权责任法》第 34 条：“用人单位的工作人员因执行工作任务造成他人损害的，由用人单位承担侵权责任。”因此，即使退一步认为“销售”行为是员工实际实施的，也应当认定由杰思公司对外承担商标侵权的法律责任，对内则可以依据公司内部规定对相关人员进行追责。

此外，杰思公司的委托代理人还提出公司层面对于购买侵权商品不知情，不应当承担侵权责任。首先，直接侵犯知识产权的侵权责任均不以主观过错

---

[1] 刘震言、王倩：《承包人在建设工程中使用侵犯商标权商品的行为性质》，载《人民司法（案例）》2018 年第 26 期。

为要件，[1] 其次，杰思公司购买侵权产品没有相关进货凭证，不满足我国《商标法》第 64 条第 2 款规定的“销售不知道是侵犯注册商标专用权的商品，能证明该商品是自己合法取得并说明提供者的，不承担赔偿责任”的规定。

四、案件启示

实践中，销售侵犯注册商标专用权的商品的商标侵权行为较为频发，由于销售行为与生产主体的脱离提高了对侵权商品生产者追责的难度，因此商标权人绕开生产者直接以销售商为被告起诉侵权的案例也屡有出现。对销售侵犯注册商标专用权的行为进行行政处罚，能够对相关人员起到一定的威慑作用。在包工包料的建筑装修承包工程中使用侵犯商标权的商品符合“销售”的行为特征，且损害了注册商标专用权，因此该行为应当被认定为“销售侵犯注册商标专用权的商品”的行为。此外，以承揽业务为主的建筑装修公司有做好企业内部知识产权培训的必要，确保企业员工在购入装修材料时尽到审查对方资质及确保材料质量的注意义务，否则员工个人的失职行为最后也可能需要由公司来承担赔偿责任，对公司自身也将产生负面影响。

（撰稿人：公佳卉）

[1] 王迁：《知识产权法教程》，中国人民大学出版社 2016 年，第 247-248 页。

将他人商标注册为域名使用是否侵犯商标权

——施华洛世奇有限公司与王晨昀等侵犯商标专用权纠纷案案例评析

一、案情概要

2009年，上海市黄浦区人民法院受理了施华洛世奇有限公司（以下简称“施华洛世奇公司”）诉王晨昀、上海王星信息技术有限公司（以下简称“王星公司”）侵犯商标专用权纠纷一案。本案中，王星公司将施华洛世奇公司享有注册商标专用权的商标注册为域名，并在对应网站出售号称来源于施华洛世奇品牌的水晶产品，本案主要涉及王星公司的行为是否构成商标权侵权的问题。

原告施华洛世奇公司，主要从事制造与销售水晶饰品业务，拥有“SWAROVSKI”“施华洛世奇”等4个涉案注册商标，核定使用的商品为国际商品分类第14类。

被告王晨昀是被告王星公司的法定代表人及股东。两被告在2006年分别注册了chinaswarovski.com与chinaswarovski.cn、swarovski8.cn、swarovski-shop.cn域名，后在对应网站上将原告4个涉案注册商标与其组合作为网站名称的主要部分与网页宣传内容，并出售号称来源于施华洛世奇品牌、实际购买于淘宝网店的水晶产品。案件审理过程中王晨昀将其注册的.com域名转让给王星公司，王星公司以书面形式表示同意接受法院裁判约束。

一审法院依据《商标法》《商标法实施条例》等相关规定，认定被告王星公司未经许可将原告注册商标注册为域名，在对应网站突出使用涉案注册商标并销售带有上述商标的水晶产品的行为，构成对原告施华洛世奇公司注册商标专用权的侵害，应赔偿损失、停止侵权。被告王晨昀由于不是涉案4个域名的实际持有人与相应网站的实际经营者，不构成商标侵权。

一审判决后王星公司不服，向上海市第二中级人民法院提出上诉。上海市第二中级人民法院经审理后认为，一审认定事实清楚，适用法律正确，作出驳回上诉、维持原判的终审判决。

二、争议焦点

本案中，原告施华洛世奇公司认为被告王晨昀、王星公司将与原告注册商标相近似的文字注册了4个域名，在对应网站突出宣传使用并销售假冒施华洛世奇注册商标的水晶产品的行为构成商标专用权侵权。对此，两被告主张涉案4个域名均指向同一网站经营者王星公司，不会导致公众误认与混淆，而且其将原告注册商标相近似的文字注册为域名的行为属于商标指示性使用，不构成商标侵权。由此，本案的争议焦点可以归纳为：被告王星公司将原告施华洛世奇公司的注册商标注册为域名，并在对应网站销售该品牌饰品的行为是否构成商标侵权。

三、法理分析

上海市黄浦区人民法院在对案件事实进行详细调查，并对以上争议焦点展开分析之后，认定被告王星公司将他人注册商标作为域名主体进行注册，在对应网站使用涉案商标进行宣传并销售号称施华洛世奇水晶产品的行为，具有引起消费者混淆与误认的可能性，故构成侵权，应停止侵权行为并消除影响、赔偿损失。法院直接援引《商标法》《最高人民法院关于审理商标民事纠纷案件适用法律若干问题的解释》与《最高人民法院关于审理涉及计算机网络域名民事纠纷案件适用法律若干问题的解释》的相关条文认定被告王星公司构成商标侵权，其中涉及如下讨论：被告王星公司将原告施华洛世奇公司的注册商标注册为域名，并在对应网站销售该品牌饰品的行为是否构成商标侵权。

将他人注册商标注册为域名行为是否侵犯商标权人的注册商标专用权，实际是商标专用权的禁止性权能范围是否可以扩展到互联网领域的问题。《最高人民法院关于审理计算机网络域名民事纠纷案件适用法律若干问题的解释》第4条规定了注册、使用域名等行为构成侵权的4个要件：“（一）原告请求保护的民事权益合法有效；（二）被告域名或其主要部分构成对原告驰名商标的复制、模仿、翻译或音译；或者与原告的注册商标、域名等相同或近似，足以造成相关公众的误认；（三）被告对该域名或其主要部分不享有权益，也无注册、使用该域名的正当理由；（四）被告对该域名的注册、使用具有恶意。”[1] 随后出台的《最高人民法院关于审理商标民事纠纷案件适用法律若干问题的解释》第1条第（3）项将“将与他人注册商标相同或者相近似的文字注册为域名，并且通过该域名进行相关商品交易的电子商务，容易使相关公众产生误认的”[2] 直接规定为《商标法》第52条第（5）项规定的“给他人注册商标专用权造成其他损害的行为”。[3] 以上规定是目前法院处理域名与商标纠纷案件中认定被告的域名注册使用行为构成商标侵权的主要依据。根据上述司法解释规定的4个要件，对被告王星公司的被控侵权行为分析如下：

第一个要件是“原告请求保护的民事权益合法有效”，在商标侵权案件中是指原告对涉案商标拥有合法有效的权利，即原告的注册商标专用权没有因为商标被撤销或无效而不复存在。本案中，在1987年至2004年间，经国家商标局核准，原告先后取得了涉案的4个注册商标，核定使用的商品类别为国际商品分类第14类。后经过原告多次续展，截至案件审理时上述4个注册商标均仍在有效期内，并且均没有被宣告无效或被撤销，所以施华洛世奇公司对涉案4个商标的注册商标专用权合法有效，符合司法解释的规定。

第二个要件是将与他人商标相同或相似文字注册为域名的行为可能导致相关公众产生混淆。商标法最首要的功能是保护标识与商品或服务提供者间真实的来源指示关系，[4] 及其所形成的商业声誉，商标保护的核心是防止混淆。所以只有商标的来源指示功能受到损害，消费者对商品或服务真实地提供者产生了误认或者错误联想进而影响其购买行为时，商标权才受到了损害。可见，混淆可能性是商标侵权的判断标尺。司法实践中，法院判断混淆可能性会考虑的因素有：请求保护商标的显著性与知名度、商标实际使用情况以及相关公众的注意程度等。

首先，商标的显著性，是指商标所具有的标示企业商品或服务出处并使之区别于其他企业之商品或服务的属性。作为商标保护制度的灵魂，对商标显著性的要求贯穿了注册商标的“一生”。TRIPs 协定第15条明确规定，具

---

[1] 《最高人民法院关于审理计算机网络域名民事纠纷案件适用法律若干问题的解释》第4条。

[2] 《最高人民法院关于审理商标民事纠纷案件适用法律若干问题的解释》第1条第（3）项。

[3] 《商标法》第52条第（5）项。

[4] 王迁：《知识产权法教程》，中国人民大学出版社2016年版，第392页。

有显著性的标记或标记组合才可以成为商标。[1] 我国《商标法》第9条要求申请注册的商标具有“显著特征，便于识别”，[2] 虽然没有采纳“显著性”一词，但该条实际上就是对商标显著性的要求。我国是实行商标注册取得制的国家，在商标申请注册阶段，只有具备显著性的标识才可能获得商标主管机关的核准注册。在商标侵权诉讼中，请求保护的商标显著性越强、商标与所指示的商品或服务的联系越紧密且稳定，商标权保护的强度与范围就越大，法官会更倾向于认定混淆可能性的存在。反之，针对显著性不强的商标，比如几个字母组合的简单商标，认定构成商标侵权就比较困难。现在学术界普遍认同商标的五分法，各种商标按显著性的高低依次可以分为：臆造商标、随意商标、暗示商标、描述性词汇与通用名称。当然，显著性是处于动态变化中的属性，缺乏固有显著性的标识，可以通过长时间大范围使用而产生识别商品来源的能力，即获得显著性。反之亦然，本身有较强固有显著性的商标也可能因为管理使用不当，而导致显著性丧失。本案中，“SWAROVSKI”属于臆造商标，在施华洛世奇公司将其申请注册为商标之前，该词语并不存在，也没有任何确定的含义。它与其所标示的水晶饰品间建立了唯一的、独特的联系，除了表明该水晶饰品来源于施华洛世奇公司，它没有任何其他的作用。[3] 所以，涉案“SWAROVSKI”商标具有很强的固有显著性，而且没有证据表明这一词汇由于原告的不当使用，已经丧失其固有显著性以致沦为水晶饰品的通用名称。

其次，商标的知名度与显著性通常存在正相关关系，是商标侵权损害赔偿数额认定应参考的重要因素。司法实践中法院认定商标知名度时一般会考虑相关公众的知晓程度、商标使用的强度、地理广度与时间长短、宣传商标的规模、商标的市场占有率等因素。知名度越大的商标，说明商标权人对其的广告投入、经营策划更多，其与所标识的商品或服务间的联系越紧密，这种更大的商誉就会得到商标法更强的保护。施华洛世奇公司自20世纪80年代进入中国市场以来，一直致力于提供高品质的切割水晶制品，经过其大量广泛的广告宣传与长期持续的业务经营，该品牌在中国已经具有较强的公众认知度与美誉度，涉案“SWAROVSKI”商标也曾经被法院认定为驰名商标。

---

[1] 《与贸易有关的知识产权协定》第15条第（1）款。

[2] 《商标法》第9条。

[3] 彭学龙：《商标显著性新探》，载《法律科学》2006年第2期。

最后，请求保护的商标实际使用情况也是判断混淆可能的关键因素，其原因在于商标法保护的不是孤立的一个个标识，而是标识经过使用后与商品产生的联系，以及附载在标识上的商誉。如果商标没有进行实际使用，消费者不会对某一商品产生来源信任，被控侵权行为就不会造成混淆误认，进而不正当的掠夺商标已经形成的商业成果与商誉。本案中，施华洛世奇公司自从取得涉案注册商标后，一直在中国对使用该商标的水晶饰品进行持续、广泛的宣传与销售，通过其积极的经营行为建立起涉案商标与水晶饰品间稳定的联系，积累了具备较高知名度，不存在商标“注而不用”的情况。

综上，被告王星公司注册的 4 个域名均包含原告注册商标对应英文“SWAROVSKI”，其中二级域名部分均以“swarovski”[1] 作为构成主体，其余构成部分没有实际含义或者篇幅较为短小。这些以“swarovski”作为主体的域名结构，透露出该网站与施华洛世奇公司有着法律或经济上的联系，比如是原告公司的经销商或代理商，能够绝对地吸引消费者的注意力。王星公司在涉案域名对应网站中出售号称施华洛世奇品牌的水晶饰品，与原告注册商标核定使用的商品完全相同，消费者非常容易混淆其域名与原告注册商标的区别，将涉案网站销售的水晶饰品误认为是施华洛世奇公司的商品。对涉案域名的混淆可能性作出如此认定，与涉案商标的显著性、知名度和实际使用情况是相符的，给予了其适当的商标权保护强度与范围。

第三个要件是指被告对其域名使用了注册商标的部分不具有合法利益或使用的正当理由。“合法利益”指被告对域名争议部分具有形式上与实质上都合法的权利依据，包括在先注册并且仍然有效的企业名称、商标等。“使用的正当理由”指域名对该商标的使用属于构成商标侵权抗辩的商标正当使用行为。比如在宏亿邦公司与百利达公司商标权侵权纠纷案中，原告宏亿邦公司拥有“TANITA 特需他”注册商标，核准用于第 9 类商品“酒精测试仪”上。宏亿邦公司起诉被告百利达公司将其商标注册为域名并在该网站销售酒精测试仪的行为侵犯其注册商标专用权。法院认为百利达公司基于其商号“TANITA”与注册商标“TANITA”，对域名“tanita.com.cn”中的英文部分“TANI-

[1] 原告施华洛世奇公司的涉案注册商标是大写英文字母组成的“SWAROVSKI”，被告将小写的“swarovski”注册为域名，两者没有实质区别。这是因为域名不区分英文字母的大小写，输入组成二级域名的英文词汇的大写或小写形式，均能访问域名所指向的网站。

TA”具有合法权益，拥有注册该域名的正当理由。❶

被告王星公司对“SWAROVSKI”文字不享有企业名称、著作权或者商标权等合法在先权益。“SWAROVSKI”作为施华洛世奇公司的臆造商标，其本身不存在语义性内容。这个词汇不能表示水晶饰品的原料、功能、重量等固有特征或本质属性，不属于任何一种水晶饰品的通用名称，也无法用于说明涉案网站销售的商品的用途或真实来源。所以在不符合任何商标侵权抗辩事由的情况下，被告的行为显然也不具备“使用的正当理由”。

值得注意的是，被告抗辩称，其使用“SWAROVSKI”作为域名主体属于指示性使用，不属于商标性使用，所以不构成商标侵权。这一抗辩意见没有被法院采纳，原因在于将注册商标用于域名予以注册并在对应网站经营相关业务，此种行为普遍被认为是一种商标性使用。消费者希望在互联网上寻找一家企业时，即使不知道该企业的网址，也会先尝试用该企业的商标或字号作为域名进行搜索。当域名包含了一个商标而该域名对应的网站恰好又出售或提供该注册商标所指示的商品或服务时，仅具有一般注意力的消费者会很自然地认为，网站所销售的商品或提供的服务来源于域名中商标的所有人，而将商标注册为域名的做法不过是商标权人为了吸引消费者在网络上认牌购物的宣传行为罢了。在美国杜邦公司诉北京国网信息有限公司计算机网络域名纠纷案中，法院认为，域名具有识别功能，是域名所有人在互联网上的标志。❷ 本案中，被告并不是为了说明所销售商品来源的真实信息而使用原告商标，而是为了使消费者产生产品来源的误认，不能认定为指示性正当使用抗辩。

第四个要件是被告注册、使用涉案域名具有恶意。《最高人民法院关于审理涉及计算机网络域名民事纠纷案件适用法律若干问题的解释》第 5 条第（2）项规定：“为商业目的注册、使用与原告的注册商标、域名等相同或近似的域名，故意造成与原告提供的产品、服务或者原告网站的混淆，误导网络用户访问其网站或其他在线站点的。”❸ 可见与普通商标侵权纠纷不同，域名侵犯商标权纠纷案件中，主观要件是必须予以认定的要素。被告要怀有导致

❶ 上海知识产权法院（2016）沪 73 民终第 309 号民事判决书。

❷ 北京市高级人民法院（2001）高知终字第 47 号民事判决书。

❸《最高人民法院关于审理涉及计算机网络域名民事纠纷案件适用法律若干问题的解释》第 5 条第（二）项。

来源混淆并利用混淆不正当地攫取原告商誉以进行网络营销的主观故意。如果被告不知情地注册了与他人注册商标相同或近似的域名，就不能将其当然地认定为商标侵权行为，这使得域名侵害商标权的行为与一般商标侵权行为的判断有所区别。

王星公司在其名称、地址、简称或其他任何方面均与“SWAROVSKI”无关的情况下，在涉案域名对应网页出售号称施华洛世奇牌的水晶饰品，并在网页上将原告注册商标及其组合用作宣传，明显具有攀附施华洛世奇公司在水晶饰品市场的商誉，以使消费者对其网站销售的水晶饰品来源产生混淆的恶意。

综上可见，被告王星公司将原告施华洛世奇公司的注册商标注册成域名，并在对应网页进行相关经营的行为，容易造成相关公众对产品来源的混淆，不正当地利用了施华洛世奇公司在水晶饰品行业的优良商誉，侵犯了原告注册商标专用权。

四、案件启示

本案是关于域名侵犯注册商标专用权的代表性案例，法院再次明确了将他人注册商标或相似文字注册成域名，并在对应网站从事相关经营业务的行为属于对标识的商标性使用，容易使消费者对网站销售或提供的商品或服务来源产生混淆，构成商标侵权。域名作为互联网上的“电子商标”具有巨大的商业价值，加上与商标存在不同特征，两者很容易出现冲突。企业在充分挖掘域名资源时，要遵循尊重在先权利、诚实信用等原则，在不侵害他人商标权的前提下注册使用域名，发挥域名在电子商务领域的积极作用。

（撰稿人：李慕黎）

如何认定特许经营商业模式中的商标侵权行为

——陈李亮行政处罚决定案案例评析

一、案情概要

涉案原告陈李亮及其他两人与案外人南京凯之美餐饮管理有限公司（以下简称“凯之美餐饮公司”）签订了《餐饮服务协议书》，使用了“授权商标”，经查，凯之美餐厅公司并未对其“授权商标”实际进行商标注册。2017年9月17日，陈李亮等3人的店铺正式对外营业，他们在店招及装潢上使用了“HEAKCAA”“港座喜茶”字样。2017年10月16日，有市民通过浦东新区市民服务热线进行投诉，反映陈李亮等3人经营的奶茶店是“喜茶”的山寨店。同年10月25日，上海市浦东新区知识产权局（以下简称“浦东知识产权局”）进行了现场检查并立案调查。经过调查，浦东知识产权局认为涉案店铺使用的“HEAKCAA喜茶”字样与深圳美西西餐饮管理有限公司（以下简称“美西西公司”）的在先注册商标近似，且使用在同种服务上，容易导致混淆，构成《商标法》规定的侵权行为。2017年12月15日，浦东知识产权局作出了浦知案处字〔2017〕第1520178323号行政处罚决定，责令陈李亮停止侵权行为，并处罚款4000元。

原告使用的标识	在先注册商标
“HEAKCAA”字样	HEEKCAA 第19122315号
“港座喜茶”字样	喜茶 第13595312号

陈李亮不服该行政处罚决定，提起诉讼。2018年5月17日，上海市浦东新区人民法院受理了陈李亮不服浦东知识产权局行政处罚决定一案。法院在查明事实后，依据《商标法》《行政诉讼法》等相关规定，认定原告的诉讼

请求缺乏事实和法律依据，因此不予支持。最终，法院驳回了原告陈李亮的诉讼请求。

二、争议焦点

本案中，原告陈李亮认为被告浦东知识产权局作出的行政处罚决定认定事实不清，适用法律错误，应予撤销。由此，本案最具争议的焦点是被告浦东知识产权局作出行政处罚决定所依据的事实认定是否有错，即原告陈李亮的行为是否符合“违法行为轻微并及时纠正，没有造成危害后果”因而应该免除行政处罚。

三、法理分析

上海市浦东新区人民法院在对案件事实进行详细调查，对该争议焦点展开详细论述之后，认定被告浦东知识产权局作出的行政处罚决定事实认定清楚、有充分法律依据、处罚适当，最终驳回了原告陈李亮的诉讼请求。在本案的审理过程中，以下两点值得特别关注。

（一）原告陈李亮能否免除行政处罚

被告浦东知识产权局作出行政处罚决定的事实依据和法律依据是最大的争议焦点，该焦点可以细分为 3 个问题：第一，原告陈李亮的侵权行为是否构成“轻微”；第二，原告陈李亮是否“及时纠正”了侵权行为；第三，原告陈李亮的侵权行为是否“没有造成危害后果”。[1]

1. 是否构成“轻微”

原告陈李亮主张其行为构成“轻微”的依据有二——时间依据和主观依据。原告陈李亮主张其使用未授权商标的时间仅仅为 1 个月。同时，原告陈李亮主张其使用行为是因为获得了案外人凯之美餐饮公司的授权，对于真实的商标授权情况不知情，因此没有主观侵权故意。然而，时间长短仅仅是“轻微”的判定参考因素之一，并不能直接推定“轻微”，另外，原告没有主观侵权故意的主张并不能得到支持，因为原告陈李亮并没有尽到合理注意义务。

侵权行为人的主观状态并不影响侵权行为认定，但是影响行政机关的量罚。本案中，原告陈李亮显然没有“明知”侵权，而是“应知”侵权，“应

[1] 《行政处罚法》第 27 条第 2 款。

知”与行为人的注意义务和注意程度有关联，属于过失。稍加注意就不至于有过失的，属于重大过失；欠缺善良管理人或与处理自己实务同样注意的，为轻过失。[1] 经营者稍加注意便能知晓商标的合法权利人，其应当负有较低程度的注意义务。而且，原告陈李亮没有主动查询案外人凯之美餐饮公司的商务特许经营部备案信息——该信息是公开的，进一步证明原告陈李亮没有尽到合理注意义务。

2. 是否“及时纠正”

判断纠正是否及时，关键在于侵权行为人采取纠正措施的时间节点，这是一个可以量化的因素。“及时”与否取决于纠正行为发生的时间点与“造成危害结果”时间点的先后关系。违法行为并未造成危害后果的情况下，违法行为人“积极配合查处，主动督促供货商予以整改”[2] 的行为被认定为“及时纠正”。

本案中，原告陈李亮并没有“及时纠正”侵权行为。首先，原告陈李亮是被动纠正的，纠正行为发生在被告浦东知识产权局进行执法检查之后，再者原告陈李亮是因为意识到自己因为侵权行为可能会被处罚才会纠正侵权行为的，而此时危害结果已经发生了。

3. 是否“没有造成危害结果”

危害后果是指违反行政法义务的行为在实施之后对法律所保护的利益产生的损害状况。行政处罚通常并不以损害结果的发生为基本要件，以行为人不履行行政法上的义务为基础。但是，特定行为所产生的危害后果通常能够反映出该行为的社会危害性的大小。这里的关键在于，“后果的范围必须以违反行政法义务的行为所指向的利益是否受到法律保护为标准，即利益未受到法律保护，就没有所谓的后果”。[3]

《商标法》规定的侵权行为包括“未经商标注册人的许可，在同一种商品上使用与其注册商标近似的商标，或者在类似商品上使用与其注册商标相同或者近似的商标，容易导致混淆的”[4]。“容易导致混淆”是一种危害结果，本案中原被告双方对“混淆”的认定没有争议。造成公众混淆即侵害了消费

[1] 郑玉波：《民法总则》，中国政法大学出版社 2003 年版，第 348 页。

[2] 上海市第一中级人民法院行政判决书（2014）沪一中行终字第 266 号。

[3] 章剑生：《违反行政法义务的责任：在行政处罚与刑罚之间》，载《行政法学研究》2011 年第 2 期。

[4] 《商标法》第 57 条第 2 款。

者的权益。此外，根据我国《商标法》的规定，该法不仅要保障消费者的利益，还以“保护……生产、经营者的利益，促进社会主义市场经济的发展”[1]为目的。显然，原告的行为已经侵害了第三人美西西公司，即商标合法权利人的合法权益，这也是一种危害结果。

（二）原告陈李亮“合法来源”抗辩[2]能否得到支持

虽然浦东新区人民法院并没有讨论原告陈李亮“合法来源”的主张是否成立，但是“合法来源”抗辩必然成为部分商标侵权人的重要依据，用于免除侵权赔偿责任。本案中，原告陈李亮称“并非有意使用被控侵权标识……在不知情的情况下使用授权商标，符合《商标法》第60条第2款和第64条第2款关于商标合法来源的规定”，而被告浦东知识产权局答辩称原告陈李亮不符合“合法来源”抗辩的使用主体。除去上文所述的主观“没有尽到合理注意义务”——属于“合法来源”抗辩的主观要件——之外，被告浦东知识产权局着重强调了两大原因：

（1）原告陈李亮的行为不是“销售”行为。原告陈李亮经营奶茶铺，提供的是餐饮服务。其在店招、店内宣传横幅、价目表以及奶茶杯上直接使用了“HEAKCAA”“港座喜茶”字样，是为了表明提供服务的来源，使消费者在消费时通过标识识别为其提供服务的服务者。被告浦东知识产权局认定原告陈李亮的行为构成《商标法》第57条第（二）项所指的行为，该行为属于“服务商标”的使用方式。

（2）原告陈李亮与案外人凯之美餐饮公司之间不属于“合法来源”中销售者与商品或者服务来源方的法律关系。本案中，原告陈李亮与案外人凯之美餐饮公司签订的是许可经营合同关系，并非原告向消费者出售凯之美餐饮公司提供的服务。

综上，被告浦东知识产权局认为原告陈李亮的行为不能满足“合法来源”抗辩的客观要件，不适用《商标法》中的“合法来源”抗辩条款。

根据我国的司法判例，“合法来源”抗辩一般由销售商提出，他们都有一条或多条进货渠道，[3] 涉案商标的种类是“商品商标”。销售商通常提供侵权

---

[1] 《商标法》第1条。

[2] 《商标法》第64条第2款。

[3] 王莉莎：《侵权商品销售者法定免责事由的认定标准》，载《人民司法》2012年第10期。

商品的相应商业发票、购货合同、付款凭证、供货商的主体资格、收款收据等证据材料证明其商品的合法来源。[1] 然而，以本案为例，加盟许可经营模式将“服务商标”放到了争议中心。和本案原告陈李亮一样，加盟商往往是将被许可商标用于产品宣传、装潢等行为，而不是通过进货渠道获得商品进行销售的行为。根据《商标法》的规定，“合理来源”抗辩的主体要件仅是销售商，因此，加盟商不能主张“合理来源”抗辩。

而且，“合法来源”抗辩适用于免除商标侵权纠纷中的民事赔偿责任。本案中，原告陈李亮不能满足免除赔偿责任的条件，举轻以明重，原告陈李亮的不应受行政处罚的主张当然不能成立，浦东知识产权局作出的行政处罚幅度是合法、适当的。

四、案件启示

商业特许经营在我国已显示出强劲的发展势头和广阔的市场前景。伴随而来的是特许经营的各种法律风险，特别是知识产权法律风险，不仅包括被侵权的风险，还有成为侵权人的风险。为了规避法律风险，加盟商不仅要忠实履行许可合同的条款，还要尽到“合理注意义务”。签订合同之前，加盟商应该进行事前审查，审查的内容包括合同成立的基础，如本案涉及的授权标识是否已合法注册为商标，授权人是否是合法适格的授权主体，加盟商应该具有知识产权保护意识。商业特许经营主要是一种成熟经营模式的复制，其核心是企业资源即知识产权的许可使用。因此，确保被许可知识产权的“合法来源”是每一个加盟商的基本功课。

市民举报是公众监督的手段之一，为行政机关执法提供了帮助。行政机关的处罚对象往往是直接面向消费者的加盟商，然而这些加盟商极有可能是被许可方欺骗的“受害者”。通过网络搜索，本案涉及的“港座喜茶”的招商活动仍在进行，阶段性的胜利不算胜利，行政机关真正面对的难题是从源头解决“山寨”乱象。

（撰稿人：蔡睿）

---

[1] 郭军涛、郭静：《商标侵权案件中被控侵权者合法来源抗辩的认定》，载《中华商标》2015 年第 2 期。

真假混合销售中如何计算违法经营金额

——上海汇康商贸有限公司侵犯注册商标专用权案案例评析

一、案情概要

当事人上海汇康商贸有限公司（以下简称“汇康商贸公司”）主要在网上从事各类保健品的销售，经浦东新区知识产权局调查，其自2015年3月起从淘宝网上购入标有“汤臣倍健”商标的褪黑素片、清好清畅胶囊，随后在其天猫和京东的网店上销售。而“汤臣倍健”是汤臣倍健股份有限公司注册的商标。上述产品经商标权人的代理人——广州市鼎捷翰知识产权代理有限公司鉴定为侵权商品，汇康商贸公司对鉴定结论无异议。但在案件处理中，汇康商贸公司辩称其不知道销售的商品为侵权商品，故仅承担停止销售责任。此外，因汇康商贸公司采取“真假”混合销售方式，所以其销售侵权产品的实际数量无法确定，对计算违法经营额造成困难。浦东新区知识产权局认为，汇康商贸公司虽然对所售商品是否侵权并不知情，但是无法证明侵权商品为自己合法取得并说明提供者，因此汇康商贸公司仍应当承担相应的行政责任。而在计算侵权人的违法经营额时，即使无法确定销售数量，行政机关也不能对此作出推定，只能以未售出产品数量为计算依据。最终，浦东新区知识产权局依据《商标法》第60条，责令汇康商贸公司停止销售侵权产品，没收汇康商贸公司未售出的侵权产品并处罚款8万元。

二、争议焦点

本案中，当事人汇康商贸公司销售标有“汤臣倍健”商标的商品，与商标权利人注册的商标相同，并且使用在同一种商品上，已构成侵犯注册商标专用权的行为。然而，汇康商贸公司虽承认实施了侵权行为，但认为其因不知道所售产品为侵权产品，所以不应承担除停止销售之外的行政责任。另外，汇康商贸公司销售的并不是全部为侵权产品，无法确定已售出侵权产品的实际数量，这对于违法经营额的计算构成障碍。据此，本案争议焦点如下：（1）当事人汇康商贸公司销售不知道是侵犯注册商标专用权的商品时，是否仅承担停止销售侵权产品的行政责任？（2）汇康商贸公司采用“真假”混合销售方式，致使销售侵权产品的实际数量无法确定时，如何计算其违法经营额？

三、法理分析

商标法与著作权法、专利法有所不同，其不仅要维护商标权人凝集在商标中的商誉，还要保护消费者的利益。因此，商标侵权行为一方面损害了商标权人的利益，导致其商品和服务的竞争力下降，故侵权人应当承担民事责任。而另一方面，侵权行为导致消费者对商品或服务的来源产生混淆，从而上当受骗，这也损害了公共利益，故侵权人在法定条件下应当承担行政责任。[1] 本文将对行政责任中“免责条款”的适用条件以及特殊情形下违法经营额的计算方式展开分析。

（一）适用“免责条款”须证明合法来源

根据《商标法》第60条的规定，工商行政管理部门在处理侵权纠纷时，认定侵权行为成立的，责令立即停止侵权行为，没收、销毁侵权商品和主要用于侵权的工具，并可以依据侵权人的经营情况处以罚款。另外，销售不知道是侵犯注册商标专用权的商品，能证明该商品是自己合法取得并说明提供者的，由工商行政管理部门责令停止销售。由此可见，《商标法》主要规定了3种侵犯商标专用权的行政责任，分别为责令停止侵权、没收销毁侵权商品和工具以及罚款。其中，前两项责任为商标侵权人必须承担的责任，而侵权人是否需要缴纳罚款、缴纳多少罚款，则属于行政机关的自由裁量范围。与此同时，《商标法》第60条为侵权产品的销售者提供了一项“免责条款”：满足“免责”条件的销售者仅须立即停止销售行为，而无须承担其他两项行政责任。

---

[1] 王迁：《知识产权法教程》，中国人民大学出版社2019年版，第522页。

在实践中，销售侵权商品是最为常见的行为，此种行为根据《商标法》第 57 条的规定构成侵犯注册商标专用权。在行政机关处理涉及销售行为的侵权纠纷时，经常有销售者以不知道所售商品为侵权商品为由，希望借助“免责条款”以避免承担没收、销毁和罚款的行政责任。那么是否只要销售者对侵权产品“不知情”就能够只承担停止侵权责任了呢？厘清该问题对于行政机关查处相关侵权行为并作出正确的处罚决定具有现实意义。

具体到本案，浦东新区知识产权局查处的商品与商标权人的商品为同种，并且这些商品未经权利人的许可，使用与其注册商标相同的商标，属于侵犯注册商标专用权的商品。依据《商标法》第 57 条的规定，当事人汇康商贸公司销售上述商品构成侵犯商标权。但是汇康商贸公司主张其不知道所售商品为侵权商品，故应当适用《商标法》第 60 条规定的“免责条款”，从而免除其停止侵权之外的其他行政责任。《商标法》第 60 条第 2 款明确规定：“销售不知道是侵犯注册商标专用权的商品，能证明该商品是自己合法取得并说明提供者的，由工商行政管理部门责令停止销售。”据此，要想适用“免责条款”，销售者应当同时满足两个条件：第一，不知道所售商品为侵权商品；第二，能够证明商品的合法来源。根据《商标法实施条例》第 79 条的规定，下列情形属于《商标法》第 60 条规定的能证明该商品是自己合法取得的情形：“（一）有供货单位合法签章的供货清单和货款收据且经查证属实或者供货单位认可的；（二）有供销双方签订的进货合同且经查证已真实履行的；（三）有合法进货发票且发票记载事项与涉案商品对应的；（四）其他能够证明合法取得涉案商品的情形。”然而在本案中，汇康商贸公司不能提供有供货单位合法签章的供货清单和货款收据、有供销双方签订的进货合同及合法进货发票等相关证据，故不符合上述合法取得的情形，无法认定涉案侵权商品为汇康商贸公司合法取得。因此，汇康商贸公司不仅要承担停止销售侵权产品的责任，还须承担其他行政责任。

（二）“真假”混合销售的违法经营额计算

根据《商标法》第 60 条第 2 款的规定，侵权人的违法经营额在 5 万元以上的，行政机关可以对其处违法经营额 5 倍以下的罚款；而侵权人没有违法经营额或者违法经营额不足 5 万元的，行政机关可以处 25 万元以下的罚款。由此，侵权人的违法经营额成为行政机关作出罚款处罚的关键依据，故正确计算违法经营额尤为重要。在本案中，汇康商贸公司实际销售的产品并非全是侵权商品，其采用的是“真假”混合销售方式，这导致浦东新区知识产权局无法查明已售出侵权产品的实际数量。那么应当如何计算汇康商贸公司的违法经营额呢？

1. 切忌推定侵权产品的销售数量

根据 1990 年国家工商行政管理局商标局作出的《关于商标侵权案件中非法经营额问题的批复》，对于经销侵犯他人注册商标专用权商品的行为，其非法经营额计算既包括已售产品，也包括未售出的产品。而本案汇康商贸公司因采取“真假”混合销售模式，其实际售出的侵权产品数量无法确定，行政机关仅查获了汇康商贸公司库存待售的侵权产品。那么行政机关能否根据销售记录推定侵权产品的销售数量呢？答案是否定的。“推定”行为缺乏明确法律依据，违反了“法无规定不可为”的依法行政原则，不符合公平公正的执法要求。故浦东新区知识产权局没有推定侵权产品的销售数量，而只按照未售出的产品数量计算违法经营额。

2. 确定侵权产品价格的参考依据

根据《商标法实施条例》第 78 条的规定，计算违法经营额可以考虑下列因素：“（一）侵权商品的销售价格；（二）未销售侵权商品的标价；（三）已查清侵权商品实际销售的平均价格；（四）被侵权商品的市场中间价格；（五）侵权人因侵权所产生的营业收入；（六）其他能够合理计算侵权商品价值的因素。”因为汇康商贸公司销售侵权产品的数量无法确定，所以行政机关在计算违法经营额时无法以实际销售价格作为计算单价。于是，浦东新区知识产权局根据前述第（四）项规定的“被侵权商品的市场中间价格”，将汇康商贸公司已经售出的涉案产品（其中包括不侵权的商品）的平均售价为计算单价。

四、案件启示

实践中，行政机关在处理销售侵犯商标权商品的纠纷时，销售者经常会抗辩因其不知道所售商品侵权，所以可依据《商标法》第 60 条免于承担部分行政责任。那么是否只要销售者对侵权产品“不知情”就仅承担停止侵权责任了呢？另外，如果销售者采用“真假”混合销售模式，在不能确定其销售侵权产品的实际数量时，违法经营额又该如何计算？厘清上述问题对于行政机关作出处罚决定具有现实意义。本案再次明确了，销售者要想适用“免责条款”，不仅需要“不知情”，还必须证明商品的合法来源。而当无法确定销售数量时，行政机关不能对此作出推定，而只能以未售出的数量为依据计算违法经营额。

（撰稿人：孟凡生）

权利人实际使用商标的情况对侵权人的法律责任认定有何影响

——云南城投置业股份有限公司与山东泰和世纪投资有限公司、济南红河饮料制剂经营部商标权侵权纠纷案案例评析

一、案情概要

2008年，最高人民法院提审了云南城投置业股份有限公司（以下简称“云南城投公司”）与山东泰和世纪投资有限公司（以下简称“山东泰和公司”）、济南红河饮料制剂经营部（以下简称“济南红河经营部”）商标权侵权纠纷案。本案主要涉及的问题是：一审被告云南城投公司是否侵犯一审原告山东泰和公司与济南红河经营部的“红河”注册商标专用权，以及云南城投公司应当如何承担侵权责任。

1997年6月7日，大兴安岭北奇神保健品有限公司在第32类的啤酒、饮料制剂上注册了“红河”文字商标，注册证号为第1022719号。该公司于2000年11月28日将此商标转让给济南红河经营部。2002年3月2日，济南红河经营部与山东泰和公司签订商标使用许可合同，许可山东泰和公司在全国独家使用“红河”商标，许可期限自2002年1月1日至2004年12月31日。

云南城投公司于2001年7月24日申请注册“红河红”商标，最终商标局裁定该注册申请不予核准。但该公司自2002年起一直在其生产的啤酒上使用“红河红”商标，且在其销售部的广告挂旗上使用“红河啤酒”字样。山东泰和公司与济南红河经营部遂以侵犯商标权为由将云南城投公司诉至佛山市中级人民法院。

本案一审法院认为，云南城投公司使用的“红河红”商标与一审原告的

“红河”商标构成近似，其在广告挂旗上使用的“红河”字样与“红河”商标文字完全相同，其行为已经足以误导公众，使相关公众对“红河红”啤酒的来源产生误认，侵犯了一审原告就“红河”商标享有的注册商标专用权。最终，一审法院全额支持原告的赔偿请求，判决云南城投公司支付损害赔偿金 1000 万元。

云南城投公司不服一审判决，提起上诉。二审法院根据与一审基本相同的理由，判决驳回上诉，维持原判。

云南城投公司不服二审判决，向最高人民法院申请再审。最高人民法院认为，“红河红”与“红河”商标并不近似，云南城投公司使用“红河红”商标的行为不足以使消费者产生混淆或误认，未侵犯一审原告的注册商标专用权。但云南城投公司在广告挂旗上使用“红河啤酒”字样的行为构成侵权。最终，法院酌定一审被告赔偿一审原告共计 2 万元。

二、争议焦点

本案中，一审原告山东泰和公司与济南红河经营部认为一审被告云南城投公司侵犯了其注册商标专用权，并主张 1000 万元损害赔偿金。一审被告云南城投公司辩称其使用的“红河红”与“红河”商标不近似，不存在使消费者产生混淆或误认的可能，且一审原告并未真实使用其注册商标，使用“红河红”商标不可能对一审原告造成损失。由此，本案的争议焦点可以归纳为以下两点：（1）一审被告云南城投公司使用“红河红”字样是否侵犯“红河”注册商标专用权；（2）一审被告云南城投公司应当如何承担侵权责任。

三、法理分析

最高人民法院根据再审中查明的案件事实，综合考量双方当事人提交的证据后，对以上争议焦点分别展开了论证。最终，法院认定一审被告云南城投公司使用的“红河红”与“红河”商标并不近似，使用“红河红”字样的行为不足以使消费者产生混淆，未侵犯一审原告的“红河”注册商标专用权。但是，云南城投公司在广告挂旗上使用“红河啤酒”字样的行为构成侵权。由于一审原告未能举证证明其实际损失，法院对其主张的 1000 万元损害赔偿金请求不予支持，最终酌定一审被告赔偿一审原告 2 万元。关于上述判决结果，法院主要基于以下两个方面的考虑：

（一）一审被告云南城投公司使用“红河红”字样的行为不足以使消费者产生混淆

需要注意的是，本案适用的是2001年《商标法》，该法第52条规定，“未经商标注册人的许可，在同一种商品或者类似商品上使用与其注册商标相同或者近似的商标”属于侵犯注册商标专用权的行为。该条并未将混淆可能性作为构成商标侵权的要件之一。而2002年最高人民法院发布了《最高人民法院关于审理商标民事纠纷案件适用法律若干问题的解释》，其中第9条第2款规定：“商标近似，是指被控侵权的商标与原告的注册商标相比较……易使相关公众对商品的来源产生误认或者认为其来源与原告注册商标的商品有特定的联系。”这一司法解释实际上将“混淆可能性”作为了构成“商标近似”的要件之一，进而使法院在判决构成商标侵权时，须以存在混淆可能性为前提。

从商标法的立法目的来看，法院将“混淆可能性”作为商标侵权判断要件之一是较为合理的。商标法不仅要维护商标权人凝集在商标中的商誉，还要维护消费者的利益，即防止消费者对商品来源产生混淆。正因如此，国际条约以及绝大多数国家都将“混淆可能性”作为构成商标侵权的必要条件。例如，TRIPs协定第16条明确规定，注册商标权人行使禁止权的前提是他人的行为具有“导致混淆的可能性”；《欧共体商标一号指令》及《欧共体商标条例》均将“可能导致混淆”作为在同类商品上使用近似商标、在类似商品上使用相同商标和在类似商品上使用近似商标构成商标侵权的前提条件；[1]美国《兰哈姆法》也明确规定，构成商标侵权的前提是“可能导致混淆”；[2]可见，该司法解释的这一规定与TRIPs协定以及大多数国家的立法相一致，更符合商标法的立法目的。[3]

因此，在本案中，判断云南城投公司使用“红河红”是否侵犯“红河”注册商标专用权，其关键在于云南城投公司使用“红河红”字样的行为是否足以导致消费者产生混淆。对此，本案一、二审法院均认为：

---

[1] First Council Directive 89/104/EEC of 21 December 1988 to Approximate the Laws of the Member States Relating to Trade marks, Article 5.1; Council Regulation (EC) No 40/94 of 20 December 1993 on the Community Trade Mark, Article 9.1.

[2] 15 U. S. C. 1114 (1).

[3] 孔祥俊：《商标法与不正当竞争法原理和判例》，法律出版社2009年版，第321页。

> "'红河红'与'红河'……在文字构成、读音、含义及整体外观等方面差别不大，已构成近似，容易引起相关公众对商品的来源产生误认。"❶

但最高人民法院对此持不同意见，其在判决书中指出：

> "使用'红河红'商标的行为是否侵犯'红河'注册商标专用权，需要判断'红河红'商标与'红河'注册商标是否构成侵犯注册商标专用权意义上的近似商标……判断是否构成侵犯注册商标专用权意义上的商标近似，不仅要比较相关商标在字形、读音、含义等构成要素上的近似性，还要考虑其近似是否达到足以造成市场混淆的程度。为此，要根据案件具体情况，综合考虑相关商标的显著性、实际使用情况、是否有不正当意图等因素，进行近似性判断。"❷

再审法院强调，在判断是否足以导致消费者混淆时，需要根据案件具体情况，综合考虑相关商标的显著性、实际使用情况以及是否有不正当意图等因素。本案中，"红河"是县级以上行政区划名称和知名度较高的河流名称，并非臆造词语，其作为商标的显著性不强。而"红河红"经过云南城投公司较大规模的持续性使用，已经具有一定的市场知名度，已形成识别商品的显著含义，已与"红河"商标产生整体性区别。再审法院依据上述理由，认为云南城投公司的使用行为不会导致消费者产生混淆或误认，这一认定思路是值得肯定的。反观一、二审法院的判决，其仅从商标的字形、读音、含义等方面进行近似性判断，进而直接认定使用"红河红"字样足以误导公众，使相关公众对"红河红"啤酒的来源产生误认。这一结论显然缺乏了对是否存在"混淆可能性"的论证。

此后，2017 年《最高人民法院关于审理商标授权确权行政案件若干问题的规定》第 13 条就"认定诉争商标的使用是否足以使相关公众认为其与驰名商标具有相当程度的联系，从而误导公众"所需考虑的因素作出了明确规定，包括："（一）引证商标的显著性和知名程度；（二）商标标志是否足够近似；（三）指定使用的商品情况；（四）相关公众的重合程度及注

---

❶ 广东省高级人民法院（2006）粤高法民三终字第 121 号民事判决书。

❷ 最高人民法院（2008）民提字第 52 号民事判决书。

意程度；（五）与引证商标近似的标志被其他市场主体合法使用的情况或者其他相关因素。”该规定虽然是针对驰名商标作出的，但对于普通商标间的混淆判断也具有极大的参考价值。这也印证了本案再审法院在认定“混淆可能性”时，考虑商标显著性、知名程度以及使用情况等因素的正确性。

综上，法院在判决中纳入“混淆可能性”要件，综合考虑本案中“红河红”商标与“红河”注册商标的字形、读音、含义以及二者的显著性程度和知名度、商标实际使用情况等相关因素，最终认定云南城投公司使用“红河红”字样的行为未侵犯一审原告的“红河”注册商标专用权，是正确的。

（二）一审被告云南城投公司仅需赔偿一审原告制止侵权所产生的合理费用

本案的第二个焦点为云南城投公司应当如何承担侵权责任。云南城投公司在广告挂旗上使用“红河啤酒”字样属于侵权行为，应当承担停止侵权的责任是毋庸置疑的。本案的特殊性在于，一审原告未能证明其已实际使用“红河”注册商标。这一情节是否会影响到损害赔偿额的计算？易言之，若商标权人未实际使用其注册商标，该如何确定被告应承担的损害赔偿责任？

我国商标法采用的是注册取得制，但商标权受保护的根本原因在于其承载了商标权人的商誉。商标只有在实际使用中才能发挥识别作用并积累商誉，商标注册能够起到公示作用，但与商誉的增减无关。如果商标在注册后并未投入实际使用，则他人未经许可使用注册商标的行为就不涉及不正当地利用商誉，更无谈给商标权人造成经济损失。[1] 在本案中，一审原告自获得“红河”注册商标权以来，从未对该商标进行实际使用，在啤酒市场上没有产生影响与相应的消费群体。云南城投公司在广告挂旗上使用“红河啤酒”字样虽然侵犯了一审原告的商标专用权，但不存在借用“红河”商标尚未建立起来的商誉来推销自家产品并从中获利的可能，更不会对后者造成经济损失。如果商标法赋予“注而不用”的商标权利人以完整的损害赔偿请求权，无异于鼓励商标恶意抢注与囤积行为，违背商标法的基本价值。

其次，从民事侵权责任的角度分析，没有损害则没有赔偿。所谓损害，是指侵害行为给受害人造成的不利后果。损害作为侵权损害赔偿责任的构成要件，是由侵权责任法的本质和社会功能决定的。法律要求侵权人承担民事

[1] 王迁：《知识产权法教程》，中国人民大学出版社 2016 年版，第 517 页。

责任的目的在于补偿受害人所受的损害，使其利益尽可能恢复到如同未曾受损的状态。[1] 简而言之，适用“赔偿损失”这一民事责任的前提是存在损失。如前所述，既然一审被告的行为不会对一审原告造成经济损失，那么一、二审法院全额支持后者主张 1000 万元损害赔偿金便于法无据。因此，最高人民法院在判决书中指出：

> “对于不能证明已实际使用的注册商标而言，确定侵权赔偿责任要考虑该商标未使用的实际情况。被申请人没有提交证据证明其‘红河’注册商标有实际使用行为，也没有举证证明其因侵权行为受到的实际损失……被申请人为制止侵权行为客观上会有一定的损失，本院综合考虑本案的情况，酌定申请再审人赔偿两被申请人损失共计 2 万元。”[2]

最高人民法院最终判决一审被告赔偿 2 万元合理费用，也即否定了一审原告主张的高达 1000 万元的损害赔偿金请求，纠正了原审判决中错误的法律适用。

在本案判决作出后，最高人民法院于 2009 年发布了《关于当前经济形势下知识产权审判服务大局若干问题的意见》，其中第 7 条明确指出：“请求保护的注册商标未实际投入商业使用的，确定民事责任时可将责令停止侵权行为作为主要方式，在确定赔偿责任时可以酌情考虑未实际使用的事实，除为维权而支出的合理费用外，如果确无实际损失和其他损害，一般不根据被控侵权人的获利确定赔偿。”该规定进一步明确了注册商标实际使用情况与损害赔偿责任的关系，为各级法院审判此类案件提供了有益指导。此后，2013 年《商标法》吸收了上述意见的内容，在第 64 条中规定：“注册商标专用权人不能证明此前三年内实际使用过该注册商标，也不能证明因侵权行为受到其他损失的，被控侵权人不承担赔偿责任。”可见，后续的立法变动和出台的司法政策都印证了：若商标权人未实际使用其注册商标，则在侵权诉讼中一般不能获得损害赔偿金。

---

[1] 汪泽：《未使用注册商标的民事救济与限制——评中农科公司诉中农集团公司侵犯“中农”商标权案》，载《知识产权》2006 年第 3 期。

[2] 最高人民法院（2008）民提字第 52 号民事判决书。

四、案件启示

法院在商标侵权案件中，应当如何认定混淆可能性以及如何处理注册商标实际使用情况与损害赔偿责任的关系？本案对这两个问题具有典型的指导意义。法院对混淆可能性的认定不能仅考虑商标间形、音、义的相似，还应当结合诉争商标的显著性、知名程度以及使用情况等因素综合判断。

如果注册商标权利人未实际使用商标，那么被控侵权人的行为往往不涉及不正当地利用商誉，也不会对权利人造成经济损失，无须承担损害赔偿责任。对企业而言，本案的意义在于促进企业对商标的实际使用，激活闲置的商标资源。

（撰稿人：徐慧斌）

■ 特殊商标的侵权判断与责任承担

证明商标权利人如何保护其商标专用权

——舟山市水产流通与加工行业协会与北京申马人食品销售有限公司、北京华冠商贸有限公司侵害商标权纠纷上诉案案例评析

一、案情概要

上诉人舟山市水产流通与加工行业协会（以下简称“舟山水产协会”）因侵犯商标专用权纠纷一案，不服北京市第一中级人民法院（2011）一中民初字第9242号民事判决，向北京市高级人民法院提起上诉。本案中，被上诉人北京申马人食品销售有限公司（以下简称“申马人公司”）在涉案商品上突出标注的“舟山精选带鱼段”，包含舟山水产协会享有商标专有权的证明商标，本案主要涉及申马人公司的行为是否构成商标权侵权的问题。

2005年11月23日，上诉人舟山市水产流通与加工协会申请注册第5020381号“舟山带鱼 ZHOUSHANDAIYU 及图”证明商标（即涉案商标），核定使用商品为第29类带鱼（非活的）、带鱼片。2008年11月20日，该商标获得初步审定公告，同时《“舟山带鱼”证明商标使用管理规则》（简称《管理规则》）予以公告。按照《管理规则》的规定：“舟山带鱼”是经注册的证明商标，用于证明“舟山带鱼”的品质。

被上诉人申马人公司是带鱼的生产商，申马人公司在其生产的带鱼商品

上，以突出方式标注“舟山精选带鱼段”。申马人公司也并未向舟山水产协会提出使用涉案商标的要求。

被上诉人北京华冠商贸有限公司（以下简称“华冠公司”）是带鱼的销售商，华冠公司买入申马人公司所生产加工的带鱼商品后，在其下属的购物中心进行销售。上诉人舟山水产协会在一审起诉前就向被上诉人华冠公司寄送律师函，要求华冠公司停止侵权，赔偿损失。

二审法院依据《商标法》第52条第5款、第56条，《商标法实施条例》第50条第1款之规定，认定被上诉人申马人公司在涉案商品上标注“舟山精选带鱼段”的行为，构成侵犯涉案商标专用权的行为，应承担停止侵权、赔偿损失的法律责任；被上诉人华冠公司作为涉案商品的销售者，能够证明其销售的涉案商品来自申马人公司，且在收到舟山水产协会的律师函后下架了涉案商品，故其无须承担赔偿责任。

二、争议焦点

本案中，上诉人舟山水产协会认为被上诉人申马人公司、华冠公司未经许可生产、销售在外包装上突出使用“舟山带鱼”字样的商品，容易造成公众混淆，构成商标权侵权。对此，上诉人申马人公司主张其生产加工的带鱼系来自舟山地区的带鱼，对“舟山带鱼”文字的使用是合理使用，没有侵犯舟山水产协会的权利；被告华冠公司主张其通过合法的购销渠道，对申马人公司的产品进行了审核，并已经及时对涉案商品下架，和申马人公司进行了沟通，不应当承担赔偿责任。本案的争议焦点可以归纳为：被上诉人申马人公司在没有向证明商标注册人提出使用商标要求的情况下，使用证明商标中的地理标志的行为，是否构成侵权？

三、法理分析

北京市高级人民法院根据现有证据认定案件事实，对争议焦点展开论证之后，认定在被上诉人申马人公司不能证明其生产、销售的带鱼商品原产地为浙江舟山海域的情况下，被上诉人在其带鱼商品上标注“舟山精选带鱼段”的行为，构成侵害涉案商标专用权的行为，被上诉人应承担停止侵权、赔偿损失的法律责任；被上诉人华冠公司能够证明其销售的产品来自申马人公司，系合法取得，不需承担赔偿责任，同时华冠公司已经下架了涉案商品，对舟山水产协会要求华冠公司停止侵权的主张，不再处理。需要说明的是，由于本案被上诉人申马人公司未能充分举证证明其生产、销售的带鱼产品确实产于浙江舟山海域，法院判决被上诉人申马人公司败诉。如果商品产于浙江舟山海域，二审法院认为虽然没有提出使用证明商标的要求，生产、销售商品的自然人、法人或其他组织有权正当使用地理标志。法院审理结果可以从以下 3 个层面进行分析：

（一）证明商标与一般商标在侵权认定上的区别

根据《商标法》第 3 条第 1 款："经商标局核准注册的商标为注册商标，包括商品商标、服务商标和集体商标、证明商标。"此处进行比较的一般商标是指商品商标和服务商标（以下简称"一般商标"）。本案中上诉人舟山水产协会在第 29 类带鱼、带鱼片商品上注册了"舟山带鱼 ZHOUSHANDAIYU 及图"证明商标。关于被上诉人申马人公司和华冠公司的行为是否侵犯了舟山水产协会的商标权，首先，被上诉人涉嫌侵犯的是上诉人舟山水产协会的证明商标专用权而非一般商标专用权。这两类商标虽然都属于注册商标，但在具体的侵权认定上，两者存在区别。

"商标是用来区别商品来源的标志，防止混淆是商标保护的基本出发点。"[1] 一般商标和证明商标的主要功能均在于识别商品或服务的来源或出处，从而防止混淆。"混淆或混淆的可能是划定商标权保护范围的基础，又是认定使用行为是否构成侵权行为的界限。"[2]

一般商标和证明商标在侵权认定上的区别表现为，在认定发生混淆或混淆的可能时，两者所侧重的对象不同。一般商标用于识别不同生产者或经营者提供的商品或服务。商品商标，是指商品的生产者或经营者，为了使自己生产或经营的商品与他人生产或经营的商品相区分而使用的标志。[3] 就同一商品或服务而言，不同生产者、经营者提供的商品或服务在质量、风格等方面存在着差异，这些差异成为影响消费者选择的主要因素之一。自然人、法人或其他组织为了避免自己生产或经营的商品或服务与他人的商品或服务发生混淆，误导消费者，选择注册商标，在其生产或经营的商品或服务

---

[1] 吴汉东：《知识产权法》，法律出版社 2014 年版，第 290 页。

[2] 吴汉东：《知识产权法》，法律出版社 2014 年版，第 291 页。

[3] 王莲峰：《商标法》，清华大学出版社 2008 年版，第 8 页。

上取得商标专用权。因此，一般商标的作用在于，避免不同生产者或经营者提供的商品或服务发生混淆。同样地，《商标法》第 57 条规定的“容易导致混淆”，对于一般商标而言，是指公众对不同生产者或经营者提供的商品或服务容易产生混淆。

我国《商标法》第 3 条第 3 款规定：“本法所称证明商标，是指由对某种商品或者服务具有监督能力的组织所控制，而由该组织以外的单位或者个人使用于其商品或者服务，用以证明该商品或者服务的原产地、原料、制造方法、质量或者其他特定品质的标志。”不同于一般商标，证明商标时用于识别该商品或服务的原产地、原料、制造方法、质量或其他特定品质。正如一审法院所言：“是否侵犯证明商标权利，不能以被控侵权行为是否容易导致相关公众对商品来源产生混淆作为判断标准，而应当以被控侵权行为是否容易导致相关公众对商品的原产地等特定品质产生误认作为判断标准。”[1]

本案中，上诉人舟山水产协会是证明商标专用权人，该证明商标是用于证明“舟山带鱼”的品质。使用“舟山带鱼”证明商标的产品的生产地域范围为浙江省舟山渔场特定生产区域。由于被上诉人申马人公司不能证明其生产的商品为浙江舟山海域，申马人公司在其生产、销售的商品上突出标注“舟山精选带鱼段”，构成侵害证明商标专用权的行为，申马人公司应当承担停止侵权，赔偿损失的法律责任。被上诉人华冠公司销售侵犯注册商标专用权的商品，也属于侵害注册商标专用权的行为。根据《商标法》第 64 条第 2 款的规定，华冠公司已经提供证据证明商品系合法取得，商品的提供者为申马人公司，因此华冠公司无须承担赔偿责任。除此之外，华冠公司已经下架涉案商品，已经不存在继续侵权的行为，因此法院没有处理上诉人舟山水产协会要求华冠公司停止侵权的主张。

(二) 地理标志证明商标与证明商标在侵权认定上的区别

《商标法实施条例》第 4 条第 1 款规定：“商标法第十六条规定的地理标志，可以依照商标法和本条例的规定，作为证明商标或者集体商标申请注册。”因此，地理标志证明商标是指以地理标志申请注册的证明商标。《商标法》第 16 条第 2 款规定：“前款所称地理标志，是指标示某商品来源于某地区，该商品的特定质量、信誉或者其他特征，主要由该地区的自然因素或者

[1] 北京市高级人民法院（2012）高民终字第 58 号民事判决书。

人文因素所决定的标志。”为了达到标示来源地区的目标，地理标志本身通常直接包含了特定地区的名称。“地理标志是一种指示性标志，标示着特定的地域、地区或地点。”❶

根据《商标法实施条例》第4条第2款规定：“以地理标志作为证明商标注册的，其商品符合使用该地理标志条件的自然人、法人或者其他组织可以要求使用该证明商标，控制该证明商标的组织应当允许。”地理标志证明商标与证明商标在侵权认定上的区别在于，前者通常需要判断他人涉嫌侵权的行为，是否属于对于地理标志的正当使用。就本案而言，一审法院认为：

> “本案中，涉案商标‘舟山带鱼ZHOUSHANDAIYU及图’系作为证明商标注册的地理标志，即证明商品原产地为舟山海域的标志。因此，在原产于舟山海域的带鱼上标注‘舟山精选带鱼段’属于对地理标志的正当使用，并不侵犯舟山水产协会的商标权利。”❷

二审法院也持同样的观点，只要商品确产于浙江舟山海域，自然人、法人或其他组织有正当使用该地理标志的权利。

根据《商标法》中地理标志的定义，《商标法实施条例》中“符合该地理标志条件”指的是符合地理标志所标示的商品来源的地区。值得注意的是，根据《集体商标、证明商标注册和管理办法》第18条第2款规定：“实施条例第六条第二款中的正当使用该地理标志是指正当使用该地理标志中的地名。”《商标法实施条例》于2014年进行了修订，管理办法中所指的应是目前《商标法实施条例》第4条第2款。因此，只要商品来源于地理标志标示的商品来源的地区，自然人、法人或其他组织有正当使用该地理标志中地名的权利。

（三）地理标志证明商标权人的权利边界

《商标法》第3条第3款规定：“本法所称证明商标，是指由对某种商品或者服务具有监督能力的组织所控制，而由该组织以外的单位或者个人使用于其商品或者服务，用以证明该商品或者服务的原产地、原料、制造方法、质量或者其他特定品质的标志。”根据证明商标的定义，证明商标权人本身不

❶ 曹新明：《知识产权法学》，中国人民大学出版社2008年版，第345页。

❷ 北京市高级人民法院（2012）高民终字第58号民事判决书。

能使用该商标。因此，证明商标权人的商标专用权并非用于排除他人生产的商品或服务与自己所生产的商品或服务相混淆。正如上述第一点所论证的，一般商标与证明商标的区别在于混淆的对象不同，证明商标是用于识别该商品或服务的原产地、原料、制造方法、质量或其他特定品质，一般商标用于识别不同生产者、经营者提供的商品或服务。因此，证明商标权人的权利范围在于，禁止不具备原产地等特定品质商品的生产商或经营商在其商品上标注证明商标。

值得说明的是，地理标志是一种集体性的共有权利，是基于商品产地的自然条件和人文条件产生的。“产地内的所有企业和个人只要其产品符合真实、稳定的传统条件，具有一定的质量和特点，就可以使用该地理标志。”[1]根据《商标法实施条例》第 4 条第 2 款，“以地理标志作为证明商标注册的，其商品符合使用该地理标志条件的自然人、法人或者其他组织可以要求使用该证明商标，控制该证明商标的组织应当允许。”《商标法实施条例》的规定与前述《商标法》所限定的权利范围也是相符合的。不同的是，由于地理标志自身的特殊性，对于地理标志证明商标而言，商品需要满足的特定品质是商品来源于地理标志所标示的地区。

需要注意的是，《商标法》在第 4 条第 2 款中提到自然人、法人或其他组织可以要求使用该证明商标。但是，自然人、法人或其他组织即使不要求使用，只要其生产、经营的商品符合使用该地理标志的条件，就可以使用该地理标志。“集体商标的注册本身就是为了保障所有来自该地理区域的经营者使用地理标志的权利，而不是为了垄断本身就应为该区域所有经营者所共享的资源。”[2] 以地理标志申请注册证明商标也是更好保护该地区的生产者和经营者。不向控制该证明商标的组织提出要求，该地区的生产经营者便不能使用地理标志，这样的规定会不当扩大地理标志证明商标权人的权利范围，也与地理标志作为一种集体性共有权利的属性相抵触。就本案而言，如果被上诉人申马人公司生产的商品确实产于浙江舟山海域，则舟山水产协会不能剥夺其正当使用地理标志的权利。由于被上诉人申马人公司提交的证据，不足以证明其商品原产地为浙江舟山海域，最终败诉。

---

[1] 王莲峰：《商标法学》，北京大学出版社 2007 年版，第 192 页。

[2] 王迁：《知识产权法教程》，中国人民大学出版社 2019 年版，第 443 页。

四、案件启示

本案是关于商标权侵权的经典案例，其意义在于法院厘清了证明商标权人的权利边界，区分了一般商标与证明商标发生混淆的判断标准。另外，即便他人未向控制地理标志证明商标的组织提出使用证明商标的要求，该组织也不能剥夺商品符合地理标志条件的生产经营者在其商品上使用地理标志中的地名。就企业而言，企业在自己生产、经营的商品上使用地理标志时，应当注意商品是否来源于地理标志所标示的区域。

（撰稿人：曾云鹏）

针对立体商标的侵权行为应如何认定

——上海金丝猴食品股份有限公司侵犯费列罗有限公司立体商标专用权纠纷案案例评析

一、案情概要

费列罗有限公司（以下简称“费列罗公司”）生产的“FERRERO ROCHER”巧克力自20世纪80年代进入中国市场，在国内拥有较高知名度。是费列罗公司拥有的三维标识注册商标，核定使用商品类别包括巧克力商品。该立体商标采用了金色褶皱锡纸球状包装+顶部白底椭圆形小标贴+咖啡色底托的造型。

上海金丝猴食品股份有限公司（以下简称“金丝猴公司”）自2013年11月起开始生产多种规格的盒装“巧斐罗”巧克力，各规格均由单粒“巧斐罗”巧克力组成。单粒“巧斐罗”巧克力的造型为金色褶皱锡纸球状包装+顶部白底心形小标贴+咖啡色底托，白色小标贴上标注了“ROFEERO”标识。

上海市浦东新区市场监督管理局认为，金丝猴公司生产销售的“巧斐罗”巧克力的整体结构、立体形状、颜色组合与费列罗公司的三维标识注册商标构成近似，而费列罗公司从未授权金丝猴公司使用其注册商标。因此，金丝猴公司未经费列罗公司许可，在同种商品上使用与其注册商标相近似的商标，容易导致消费者混淆，构成了《商标法》第57条第（二）项规定的商标侵权行为。

二、争议焦点

根据《商标法》第57条的规定，被控侵权人在相同商品上使用与注册商标相同的商标，或者在相同商品上使用与注册商标近似的商标、在类似商品上使用与注册商标相同或近似的商标，容易导致混淆的，构成侵犯商标专用权的直接侵权行为。本案中，当事人使用商标的商品皆为巧克力，且二者所使用的商标并不相同，因此，本案的争议焦点在于：金丝猴公司使用的商标和费列罗公司的注册商标是否构成近似？

三、法理分析

（一）商标侵权判断一般规则

根据《最高人民法院关于审理商标民事纠纷案件适用法律若干问题的解释》（以下简称《司法解释》）第9条："商标法第五十二条第（一）项规定的商标近似，是指被控侵权的商标与原告的注册商标相比较，其文字的字形、读音、含义或者图形的构图及颜色，或者其各要素组合后的整体结构相似，或者其立体形状、颜色组合近似，易使相关公众对商品的来源产生误认或者认为其来源与原告注册商标的商品有特定的联系。"对于一般的平面商标而言，判断两商标是否近似可以从文字的字形、读音、含义是否相同或近似来判断，也可以从商标中所含图形的构图、颜色以及各要素组合形成的整体结构是否相同或近似来判断。而立体商标毕竟不同于一般的平面商标，虽然立体商标上也能够附着各种文字、图形，但是其作为一种独立的商标类型，更偏重于自身的三维结构。对于立体商标而言，判断是否构成近似仍然要从是否容易导致消费者混淆出发，如果容易导致混淆，则相关立体商标构成近似；反之，不构成近似。

此外，判断立体商标是否构成近似仍然要遵循商标近似判断的一般规则。根据《司法解释》第10条的规定，认定商标相同或者近似要按照以下原则进行："（一）以相关公众的一般注意力为标准；（二）既要进行对商标的整体比对，又要进行对商标主要部分的比对，比对应当在比对对象隔离的状态下分别进行；（三）判断商标是否近似，应当考虑请求保护注册商标的显著性和知名度。"❶

本案中，金丝猴公司生产的单粒巧斐罗巧克力在整体结构、立体形状、颜色组合等方面与费列罗公司的立体商标相比，两者采用的皆是金色褶皱锡纸球状包装+顶部白底小标贴+咖啡色底托的造型，唯一区别在于费列罗公司的立体商标的顶部白底小标贴是椭圆形的，而金丝猴公司生产的巧斐罗巧克

❶ 《最高人民法院关于审理商标民事纠纷案件适用法律若干问题的解释》第10条。

力的顶部白底小标贴是心形的。鉴于二者对应商品都是巧克力，相关公众如不施以高度关注，一般不会注意到两者之间存在的细微区别。因此，二者构成近似商标，金丝猴公司侵犯了费列罗公司对涉案立体商标享有的商标专用权。

（二）《商标审查及审理标准》之借鉴

目前，我国司法实践当中侵犯立体商标专用权的纠纷尚属少数，《商标法》及其实施条例以及相应司法解释也未对立体商标的相同近似性判断作出明确规定。笔者认为，为了统一商标侵权认定中对涉案立体商标相同近似性的判断，可以借鉴国家工商总局于 2016 年 12 月颁布的《商标审查及审理标准》（以下简称《标准》）中的相关规定。《标准》规定，立体商标相同、近似的审查包括立体商标之间和立体商标与平面商标之间相同、近似的审查。具体到本案当中，涉案商标皆为立体商标，因此只需要进行立体商标之间的相同近似性判断。该判断分为 3 点：（1）两立体商标都包含有显著三维标志，且三维标志相同或者近似，易使相关公众对商品或者服务的来源产生混淆误认的，判定为相同或者近似。（2）两立体商标均包含显著平面要素，且该平面要素相同或近似，易使相关公众对商品或者服务的来源产生混淆误认的，判定为相同或者近似商标。（3）两商标均由不具有显著特征的三维标志和具有显著特征的其他平面要素组合而成。两商标的具有显著特征的其他平面要素相同或近似，易使相关公众对商品或者服务的来源产生混淆误认的，判定为相同或者近似商标。但其他平面要素区别明显，不会使相关公众对商品或者服务的来源产生误认的除外。[1]

从中可以看出，立体商标并非仅仅由三维标志本身组成，其还可以包含其他具有显著特征的平面要素。判断立体商标是否相同或近似，要将三维标志和包含的平面要素作为一个整体来判断，而不能将各部分割裂开来分别判断。即使立体商标中具有显著性的三维标志本身不构成相同或近似，只要其中包含的具有显著性的平面要素构成相同或近似，且容易造成消费者混淆，也应认定两立体商标构成相同或近似。

本案中，涉案商标作为一个三维标志，由一个栗色和金黄色相间并带有波纹形状的底座和在底座之上放置的具有褶皱状包装效果的金黄色球形三维

[1] 参见《商标审查及审理标准》第四部分 4.4.1。

形状组成。上述对于色彩和商品包装形式的选择均不在本行业和指定使用商品包装形式的常规选择范围之内，涉案商标的独特创意已经使之成了费列罗公司产品的一种标志性设计。经过费列罗公司长期广泛的宣传和使用，消费者在看到涉案商标后可以清楚地判断出该商标所附着商品的来源，涉案商标已经具有了商标所应具备的显著性。[1] 因此，本案当中费列罗公司的立体商标的三维标志和平面要素都具备显著性，当被控侵权人生产的单粒巧斐罗巧克力在整体结构、立体形状、颜色组合等方面与注册商标三维标志基本相同时，应认定此时容易造成消费者混淆，被比对的两商标构成近似。

四、案件启示

本案是上海市商标侵权行政执法中的首例立体商标侵权纠纷，其中对立体商标侵权行为的认定，是查处商标侵权行为的重大突破。平面商标与立体商标有着较大的区别，对立体商标侵权的认定，不仅要从二维平面效果上进行区分，还要结合商标载体的实物以及消费者对于实物在视觉上是否会产生混淆进行区分，考虑因素较多，具有一定的技术难度。本案在立体商标近似性判断上具有较高的可操作性，为日后的立体商标侵权认定提供了参考。

（撰稿人：张镇国）

[1] 参见北京市第一中级人民法院（2010）一中知行初字第2276号行政判决书。

对已注册驰名商标如何进行“反淡化”保护

——伊士曼柯达公司诉苏州科达液压电梯有限公司商标权侵权纠纷案案例评析

一、案情概要

2005年，苏州市中级人民法院受理了伊士曼柯达公司（以下简称“伊士曼公司”）诉苏州科达液压电梯有限公司（以下简称“科达电梯公司”）商标权侵权纠纷一案。本案主要涉及针对原告伊士曼公司享有的“KODAK”商标，被告科达电梯公司将“KODAK”商标使用在其产品、宣传资料以及公司网站上，并将“KODAK”注册成为其域名的行为是否构成注册商标侵权的问题。

原告伊士曼公司创始于1880年，生产传统和数码影像产品、医疗影像产品、商业摄影产品、光学元器件和显示器。1888年，伊士曼公司将“KODAK”作为商标使用在照相机产品上，1891年研发出由摄影师自己装卸的胶卷，“KODAK”相机及胶卷推动了摄影的进步。在百年发展中，伊士曼公司成为世界上最大的影像产品及相关服务的生产和供应商，在影像拍摄、分享、输出和显示领域一直处于世界领先地位。伊士曼公司在国际范围内广泛注册了“KODAK”商标或以“KODAK”文字为主体的商标，“KODAK”这一商标具有极高的知名度和良好的市场声誉。在中国，伊士曼公司在1982年将“KODAK”商标在第1类“有机化学品和无机化学品”上获得核准注册，商标注册号为154121。在此基础上，伊士曼公司又在第1类、第9类商品上注册了多个“KODAK”“kodak”文字及“K”形图案商标，并申请注册与“KODAK”相对应的“柯达”中文商标。伊士曼公司在中国对“KODAK”“柯达”商标进行了持续数十年的大范围高强度宣传，柯达影印加盟店遍布中国，其“KODAK”商标广为公众所熟识。中国国家工商行政管理总局先后于1999年和2000年两次将“KODAK柯达”商标列入《全国重点商标保护名录》。

被告科达电梯公司成立于2001年，其经营范围为“各类电梯、自动扶梯及对电梯的安装、维修、保养、售后服务”。科达电梯公司以变形的“科达”文字及图形注册商标品牌生产销售其电梯产品。自2005年年初，科达电梯公司在其电梯产品、公司门牌、员工名片、产品介绍、企业宣传资料上，均以独立标识或与其“科达”文字商标上下并列的方式突出标注“KODAK”文字。科达电梯公司及其北京分公司还分别以kodaklift.com.cn、kodak-bj.com域名向中国互联网管理中心申请注册，用于网络宣传经营。伊士曼公司发现后，即提起侵犯“KODAK”商标权诉讼。

一审法院依据《最高人民法院关于审理商标民事纠纷案件适用法律若干问题的解释》等相关规定，认定被告科达电梯公司未经“KODAK”驰名商标权利人同意而使用“KODAK”商业标识，构成侵权，应在全国性报刊上刊登启事，消除影响，并赔偿一定经济损失。

二、争议焦点

本案中，原告伊士曼公司认为被告科达电梯公司未经授权，在其产品、宣传资料以及公司网站上使用与伊士曼公司“KODAK”注册商标完全相同的商标，并将“KODAK”注册成为域名的行为，侵犯了原告伊士曼公司的注册商标专用权，损害了伊士曼公司“KODAK”商标的声誉。对此，被告科达电梯公司主张其与原告伊士曼公司经营的是不同类且不相类似的产品，原告伊士曼公司的“KODAK”注册商标必须先被认定为驰名商标，才能够适用跨类保护；且原告科达电梯公司使用“KODAK”字样只是表达企业字号“科达”的英文翻译方法，没有将“KODAK”作为产品商标使用，其注册网站域名宣传的只是电梯产品，不会造成公众混淆与误认，对原告伊士曼公司的利益不构成实质性损害。由此，本案的争议焦点可以归纳为以下两点：（1）原告伊士曼公司的“KODAK”商标是否可作为驰名商标获得商标法的保护；（2）被告科达电梯公司使用“KODAK”商业标识是否构成合理使用以及是否侵犯原告伊士曼公司“KODAK”注册商标权。

三、法理分析

苏州市中级人民法院对案件事实进行了详细调查，对以上争议焦点分别展开了分析，在认定原告“KODAK”商标构成驰名商标的基础上，法院认定被告科达电梯公司未经“KODAK”驰名商标权利人同意而使用“KODAK”商业标识的行为构成侵权，应立即停止使用“KODAK”商业标识，在全国性报刊上刊登启事以消除影响，并赔偿损失。法院对该案的判决主要基于以下两个方面的考虑：

（一）伊士曼公司的“KODAK”商标应作为驰名商标获得商标法保护

本案的第一个争议焦点在于伊士曼公司的“KODAK”商标可否作为驰名商标获得商标法的保护。驰名商标是指经过长期使用或大量商业推广与宣传，在市场上享有很高知名度并为相关公众所熟知的商标。[1] 与普通商标相比，驰名商标在相关公众中具有更高的知名度，凝聚了较高的商誉。而对驰名商标的认定，则有行政认定和司法认定两种方式。

中国驰名商标的行政认定统一由国家工商总局商标局或商标评审委员会来认定，其认定程序共有3条途径：（1）通过商标异议案件，由国家工商总局商标局认定。在商标经过初步审定后的公告期内、商标未被注册之前，任何人都可以以商标违反商标法规定、不应当获得注册为由向商标局提出异议，商标局在审查商标异议的过程中，就可以对驰名商标作出认定。（2）通过商标争议案件，由国家工商总局商标评审委员会认定。在商标评审过程中产生争议的，有关当事人认为其商标构成驰名商标的，可以向商标评审委员会请求认定驰名商标，由商标评审委员会进行认定。（3）通过商标管理案件，由国家工商总局商标局认定。在商标侵权行政管理中，当事人可以在案件查处过程中提出驰名商标主张并进行证明，最后由国家工商总局商标局来进行认定。

而中国驰名商标的司法认定则由中级以上人民法院管辖，在某些省或直辖市也可以由基层人民法院进行认定。依据最高人民法院《关于审理商标民事纠纷案件适用法律若干问题的解释》第22条规定：“人民法院在审理商标纠纷案件中，根据当事人的请求和案件的具体情况，可以对涉及的注册商标

[1] 王迁：《知识产权法教程》，中国人民大学出版社2016年版，第520页。

是否驰名依法作出认定。”法院在认定驰名商标时，应当考虑“（一）相关公众对该商标的知晓程度；（二）该商标使用的持续时间；（三）该商标的任何宣传工作的持续时间、程度和地理范围；（四）该商标作为驰名商标受保护的记录；（五）该商标驰名的其他因素。”[1]

在本案中，伊士曼公司享有的“KODAK”注册商标已在中国使用了数十年，伊士曼公司对该商标进行了大量广泛的广告宣传，在相关公众中拥有极高的知名度与良好的市场声誉，完全符合驰名商标认定的相关考虑因素，正如判决中指出：

> “‘KODAK’商标系伊士曼公司于1888年始创设的臆造性文字商业标识，已先后在全球范围内广泛注册，通过伊士曼公司100多年来对该商标大范围持续的广告宣传，以及‘KODAK’商标及其商品的良好质量，伊士曼公司‘KODAK’商品拥有全球范围内广泛的用户群。我国作为伊士曼公司主要市场，‘KODAK’商标于1979年始即进行了相关注册，伊士曼公司对该商标享有专用权。伊士曼公司多年来投入巨额广告进行了持续广泛的品牌宣传，‘KODAK’品牌传统和数码影像产品等产品在我国拥有大量的消费者，同时，由于‘KODAK’传统和数码影像产品与广大民众生活的紧密贴近，‘KODAK’已实际成为家喻户晓之商业品牌。”[2]

因此，伊士曼公司的“KODAK”商标应当被认定为驰名商标，获得法律所确定的跨商品或服务领域的高水平保护。

（二）科达电梯公司侵犯了伊士曼公司“KODAK”注册商标权

本案争议焦点之二是科达电梯公司使用“KODAK”商业标识是否为合理使用以及是否侵犯伊士曼公司“KODAK”注册商标权。首先，对于合理使用的问题，我国的合理使用包括描述性合理使用和说明性合理使用，描述性合理使用是指，对本商品的通用名称、图形、型号或者直接表示商品质量、主要原料、功能、用途、数量及其他特点，或者含有地名的使用；[3] 说明性合理

---

[1] 《商标法》第14条。

[2] 苏州市中级人民法院（2015）苏中民三初字第0213号民事判决书。

[3] 王莲峰：《商标法学》，北京大学出版社2019年版，第183页。

使用，是指在商业活动中，使用者为了说明有关商品或服务的真实信息，使用他人商标的行为。[1] 本案中，科达电梯公司解释其“KODAK”系其企业字号“科达”的英文翻译方法，且未作为产品商标使用，但“KODAK”这一商业标识系伊士曼公司臆造创设产生，并无其他文字含义，该文字的直接指明对象是伊士曼公司，是伊士曼公司具有独特显著性的商业标识，且科达电梯公司的“科达”字号与“KODAK”之间并不具有符合语言学的中英文翻译对应关系。此外，科达电梯公司主张其未将“KODAK”作为产品商标使用，但在实际使用中，科达电梯显然是以商品商标的形式突出使用“KODAK”商业标识。因此，科达电梯公司所主张的合理使用以及未作为产品商标使用的解释显然不成立，柯达电梯公司对“KODAK”标识的使用明显是复制、模仿了伊士曼公司“柯达”与“KODAK”驰名商标之间的相对应关系。

其次，伊士曼公司的“KODAK”作为已注册的驰名商标，不仅享有跨类保护，也享有淡化保护。《最高人民法院关于审理涉及驰名商标保护的民事纠纷案件应有法律若干问题的解释》（以下简称《解释》）中规定了对已注册驰名商标的淡化保护，该《解释》第9条第2款规定：“足以使相关公众认为被诉商标与驰名商标具有相当程度的联系，而减弱驰名商标的显著性、贬损驰名商标的市场声誉，或者不正当利用驰名商标的市场声誉的，属于《商标法》第十三条第二款规定的‘误导公众，致使该驰名商标注册人的利益可能受到损害’。”这一解释扩大了“误导公众”的字面含义，引入了用于保护驰名商标的淡化理论。对驰名商标的“淡化”通常发生在“跨类”使用驰名商标的情况下，因为在相同或类似商品或服务上使用与驰名商标相同或近似的商标，造成的后果往往是使消费者发生混淆，从而落入跨类混淆的保护范围之内。但对于部分驰名商标而言，其商标经过长期的广告宣传和实际使用，有关该商标的文字和图案已为相关公众所熟知，此时即使他人在相同的商品或服务上使用与该驰名商标相同或近似的商标，也不会使消费者发生混淆。因此，淡化理论保护的并非是避免消费者发生混淆的可能，而是驰名商标的显著性和市场声誉。

根据淡化理论，会造成驰名商标淡化效果的行为有两种，一是“弱化”，即《解释》中所述的“减弱驰名商标的显著性”。比如在卡地亚珠宝诉卡地

[1] 王莲峰：《商标法学》，北京大学出版社2019年版，第188页。

亚瓷砖商标侵权纠纷案中，由于珠宝与瓷砖两者相差甚远，相关公众很难会认为卡地亚瓷砖与卡地亚珠宝的制造商存在联系，但“卡地亚”商标在瓷砖上的使用，会导致相关公众在听到“卡地亚”时不仅会联想到珠宝，也会联想到瓷砖，从而破坏了卡地亚珠宝所创造的“卡地亚”这一商标与该品牌珠宝之间联系的唯一性，对驰名商标的显著性造成减弱的效果。二是“丑化”，即《解释》中所述的“贬损驰名商标的市场声誉”。如果有第三方将“迪奥”使用在洁厕灵这一商品上，那么对于以香水闻名的“迪奥”品牌而言，人们在想到“迪奥”香水时，就会联想到“迪奥”洁厕灵，虽然不会发生混淆的可能，但却会破坏“迪奥”香水通过长时间的宣传和投入而形成的良好品牌形象，不仅损害了该品牌与香水来源之间的唯一联系，更是给该品牌的声誉带来严重的负面影响，从而损害其原有的价值。

在本案中，伊士曼公司的“KODAK”商标作为已注册的驰名商标，能够获得跨类保护和淡化保护。对于科达电梯公司对“KODAK”这一商业标识的使用，虽然不会导致相关公众混淆的可能，因为电梯与照相机两个类别差异较大，相关公众在看到“KODAK”电梯时，不太可能认为该电梯是由生产照相机和胶卷的伊士曼柯达公司生产或授权生产的，但仍然落入了淡化保护的范围，破坏了“KODAK”商标与伊士曼柯达公司之间独一无二的联系，对伊士曼柯达公司的“KODAK”这一驰名商标造成了“弱化”的效果。正如判决中指出：

> “科达电梯公司使用‘KODAK’标识，显然是模仿及标傍于伊士曼公司‘KODAK’驰名商标的良好声誉形象，以取得不正当商业利益。从保护驰名商标专有性角度出发，科达电梯公司使用‘KODAK’标识必然会产生降低伊士曼公司‘KODAK’驰名商标显著性及或然性损害其商誉价值，伊士曼公司‘KODAK’驰名商标专有性及长期商业标识形象利益造成实质性损害。因此，科达电梯公司未经‘KODAK’驰名商标权利人同意而使用‘KODAK’商业标识的行为，应判定为侵权。”

四、案件启示

本案是关于驰名商标侵权的经典案例，其最大的意义在于法院适用了

"淡化理论"对已经注册的驰名商标进行保护。对已注册的驰名商标而言，其不仅受到传统的跨类混淆保护，也受到反淡化提供的保护。就相关企业而言，应积极维权，防止他人恶意利用驰名商标商誉进行"搭便车"，并通过持续的努力提高和保证产品或服务的品质，创造更加良好的市场声誉和品牌形象，从而不断扩大其所能受到的跨类保护的范围。

（撰稿人：孟丽敏）

对已注册驰名商标如何适用防止“跨类混淆”条款进行保护

——百度在线网络技术（北京）有限公司与深圳市亿百度餐饮管理有限公司等侵害商标权及不正当竞争纠纷案案例评析

一、案情概要

2013年，广东省深圳市中级人民法院受理了百度在线网络技术（北京）有限公司（以下简称“百度公司”）诉深圳市亿百度餐饮管理有限公司（以下简称“亿百度公司”）、深圳市名家百度烤肉店（以下简称“名家百度烤肉店”）、孙璐明、宋玉霞侵害商标权及不正当竞争纠纷一案。本案中被告亿百度公司、名家百度烤肉店、孙璐明、宋玉霞未经许可将“百度”商标用于第43类快餐馆等服务。本案主要涉及被告亿百度公司、名家百度烤肉店、孙璐明、宋玉霞的行为是否侵犯商标专用权的问题。

原告百度公司在2009年8月11日，即被告亿百度公司成立之前，在《类似商品和服务区分表》第42类以计算机信息网络方式提供互联网搜索引擎服务上注册使用的第1579950号“百度”商标具有较高的知名度，为驰名商标。

被告亿百度公司在2005年12月19日注册了网站www.baidukaorou.com；在该网站首页使用“百度加盟、百度精华”字样、在网页上滚动播出“百度酒”动画进行商业宣传；在餐单中使用“百度一口牛”“百度秘汁肉”等菜名及图片。另外，亿百度公司于2009年9月26日与另一被告宋玉霞签订《亿百度烤肉专门店特许加盟合同书》《亿百度直接特许加盟合同》，许可其“百度烤肉专门店”的冠名使用权以及使用“亿百度”的商标、企业字号。2009年10月14日案外人沈阳市亿百度餐饮管理有限公司注册“亿百度”商标，核定服务项目为第 43 类快餐馆等服务。2010 年 11 月 6 日国家商标局核准将“亿百度”商标转让给被告亿百度公司。

深圳市福田区百度烤肉店、深圳市龙岗区坂田百度烤肉店由被告孙璐明经营；名家百度烤肉店由被告宋玉霞加盟特许经营。3 家门店都在招牌上标注“亿百度 Baidu”并用大字突出标注“百度烤肉”，并且标注 www.baidukaorou.com。

一审法院依据《商标法》第 13 条、第 14 条、第 63 条和《最高人民法院关于审理涉及驰名商标保护的民事纠纷案件应用法律若干问题的解释》第 1 条、第 2 条、第 9 条以及其他相关规定，认定原告百度公司在第 42 类上的第 1579950 号“百度”商标在 2009 年 8 月之前达到驰名商标的状态；各被告使用“百度”的相关行为构成商标侵权，应赔偿损失；各被告在企业名称中使用“百度”字号构成不正当竞争，应赔偿损失。

二、争议焦点

本案中，原告百度公司认为被告未经许可在经营活动中使用了“百度”驰名商标，构成侵权。对此，被告亿百度公司主张原告的商标不属于驰名商标，原告注册的商标保护类别与自己使用商标的保护类别不相同，不构成商标专用权侵权；被告认为原告的主张无事实和法律依据。由此，本案的争议焦点可以归纳为以下两点：（1）原告的注册商标在 2009 年 8 月是否已达到驰名状态；（2）各被告于 2009 年 8 月之后在餐饮服务经营活动中使用“百度”标志，是否侵害原告的注册商标专用权。

三、法理分析

广东省深圳市中级人民法院在对案件事实进行详细调查，对以上争议焦点分别进行分析之后，法院认定原告百度公司在第 42 类上使用的“百度”商标在 2009 年 8 月已经达到驰名状态；各被告侵害原告“百度”驰名商标的商标专用权，应承担赔偿责任。法院主要围绕对驰名商标的认定以及各被告构是否构成对原告“百度”驰名商标的跨类混淆进行了分析。

（一）原告百度公司在第 42 类上使用的“百度”为驰名商标

我国《商标法》第 14 条规定认定驰名商标应当考虑以下因素：（1）相关公众对该商标的知晓程度；（2）该商标使用的持续时间；（3）该商标的任何

宣传工作的持续时间、程度和地理范围；（4）该商标作为驰名商标受保护的记录；（5）该商标驰名的其他因素。另外《驰名商标认定和保护规定》第9条进一步规定以下可以作为证明商标驰名的证据材料：（1）证明相关公众对该商标知晓程度的材料。（2）证明该商标使用持续时间的材料，如该商标使用、注册的历史和范围的材料。（3）证明该商标的任何宣传工作的持续时间、程度和地理范围的材料，如近3年广告宣传和促销活动的方式、地域范围、宣传媒体的种类以及广告投放量等材料。（4）证明该商标曾在中国或者其他国家和地区作为驰名商标受保护的材料。（5）证明该商标驰名的其他证据材料，如使用该商标的主要商品在近3年的销售收入、市场占有率、净利润、纳税额、销售区域等材料。

法院认定原告的“百度”注册商标达到了驰名状态，主要基于以下几个方面的考虑：第一，“百度”商标的显著性和使用持续的时间。“百度”属于暗示性标志，来源于宋词“众里寻他千百度”中的“百度”二字，[1]暗示性标志由于需要经过人们的思考和联想才能被发现与特定商品或服务之间存在指代关系，因而具备固有显著性。[2]原告于2001年5月28日注册“百度”商标，至今已进行了两次续展。《百度发展历程：百度历年首页大图集锦》《原告使用“百度”商标的搜索产品和服务大全》《原告百度百科产品首页》《2007至2012年原告部分网络推广服务合同》以及审计报告等证据可以证明原告从注册至今持续使用“百度”商标。第二，“百度”商标的相关宣传和相关公众对该商标的知晓程度。新华网曾报道原告当选2005年中国品牌建设年度十大案例、原告在2007~2009年期间通过网络媒体、平面媒体、商务楼宇液晶电视广告、户外霓虹灯广告等多种途径对“百度”商标进行了广泛、持续的宣传推广，其宣传地域范围覆盖了北京、上海、广州、深圳在内的国内多个城市和地区。第三，“百度”商标作为驰名商标受保护的记录。2008年3月22日，国家工商行政管理总局商标局商标评审委员会认定：百度公司在第42类以计算机信息网络方式提供互联网搜索引擎服务上使用的“百度”商标为驰名商标；（2012）一中知行初字第776号、（2012）高行终字第1081号行政判决均认定：涉案商标为驰名商标，且驰名时间点早于2005年4月。

---

[1] 广东省深圳市中级人民法院（2013）深中法知民初字第348号民事判决书。

[2] 王迁：《知识产权法教程》，中国人民大学出版社2019年版，第419页。

第四，其他因素。原告使用“百度”商标在搜索引擎服务领域占据商品市场的巨大份额，多次获得的企业信誉荣誉证明了其商标的美誉度。

综上，法院从商标的固有显著性及使用的持续时间、商标的相关宣传及相关公众对该商标的知晓程度、该商标作为驰名商标受保护的记录和其他因素多个方面进行了详细的调查和综合的考量，这体现了法院对《商标法》第14条和《驰名商标认定和保护规定》第9条的正确适用。

（二）各被告构成对“百度”驰名商标的“跨类混淆”

本案中，被告将“百度”驰名商标用于第43类餐馆服务上，原告百度公司在第42类以计算机信息网络方式提供互联网搜索引擎服务上注册“百度”商标，二者不属于相同或类似服务。我国《商标法》第13条第3款规定：“就不相同或者不相类似商品申请注册的商标是复制、摹仿或者翻译他人已经在中国注册的驰名商标，误导公众，致使该驰名商标注册人的利益可能受到损害的，不予注册并禁止使用。”因此是否能够给予原告驰名商标禁止“跨类混淆”的保护，需要检验被告是否使用了原告的“百度”驰名商标以及是否造成了相关公众的混淆。

首先，各被告在3家烤肉店门店招牌上突出使用“百度”字样；在餐单中使用“百度一口牛”“百度秘汁肉”“百度风干肠”等具体菜名；在www.baidukaorou.com网站上标注“百度加盟、百度精华”字样、网页上有滚动播出的“百度酒”动画等商标的行为，起到了识别其服务来源的作用。法院适用《商标法》第48条来判定——该行为是否符合商标使用的含义，取决于该使用行为是否使上述标志在客观上起到了识别商品或服务来源的作用。本案中各被告将“百度”商标用于网站宣传、日常经营活动，使得相关公众在看到这些带有“百度”的标志时会产生一种认识——该商品或服务可能由驰名商标的权利人百度公司提供，因此各被告对“百度”商标的使用构成商标性使用。

其次，虽然原告商标核准注册的服务类别和被告实际使用的服务类别不相同也不相类似，但是原告提交的证据显示被告的商标使用行为使得消费者误以为使用了“百度”商标的烤肉店为原告百度公司所经营，造成了相关公众混淆的后果，表明了被告对“百度”商标的使用行为容易导致混淆。正如判决书中指出：

> “由于原告‘百度’商标显著性强、知名度高，各被告使用‘百度’商标与原告商标相同，虽然原告商标核准注册服务类别与被告实际使用服务类别相去甚远，但消费者看到‘百度烤肉’等字眼时，仍然会首先将被告的餐饮服务与‘百度’商标及原告建立直接联系，从原告提交的《公证书》内容显示，网上已有网友将百度烤肉误认为原告的新业务。”❶

有观点认为：“驰名商标跨类混淆超越了传统混淆理论的范畴，需要援用驰名商标淡化机制进行保护，因为在并不类似的商品上使用相同或近似的商标通常不会对消费者构成欺诈。”❷ 笔者不认同这种观点，驰名商标之所以能够被相关公众广为知晓，原因在于经营者能够持续提供具有一定品质保障且值得消费者信赖的商品或服务。所以一方面驰名商标的经营者拥有企业品牌战略的布局并且通常也有实力将原有的经营范围进行扩张，开拓新业务；另一方面驰名商标具有比一般商标更高的显著性和知名度，所以更容易成为他人攀附商誉、搭便车的对象，他人在注册驰名商标所核定使用的商品或服务类别相同或类似的范围之外进行对该驰名商标的使用，很有可能造成对驰名商标的跨类混淆。例如，百事公司在第 32 类汽水、果汁、制饮料用原浆、浓缩物及制剂上注册了 Pepsi 商标，当消费者在玩具上看到了 Pepsi 商标时，他可能会认为驰名多年的百事公司凭借其多年成功的商业运营和品牌的塑造，完全有可能将其市场范围拓展到玩具领域——这时就产生了混淆，因为相关公众已经将提供玩具的来源误认为百事公司。但事实上百事公司也的确在 2019 年第 28 类（含玩具）注册了 Pepsi 商标。正如美国宝洁公司与山东博世公司关于 Boss 商标注册争议中商标评审委员会的观点：“《商标法》对驰名商标给予跨类保护，正是因为跨类时也有与驰名商标混淆的事实发生，因此保护的前提应包括是否有混淆、误认的事实发生。”❸ 因此，驰名商标跨类混淆的现象并不罕见，应当属于混淆的理论范畴，而无须借助淡化理论提供支撑。所以，《商标法》第 13 条第 3 款对已经注册的驰名商标提供的跨类保护，实

---

❶ 广东省深圳市中级人民法院（2013）深中法知民初字第 348 号民事判决书。

❷ 刘维：《我国注册驰名商标反淡化制度的理论反思——以 2009 年以来的 35 份裁判文书为样本》，载《知识产权》2015 年第 9 期。

❸ 商标评审委员会商标驳回复审决定书商评字〔2008〕第 12777 号。

际上是在防止跨类混淆，而不是防止淡化。[1]

另外，凡是构成商标淡化的情形都不属于商标混淆。对驰名商标防淡化保护的典型模式为美国《联邦反淡化法》，其立法宗旨是防止驰名商标受到他人的不当使用而减弱其显著性或贬损其商誉。“传统商标法的立法理念在于防止消费者受到误解和欺骗，反淡化法与财产侵害法更加相似而与消费者保护法更不相似。淡化原理的基础理由是经过他人使用所导致的商标价值的渐渐减少或缩减，构成对在先使用者商标中的财产权和商誉的侵犯，并且导致独立的过失。”[2] 例如，消费者在看到“伊利”牌水龙头时能够清楚地知道这并不是真正生产“伊利”牌奶制品的伊利公司所提供的，但是如果行为人长期使用“伊利”商标在水龙头上会逐渐削弱“伊利”商标和其本来所指向的商品之间的唯一联系，减弱其显著性，长此以往如果行为人将“伊利”商标使用在各种与其注册时核准使用范围不相同的商品之上，会使消费者产生一种“审美疲劳”，以至于最终无法辨认究竟哪一种商品才是伊利公司真正提供的。相反，如果是在跨类混淆的情形中，消费者会将他所看到的商品都误认为是驰名商标权利人经营范围内的产品。因此淡化和弱化是完全不同的两条轨迹，不存在重叠或交叉的部分。

值得注意的是，《最高人民法院关于审理涉及驰名商标保护的民事纠纷案件应用法律若干问题的解释》第 9 条第 2 款规定：“足以使相关公众认为被诉商标与驰名商标具有相当程度的联系，而减弱驰名商标的显著性、贬损驰名商标的市场声誉，或者不正当利用驰名商标的市场声誉的，属于《商标法》第十三条第二款规定的‘误导公众，致使该驰名商标注册人的利益可能受到损害’。”该条规定正式将反淡化保护引入我国对驰名商标的保护体制之中，使得驰名商标的保护水平达到了新的高度。但这同时也带来了新的问题——正如有学者所指出的，“我国商标法所规定的‘容易导致混淆’和‘误导公众’实际上具有相同的本质含义，其均指商标直接混淆和间接混淆的情形，无法做出不同的解释”。[3] 然而最高人民法院在司法解释中将“减弱驰名商标的显著性”解释为“误导公众”的一种情形，但实际上“弱化”明显属于商标淡化的范畴。这样的规定会使得《商标法》第 13 条第 3 款“跨类混淆”和

[1] 王迁：《知识产权法教程》，中国人民大学出版社 2019 年版，第 531 页。

[2] 王太平：《商标法：原理与案例》，北京大学出版社 2015 年版，第 428 页。

[3] 邓宏光：《我国驰名商标反淡化制度应当缓行》，载《法学》2010 年第 2 期，第 101 页。

"弱化"的边界变得模糊，引起司法适用上的问题。本案中，法院援引《商标法》第 13 条第 3 款直接认定被告的商标使用行为构成对驰名商标的跨类混淆的做法值得肯定。

四、案件启示

本案是关于驰名商标保护的经典案例，其最大的意义在于法院正确定性本案中的侵权行为属于对驰名商标的跨类混淆，为保护驰名商标防止被跨类混淆提供了正确的司法裁判经验。本案对《商标法》第 13 条第 3 款定性争议的解决——该款属于反淡化条款还是防止跨类混淆条款——提供了实践依据。

（撰稿人：庄蕾）

未注册驰名商标应如何认定和保护

——拉菲罗斯柴尔德酒庄诉长沙德库拉酒类销售有限公司等侵害商标权及不正当竞争纠纷案案例评析

一、案情概要

2014 年，长沙市中级人民法院受理了拉菲罗斯柴尔德酒庄（以下简称“拉菲酒庄”）与被告长沙德库拉酒类销售有限公司（以下简称“长沙德库拉公司”）、罗斯柴尔德拉菲酒业（深圳）有限公司（以下简称“罗斯酒业公司”）侵害商标权及不正当竞争纠纷一案。本案中，罗斯酒业公司和长沙德库拉公司进口并销售带有“拉菲”“Laffitte”标识的葡萄酒，本案主要涉及罗斯酒业公司和长沙德库拉公司的行为是否构成商标侵权的问题。

原告拉菲罗斯柴尔德酒庄是世界闻名的葡萄酒制造商。1996 年 10 月 10 日，原告向工商行政管理总局商标局申请了“LAFITE”商标，该商标申请使用的商品为第 33 类“含酒精饮料（啤酒除外）”，并于 1997 年获准注册，至今有效。原告在之后的宣传和销售中，基本将“LAFITE”对应翻译为“拉菲”。

被告罗斯酒业公司主要从事酒类批发、进出口及相关配套业务，其大量进口、销售“拉菲 1770/Laffitte1770”“拉菲蒙特尔/LafiteMonteil”两种葡萄酒，并在其营业场所、产品包装袋等宣传材料上使用“Laffitte”商标标识，同时在产品外包装箱上使用与拉菲酒庄注册商标完全相同的“LAFITE”标识。此外，罗斯酒业公司还通过其官方网站对侵权产品进行推广。

被告长沙德库拉公司主营预包装食品、散装食品批发兼零售，通过实体店和淘宝网店的方式销售“拉菲 1770/Laffitte1770”“拉菲蒙特尔/LafiteMonteil”两种葡萄酒，酒瓶背面标签上均注明进口商为罗斯酒业公司。

主审法院依据《商标法》第 57 条第 2 项、《侵权责任法》第 15 条第 1 款等相关规定，认定被告罗斯酒业公司进口并销售侵权葡萄酒以及相关宣传推广行为构成商标侵权与不正当竞争；长沙德库拉公司销售侵犯拉菲酒庄涉案注册商标专用权的葡萄酒，亦构成商标侵权。遂判决两被告停止侵权、消除影响，并赔偿原告经济损失及合理费用。

二、争议焦点

本案中，原告拉菲酒庄认为被告罗斯酒业公司进口并销售侵权葡萄酒以及相关宣传推广行为、长沙德库拉公司销售侵犯涉案注册商标专用权的葡萄酒的行为构成商标侵权，并在诉讼过程中将诉讼请求中的“知名商品特有名称‘拉菲’”变更为“未注册驰名商标‘拉菲’”。对此，被告罗斯酒业公司主张追加被诉侵权产品的生产商法国罗宾城堡酒业为本案被告；被告长沙德库拉公司辩称其对被控侵权的葡萄酒系侵权产品的事实并不知情。由此，本案的争议焦点可以归纳为以下两点：（1）本案中“拉菲”是否有必要被认定为未注册驰名商标；（2）两被告的被诉侵权行为是否构成对原告涉案商标权利的侵害。

三、法理分析

长沙市中级人民法院在对案件事实进行详细调查，对以上争议焦点分别展开论证之后，认为没有将“拉菲”认定为未注册驰名商标的必要，被诉侵权葡萄酒酒瓶上使用的“拉菲”标识构成对知名商品“LAFITE”葡萄酒的特有名称的侵害，被告罗斯酒业公司进口并销售侵权葡萄酒的行为构成不正当竞争与商标侵权；长沙德库拉公司销售侵犯拉菲酒庄涉案注册商标专用权的葡萄酒，亦构成商标侵权。由此，法院认定两被告应承担赔偿损失、停止侵权、消除影响等责任，主要基于以下两方面的考虑。

（一）本案没有认定“拉菲”为未注册驰名商标的必要

本案的第一个争议焦点在于“拉菲”是否有必要被认定为未注册驰名商标。驰名商标保护制度是《巴黎公约》第 6 条第 2 款创设的，与之相对应，我国《商标法》第 13 条第 2 款对于未注册驰名商标，给予在相同或者类似商品上禁止他人抢注或使用的保护。[1] 就认定驰名商标的必要性问题，根据最高

[1] 孔祥俊：《商标与不正当竞争法原理与判例》，法律出版社 2009 年版，第 462 页。

人民法院2002年公布的《关于审理商标民事纠纷案件适用法律若干问题的解释》，人民法院在审理商标纠纷案件中，根据当事人的请求和案件的具体情况，可以对涉及的注册商标是否驰名依法作出认定。在2009年公布的《最高人民法院关于审理涉及驰名商标保护的民事纠纷案件应用法律若干问题的解释》（以下简称《驰名商标司法解释》）中对驰名商标的认定必要性问题予以进一步细化。该司法解释第3条规定："在下列民事纠纷案件中，人民法院对于所涉商标是否驰名不予审查：（一）被诉侵犯商标权或者不正当竞争行为的成立不以商标驰名为事实根据的；（二）被诉侵犯商标权或者不正当竞争行为因不具备法律规定的其他要件而不成立的。"可见，在被诉侵权行为可通过《反不正当竞争法》规制的情况下，对商标是否驰名的认定是缺乏必要性的。

事实上，《反不正当竞争法》对于知名商品特有名称等的保护，性质上是对未注册商标的保护，相对于商标法对于注册商标的保护而言具有补充性。2013年《商标法》第13条对于未注册驰名商标的保护，第32条对于在先使用并具有一定影响的商标的保护，这些主要是基于阻止他人抢注的角度，未注册商标的民事保护主要由反不正当竞争法有关知名商品特有名称、包装装潢的规定来承担。[1] 此外，从知名度角度分析也可以得出上述结论。《商标法》第13条第1款对于驰名商标的知名度要求表述为"为相关公众所熟知"，而就知名商品的知名度要求，《最高人民法院关于审理不正当竞争民事案件应用法律若干问题的解释》（以下简称《不正当竞争解释》）第1条第1款表述为"在中国境内具有一定的市场知名度，为相关公众所知悉"。用语上反映出驰名商标的知名度要求明显高于知名商品，对未注册商标的民事保护不应贸然跨越知名商品而直接认定驰名商标。

综合《驰名商标司法解释》的有关规定和理论上对驰名商标认定必要性的认识，本案原告使用的"拉菲"标识如果构成知名商品"LAFITE"葡萄酒的特有名称，则被告在被诉侵权产品上使用该标识的行为就可依照《反不正当竞争法》予以规制，即无认定"拉菲"为未注册驰名商标的必要。故而，本争议焦点的关键在于判断"拉菲"是否构成知名商品的特有名称，对此应分别从"知名商品"与"特有名称"两方面予以考虑。

首先，《不正当竞争解释》除将知名商品的知名度要求描述为"在中国境

---

[1] 孔祥俊：《商标法适用的基本问题》，中国法制出版社2014年版，第49页。

内具有一定的市场知名度，为相关公众所知悉”外，还对知名商品的认定标准作出规定，即“人民法院认定知名商品，应当考虑该商品的销售时间、销售区域、销售额和销售对象，进行任何宣传的持续时间、程度和地域范围，作为知名商品受保护的情况等因素，进行综合判断。”在此有必要对“相关公众”予以说明，《驰名商标认定和保护规定》指出“相关公众”包括“与使用商标所标示的某类商品或者服务有关的消费者，生产前述商品或者提供服务的其他经营者以及经销渠道中所涉及的销售者和相关人员等”。在我国早期有关驰名商标的案例中，存在将驰名的范围限定在“中国普通公众”的情形，这将导致对驰名商标的认定标准过高，从而只有极少数商标被认定为驰名商标、享受《商标法》的特别保护。[1] 界定知名商品的“相关公众”可参照该规定，将知名度考察限定在“相关公众”的范围内。

本案中，法院审查了2005年以来从上海海关进口“拉菲”或“LAFITE”葡萄酒的相关报关单记录、酒类领域权威期刊与报纸书籍刊载的涉及“LAFITE”“拉菲”的相关介绍或报道、涉及“LAFITE”“拉菲”的广告投放记录、法国波尔多葡萄酒行业协会出具的法定分级体系、先前法院判决中对于“LAFITE”葡萄酒知名度的认定情况等多方面证据，对“LAFITE”葡萄酒在相关公众中的知名度进行综合判断。结合上述分析，法院对于“LAFITE”葡萄酒是否知名的审查是客观且全面的。且从证据反映的情况来看，“LAFITE”葡萄酒较早进入我国市场，并通过各种媒介进行过大量、广泛与持久的宣传，进口贸易额与国内销售数量巨大，在我国多个省市存在商标被保护记录，“LAFITE”葡萄酒依法可以被认定为知名商品。因此，正如判决书中所言：

> “拉菲酒庄提交的证据足以证明，通过长期使用和广泛宣传，“LAFITE”葡萄酒在我国已经具有一定的市场知名度并为相关公众所知悉，构成《反不正当竞争法》第五条第二项所规定的知名商品。”[2]

其次，“拉菲”是否构成知名商品“LAFITE”葡萄酒的特有名称。《关于

[1] 王迁：《知识产权法教程》，中国人民大学出版社2016年版，第535页。

[2] 湖南省长沙市中级人民法院（2014）长中民五初字第01581号民事判决书。

禁止仿冒知名商品特有的名称、包装、装潢的不正当竞争行为的若干规定》第3条第3款规定："本规定所称知名商品特有的名称，是指知名商品独有的与通用名称有显著区别的商品名称。但该名称已经作为商标注册的除外。"可见，特有名称必须与知名商品形成稳定对应关系，必须是已实际具有识别作用，而不仅仅是具有识别商品或者服务来源的显著性和可能性。[1] 原告在多年的"LAFITE"葡萄酒宣传和销售中，基本将"LAFITE"对应翻译为"拉菲"，并围绕"拉菲"进行了大量宣传、销售活动。且多个省市的司法判决中都对"拉菲"构成拉菲酒庄知名商品"LAFITE"葡萄酒的特有名称予以肯定。故而，正如判决书中指出：

> "在长期、广泛的使用和宣传中，"拉菲"作为拉菲酒庄第1122916号注册商标"LAFITE"的音译与"LAFITE"葡萄酒商品之间事实上已经形成了稳定的对应关系，具有了区别商品来源的显著特征，构成知名商品"LAFITE"葡萄酒的特有名称。"[2]

(二) 两被告的被诉侵权行为构成对原告涉案商标权利的侵害

两被告的被诉侵权行为是否构成对原告涉案商标权利的侵害是本案的争议焦点之一，本案中的被诉侵权行为主要如下：一是被告罗斯酒业公司与长沙德库拉公司进口、销售带有"Laffitte""LafiteMonteil"标识的葡萄酒的行为；二是被告罗斯酒业公司与长沙德库拉公司进口、销售带有"拉菲"标识的葡萄酒并在其经营性网站上擅自使用该标识的行为。上述行为依法构成对原告涉案商标权利的侵犯，具体分析如下。

首先，罗斯酒业公司与长沙德库拉公司在被诉侵权商品酒瓶瓶贴上使用"Laffitte"标识是否侵犯了原告的"LAFITE"注册商标专用权。不同于著作权法和专利法，商标法遵循保护商标专用权与维护消费者权益相结合的原则，商标法不仅要保证商标权人能够排他性地使用商标识别自己商品或服务的来源，还要使消费者能够通过商标将商品或服务与其提供者正确地联系在一起。[3] 由此，2013年第三次修改后的《商标法》确立了判断商标侵权的"混

---

[1] 孔祥俊：《商标法适用的基本问题》，中国法制出版社2014年版，第62页。

[2] 湖南省长沙市中级人民法院（2014）长中民五初字第01581号民事判决书。

[3] 王迁：《知识产权法教程》，中国人民大学出版社2016年版，第499页。

淆可能性”标准，其中第57条第2项规定“未经商标注册人的许可，在同一种商品上使用与其注册商标近似的商标，或者在类似商品上使用与其注册商标相同或者近似的商标，容易导致混淆”的商标侵权类型。

本案原告主张保护的“LAFITE”商标使用的商品为第33类的葡萄酒，而本案被诉侵权商品亦为葡萄酒，故两者属于相同商品。两被告在酒瓶瓶贴上使用的“Laffitte”标识与原告注册商标“LAFITE”仅有细微差别；“Lafite-Monteil”标识仅比原告注册商标多出字母组合“Monteil”，其余部分则完全相同。考虑到注册商标“LAFITE”具有较强显著性与我国范围内的较高知名度，足以认定被告的行为可能导致消费者对商品的来源产生混淆。正如判决书中所言：

> “第一枚被诉侵权标识“Laffitte”，比第1122916号注册商标多出一个字母“f”，字形上略有区别，但整体结构相似，容易使相关公众对商品的来源产生误认。第二枚被诉侵权标识“LafiteMonteil”，比第1122916号注册商标多出字母组合“Monteil”，字形上也略有不同，考虑到第1122916号注册商标的显著性及较高知名度，容易使相关公众误认为其与第1122916号注册商标的商品为系列产品等特定联系。”❶

其次，被告罗斯酒业公司与长沙德库拉公司进口、销售带有“拉菲”标识的葡萄酒并在其经营性网站上擅自使用该标识的行为，构成对知名商品“LAFITE”葡萄酒的特有名称的侵害。如前所述，“拉菲”已经与“LAFITE”商标之间形成了稳定的对应关系，在葡萄酒领域具有较高的知名度。被告使用“拉菲1770”“拉菲蒙特尔”标识，“拉菲”系该标识的主要部分，该部分与原告涉案葡萄酒的特有名称相同。并且，正如判决书指出：

> “罗斯酒业公司在其经营性网站上擅自使用被诉侵权标识“拉菲”，容易使相关公众误认为其与拉菲酒庄之间具有许可使用、关联企业关系等特定关系，造成与“LAFITE”葡萄酒的混淆，损害了拉菲酒庄的合法权益。”❷

---

❶ 湖南省长沙市中级人民法院（2014）长中民五初字第01581号民事判决书。

❷ 湖南省长沙市中级人民法院（2014）长中民五初字第01581号民事判决书。

所以，被告的行为系在同类商品上擅自使用知名商品特有名称，容易导致混淆，致使购买者误认，违反了《反不正当竞争法》第5条第2项有关禁止“擅自使用知名商品特有名称”的规定，应予禁止。

四、案件启示

本案是关于侵害未注册商标的商标权利的经典案例，对于未注册驰名商标的认定必要性问题做了科学、详细的阐释。法院判决明确了在未注册商标的保护问题上，《商标法》第13条第2款与《反不正当竞争法》第5条第2项之间的关系，即在标识已实际具有识别作用，并符合相关知名度要件的情形下，未注册商标的民事保护主要由《反不正当竞争法》有关知名商品特有名称、包装装潢的规定来承担，而没有认定驰名商标的必要。同时，本案的裁决也有利于规范我国进口葡萄酒市场，引导葡萄酒进口企业诚信经营。

（撰稿人：林蔡波）

侵犯地理标志集体商标的行为应如何认定

——苏格兰威士忌协会诉青岛马克力普酒业有限公司等侵害商标权纠纷案案例评析

一、案情概要

2014年，上海市普陀区人民法院受理了原告苏格兰威士忌协会诉青岛马克力普酒业有限公司（以下简称“青岛马克力普公司”）和上海马克力普酒业有限公司（以下简称“上海马克力普公司”）侵害商标权纠纷一案。本案中，二被告生产并销售带有原告苏格兰威士忌协会注册的“Scotch Whisky”“苏格兰威士忌”集体商标字样的威士忌酒，本案主要涉及二被告的行为是否构成商标侵权的判断问题。

原告苏格兰威士忌协会在2008年5月28日经中华人民共和国工商行政管理总局商标局（以下简称“商标局”）核准注册了“Scotch Whisky”“苏格兰威士忌”集体商标，核定使用商品均为第33类：威士忌酒。2010年10月9日，国家质量监督检验检疫总局科技司以2010年第114号文颁布公告决定对苏格兰威士忌（Scotch Whisky）实施地理标志保护。

被告青岛马克力普公司是一家生产葡萄酒及果酒（加工灌装）公司，生产并销售了“皇家旗兵12纯麦威士忌”“女王诗丹迪12年调和威士忌”“女王安诗登12年威士忌”“18年经典威士忌”“皇家旗兵21年经典威士忌”“女王e品（诗丹迪）12年苏格兰威士忌”等酒，并使用了“SCOTCH WHISKY”字样。被告青岛马克力普公司并没有苏格兰威士忌协会会员资格、未获得授权，且这些酒均在国内生产，并非源于苏格兰地区，也不是对苏格兰威士忌原液进行灌装加工而成，不含有涉案集体商标管理规则要求的麦芽成分。

被告上海马克力普公司是一家经营酒类的公司，委托被告青岛马克力普公司生产“IMPERIALPRESTIGE”品牌威士忌酒，以被告青岛马克力普公司生产的酒为原料，然后灌装、贴标、装箱，贴标内容包含了“苏格兰威士忌”字样。

一审法院依据《商标法》《侵权责任法》等相关规定，认定被告青岛马克力普公司及被告上海马克力普公司构成对苏格兰威士忌协会集体商标的侵权，应当承担停止侵害、消除影响、赔偿损失等民事责任。

二、争议焦点

本案中，原告苏格兰威士忌协会认为被告上海马克力普公司、青岛马克力普公司生产销售涉案商品的行为侵犯了苏格兰威士忌协会享有的“Scotch Whisky”“苏格兰威士忌”集体商标专用权。对此，被告上海马克力普公司未做答辩；被告青岛马克力普公司主张其生产涉案威士忌已取得相关权利人和委托方合法授权，并且不涉及销售和宣传，不构成侵权。由此，本案的争议焦点可以归纳为：涉案商品及相关网页是否构成对原告集体商标的侵犯。

三、法理分析

上海市普陀区人民法院对案件事实进行了详细调查，对以上争议焦点展开论证之后，认定被告上海马克力普公司、青岛马克力普公司在生产并销售的产品上使用“SCOTCH WHISKY”字样是对苏格兰威士忌协会注册的集体商标的侵犯；被告上海马克力普公司在其官网及其他经营性网站上使用文字“苏格兰威士忌”构成对原告“苏格兰威士忌”集体商标的侵犯。由此，法院认定两被告应承担赔偿损失、停止侵权、消除影响等责任，主要基于以下两方面的考虑。

（一）地理标志集体商标的排他权具有“克制”[1] 的特殊性

地理标志集体商标消极排他性权能有所“克制”，源于其在内涵、功能上与普通注册商标存在差异。集体商标是一种特殊的商标，要求以团体、协会或者其他组织名义注册，供该组织成员在商事活动中使用，以表明使用者在该组织中的成员资格的标志，因此其具有“共有性”。《集体商标、证明商标注册和管理办法》第 17 条规定：“集体商标不得许可非集体成员使用。”由此可推出，集体商标的排他性使用体现在只要是该集体成员均可使用，而该组

[1] 上海市普陀区人民法院民事判决书（2014）普民三（知）初字第 468 号。

织以外的成员不得使用，[1] 这是一种区别于普通注册商标也相对强势的排他性权能。

但如果是注册成地理标志的集体商标，除了具有集体商标的属性之外，还增加了地理标志的属性，其排他性权能便有所限制，在判断与运用排他性时需要有所克制。《商标法实施条例》第4条规定："以地理标志作为集体商标注册的，其商品符合使用该地理标志条件的自然人、法人或者其他组织，可以要求参加以该地理标志作为集体商标注册的团体、协会或者其他组织，该团体、协会或者其他组织应当依据其章程接纳为会员；不要求参加以该地理标志作为集体商标注册的团体、协会或者其他组织的，也可以正当使用该地理标志，该团体、协会或者其他组织无权禁止。"因为地理标志本身的目的在于保障所有来自该地理区域的经营者使用该地理标志的权利，而不是为了垄断本身就应为该区域所有经营者所共享的资源，[2] 这与地理标志的内涵与功能是相符合的。综合法律规定及学理上对地理标志的解读，对注册为集体商标的地理标志的排他性应进行一定限制，要求判断排他性使用的同时应当注意一些例外情况。

另外，地理标志集体商标的排他性权能的克制还体现在申请人在容许使用空间方面具有更大的自主权。在申请注册地理标志的文件中，申请人也可以在不突破《地理标志产品保护规定》[3] 中对地理标志内容使用范围的基础上，对地理标志的容许使用情况进行规定。也就是说，地理标志集体商标所有人除了应当允许本地区种植或养殖符合条件的主体使用地理标志集体商标外，也有权通过制定相关使用标准，允许原材料全部来自本地区或部分来自其他地区并在本地区按照特定工艺生产加工的产品所有人使用地理标志集体商标。而在单一集体商标情况下，非该组织成员即使达到该集体商标的使用管理规则的要求，依然无权使用该集体商标。正如判决书中指出的：

"（地理标志）集体商标与商品商标相比较，特殊之处在于权利人专用权的消极排他性权能需有所克制，在判断涉案商品是否构成

---

[1] 王莲峰：《商标法学》，北京大学出版社2014年版，第22页。

[2] 王迁：《知识产权法教程》，中国人民大学出版社2016年版，第432页。

[3] 《地理标志产品保护规定》第2条中对地理标志产品进行定义，并总结为两个方面：（1）来自本地区的种植、养殖产品。（2）原材料全部来自本地区或部分来自其他地区并在本地区按照特定工艺生产加工的产品。

对苏格兰威士忌协会集体商标侵犯时，未经商标专用权人许可在同一种商品上进行使用仅是必要非充分要件，还需进一步考察使用是否具正当性。”❶

法院在判定是否成立商标侵权时，明确指出地理标志集体商标的排他性有一定的限制，需要结合后其他因素具体判断，此项考虑是十分全面而严谨的。本案中，苏格兰威士忌协会在公告集体商标使用规则时对原料产地、制作工艺、加工方法、品质标准等均做出了严格的规定。此外还规定，“部分非协会成员的公司及部分非苏格兰威士忌酿造商，从苏格兰威士忌蒸馏厂购买苏格兰威士忌用于自己的品牌也可使用集体商标，但必须遵守相应规定。”然而，本案中，被告青岛马克力普公司并非苏格兰威士忌协会成员，亦非苏格兰当地选择未加入的威士忌蒸馏酒厂，同时，其生产与销售的威士忌均为自己公司在国内酿造与生产，并非从苏格兰威士忌蒸馏厂购买苏格兰威士忌并用于自己品牌的情况。因此，被告青岛马克力普公司不存在任何正当使用“苏格兰威士忌”集体商标的权利。从公安机关的讯问笔录也可知，被青岛马克力普公司使用“苏格兰威士忌”商标纯粹是为了提升威士忌酒商品的价值以提高销量，正如法院判决所说：

“不仅未有证据表明涉案商品产自于苏格兰地区，也未提供进口苏格兰威士忌原液进行灌装加工的证据，加之其中四款涉案商品因未符合上述公告的‘苏格兰威士忌标准’而被认定为不是苏格兰威士忌，故涉案商品上使用苏格兰威士忌协会涉案集体商标字样的行为不具有正当性。”❷

（二）地理标志集体商标仍然适用一般商标的侵权判断标准

地理标志集体商标的侵权判断规则与普通注册商标侵权判断规则一致，适用“混淆”理论。《保护工业产权巴黎公约》是最早保护地理标志的国际公约，并对“直接或间接假冒产品的原产地”的侵权行为作了规定。《与贸易有关的知识产权协议》对地理标志问题做了更为全面的规定，其规定“使用

❶ 上海市普陀区人民法院民事判决书（2014）普民三（知）初字第468号。

❷ 上海市普陀区人民法院民事判决书（2014）普民三（知）初字第468号。

任何手段指明或标示该产品来源于一个非真实原产地的地域，其方式导致公众对商品地域来源产生误解的，应予制止”，我国商标法对于地理标志的相关规定正是来源于此。

在地理标志的保护问题上，我国采取商标法保护与单行法规保护并行的模式，并在《商标法实施条例》中明确，我国商标法对地理标志的保护模式采用证明商标和集体商标的方法，这也是被许多国家所广为采用的保护方式。由于这两种商标基本上可以实现地理标志的主要功能，且都为垄断性相对较弱的集体性权利，回避了一般注册商标和地理标志之间可能产生的冲突，此种保护模式确有优势。但在具体侵权判定时，不可仅从商标法“混淆标准”的角度出发，也应该考虑到地理标志的特殊属性。

混淆理论对于地理标志集体商标的适用基本不存在问题，如果第三人未经许可在相同或类似产品上使用了与地理标志证明商标或集体商标相同或近似的标志，则也可能导致相关公众的混淆误认，即认为第三人是地理标志商标所识别的提供者群体中的一员或者与后者存在联系。在商誉承载功能上，产品商标或服务商标承载着商标注册人的经营行为和商标被许可人的经营行为所共同建立的商誉，而地理标志证明商标或集体商标承载着由于特定地区的水土等自然因素和加工工艺等与多数生产者的经营行为相关的人文因素所形成的在农副产品上以特定质量、特征、声誉等为表现形式的商誉。[1]

从侵权角度来看，如果第三人未经许可使用了地理标志集体商标，且该商品并非来源于该标志所标示的地区，在导致混淆的情况下，如果该第三人的侵权产品的质量或其他特征并不符合地理标志产品应有的标准，则很有可能破坏该地理标志集体商标的商誉。此种损害商誉的表现形式，与商标侵权行为对于普通商标的商誉利用和侵害后果以及表现形式完全一致。另需注意，《最高人民法院关于审理商标授权确权行政案件若干问题的规定》第 17 条对“诉争商标指定使用的商品与地理标志产品并非相同商品”的情形也做出了规定。若地理标志利害关系人能够证明诉争商标使用在该产品上仍然容易导致相关公众误认为该产品来源于该地区并因此具有特定的质量、信誉或者其他特征的，也可主张法定权利，这同样是混淆理论的适用。因此，正如本案判决书中所言：

---

[1] 冯术杰：《论地理标志的法律性质、功能与侵权认定》，载《知识产权》2017 年第 8 期。

"以地理标志注册的集体商标，其目的是向相关公众标示商品特定产地以起到显示该商品特定质量及信誉等特征的作用，因而涉案商品包括商品包装上标示有'SCOTCH WHISKY'、'苏格兰威士忌'字样，且辅以产品英伦背景渲染，足以造成相关公众将前述涉案商品认为是来自于苏格兰的威士忌酒或产生该等酒来源于原告协会下会员单位的认知。"[1]

四、案件启示

本案是关于地理标志集体商标侵权的经典案例，对于注册为集体商标的地理标志侵权的特殊性做了清晰全面的阐述。这一特殊性主要体现在地理标志集体商标消极排他性权能的克制，而在侵权判断规则上与普通注册商标基本一致，"混淆理论"同样适用于地理标志集体商标。本案判决缓解了地理标志和商标作为两种互相独立的工业产权在属性功能上的天然矛盾，在侵权判定过程中对于两者规则适用上的差异予以明晰与协调，是我国采取商标法模式保护地理标志的成功范例。同时，本案判决也有利于规范我国酒类产品生产、销售市场，引导相关企业诚信经营。

（撰稿人：万紫嫣）

---

[1] 上海市普陀区人民法院民事判决书（2014）普民三（知）初字第468号。

电商交易平台对用户的侵权行为应尽到何种程度的注意义务

——彪马股份公司诉淘宝网侵犯商标权案案例评析

一、案情概要

2006 年，广东省广州市中级人民法院受理了鲁道夫·达斯勒体育用品彪马股份公司（以下简称“彪马公司”）诉浙江淘宝网络有限公司（以下简称“淘宝公司”）、陈仰蓉侵犯商标权一案。本案中，被告陈仰蓉销售假冒注册商标的商品，被告淘宝公司为其提供了网络平台服务，主要涉及被告淘宝公司对被告陈仰蓉的侵权行为是否构成帮助侵权的问题。

原告彪马公司早在 1978 年就在中国注册了“PUMA”商标、“豹图形”商标和“PUMA 及豹图形”商标，并进行了大量使用。原告上述商标在中国市场的运动产品生产销售上取得了巨大成功，成为在中国少数几个世界驰名的运动系列品牌之一。

第一被告淘宝公司经营的淘宝网（www.taobao.com）是我国最大的网络零售平台之一，被告陈仰蓉为淘宝网的注册卖家。原告在起诉前，已通过律师向被告淘宝公司发送律师函，要求淘宝公司删除相关信息。

一审法院依据《商标法》及《民法通则》等相关规定，认定被告陈仰蓉销售了假冒原告注册商标的产品，侵犯原告注册商标专用权。由于原告承认被告陈仰蓉已停止侵权，故驳回原告对该被告的诉请；被告淘宝公司并未违反其事前审查义务及事后补救义务，驳回原告对该被告的诉请。

二、争议焦点

本案中，原告彪马公司认为被告淘宝公司提供网络平台等相关的服务构成对销售假冒注册商标产品的帮助，违反事前审查义务，在原告通知之后仍未采取有效措施，违反事后补救义务，构成帮助侵权。对此，被告淘宝公司主张，其在网上公布的《淘宝服务条款》说明网站仅为提供信息发布条件的服务商，《商品发布管理规定》中已列明“禁止和限制交易物品管理规则”。其中明确禁止交易物品包含“任何侵犯他人知识产权的物品，如假冒商品、侵犯他人版权和专利权的产品”，同时亦按管理规定对第二被告陈仰蓉进行个人卖家信息认证，已尽事前审查义务；在收到法院寄来的证据时进行了数据查询，发现被告陈仰蓉已将涉案物品下线，即尽事后补救义务。由此，本案的争议焦点可以归纳为以下两点：（1）被告淘宝公司是否违反事前审查义务；（2）被告淘宝公司是否违反事后补救义务，以致构成帮助侵权。

三、法理分析

广东省广州市中级人民法院在对案件事实进行详细调查，对以上争议焦点分别展开分析之后，认定被告陈仰蓉销售假冒原告注册商标的产品，侵犯原告商标权；被告淘宝公司并未违反注意义务，不需承担相应赔偿责任。法院认定被告淘宝公司不构成帮助侵权，不需承担赔偿责任，主要基于以下两个方面的考虑。

（一）被告淘宝公司没有违反事前审查义务

本案的第一个争议焦点在于淘宝公司是否违反事前审查义务。法院审理后首先得出的结论是，被告陈仰蓉侵权是成立的，被告淘宝公司作为电子商务平台经营者，为其信息发布提供了平台技术服务。在此情况下，原告提出了被告淘宝公司帮助侵权的主张。因此，被告淘宝公司是否尽到事前审查义务，则需要先认定其应尽的义务范围。

被告淘宝公司所经营的是 C2C 网络交易平台，其身份应为互联网信息服务提供商，业务覆盖范围是专业 BBS 消费购物类，提供电子公告服务。也就是说，被告淘宝公司为其用户发布信息提供技术服务。根据我国《互联网信息服务管理办法》规定，互联网信息服务提供者在发现明显的九项禁止传输内容[1]时，应立即停止传输并向国家机关报告。即互联网信息服务提供者有义

---

[1] 《互联网信息服务管理办法》第 15 条规定了互联网信息服务提供者不得制作、复制、发布、传播的九项内容，第 16 条规定“互联网信息服务提供者发现其网站传输的信息明显属于本办法第十五条所列内容之一的，应当立即停止传输，保存有关记录，并向国家有关机关报告”。

务对网络商店进行身份审查，制定售假制裁规则，并在显著的地方予以公布。除此之外，对网络商店所售商品的商标合法性进行审查，并不属于其应尽义务范围。正如判决书中指出的：

> “履行该项审查义务超出网络服务商的能力范围。由于网络的容量近乎无限，网络商店及其销售的商品数量是惊人的。例如，至2005年12月30日，淘宝网在线商品数量超过1400万，至2006年5月其注册会员为2050万。而且，由于网络延伸空间的全球性，网络服务商不可能对网络商店所售商品商标的合法性进行当面审查。在这种情况下，要求网络服务商对每一个网络商店销售的每一种商品的商标合法性负责，超出了其能力范围。”❶

法院的判决书通过目的解释的方法，将互联网信息服务提供商所应尽的事前审查义务范围限于身份审查和公布售假制裁规则，这是非常正确的。首先，被告淘宝公司的身份仅为互联网信息服务提供商，仅仅为网络商店提供网上交易的平台。其次，由于网络虚拟性的特点，网络商店所售卖的上架商品并非为实物上架。因此网络交易平台管理者也没有当面审查其实物商标是否合法的可能性，将实质审查列入事前审查义务超出了其能力范围，是没有依据的。

（二）被告淘宝公司没有违反事后补救义务

被告淘宝公司是否违反事后补救义务是该案的另一个争议焦点，主要的问题是：原告向淘宝公司发送律师函后，淘宝公司没有删除其指定信息的做法是否违反了事后补救义务。

一方面，在网络信息服务者明知网店售假的情况下，要求其承担删除相关侵权信息的义务有合理性。在该案判决的2006年，《侵权责任法》《电子商务法》尚未出台，在此类电子商务平台上发生的侵权案件中，互联网信息服务提供商的侵权责任在立法上不够清晰。《商标法实施条例》规定：“为侵犯他人商标专用权提供仓储、运输、邮寄、印制、隐匿、经营场所、网络商品交易平台等属于侵犯注册商标专用权的行为。”❷ 法院据此认为，被告淘宝公

---

❶ 广州市中级人民法院（2006）穗中法民三初字第179号民事判决书。

❷ 《商标法实施条例》第75条。

司作为网络商店发布信息的技术支持者，有能力对其发布的信息予以删除。如果被告淘宝公司明知其用户销售侵犯他人注册商标权的商品，仍不删除相关信息，“无疑属于故意为侵犯他人注册商标权行为提供便利条件，构成共同侵权”。

另一方面，相关权利人在通知互联网信息服务提供商，指出网络商店的侵权事实时，应当提交证明该事实的相关证据，互联网信息服务提供者才有义务删除相关的信息。因为考虑到通知的侵权指称未必属实，所以要求通知必须符合一定要件。该案中，原告在起诉前连续三次向被告淘宝公司发出律师函，要求对方删除侵权网络商店发布的相关信息，但并未附上关于其所认为的侵权事实的相关证明。被告淘宝公司认为该通知在来函中没有明确指定的侵权人，也缺乏证明侵权事实的初步材料，因此不是有效通知，故未删除相关信息。笔者认同被告淘宝公司的观点，在没有有效通知的情况下，被告淘宝公司无法掌握真实信息，其没有对被告陈仰蓉所发布的商品信息进行删除的做法是合理的，没有违反事后补救义务。

首先，淘宝公司在接到原告律师函后，根据内部投诉规则要求原告提供明确指定的侵权人（或侵权链接）以及证明侵权事实的初步材料，是合理的。该案宣判当年公布施行的《信息网络传播权保护条例》规定：“通知应当包含以下内容：（一）权利人的姓名（名称）、联系方式和地址；（二）要求删除或者断开链接的侵权作品、表演、录音录像制品的名称和网络地址；（三）构成侵权的初步证明材料。”❶ 虽然商标权并不在该条例保护范围之内，但实践中，电子商务平台一般都参考制定了一套类似的流程规定，要求通知有基本的权利证明、侵权信息的地址及侵权的基本证据。❷ 这说明，在电子商务平台的商标权保护中，这样的通知内容和程序是很有参考价值的。2010 年，《侵权责任法》明确“通知—删除”规则，由于这部法律保护范围为民事权益，当然也包括了电子商务平台上的商标权。在其基础上，2018 年出台的《电子商务法》进一步详细制定了电子商务交易领域的知识产权侵权责任规则，包括“避风港”原则和“红旗”原则。不断完善的立法都对此问题态度明确，即在电子商务平台上发生的商标侵权，权利人在向电子商务平台管理发出侵权

---

❶ 《信息网络传播权保护条例》第 14 条。

❷ 司晓、费兰芳：《电子商务平台服务提供者的商标间接侵权责任探析——论〈侵权责任法〉第 36 条在电子商务商标侵权中的适用》，载《知识产权》2012 年第 3 期。

通知时，要求经过一定的流程，包括提供证明侵权的初步证据材料。

其次，在对网络交易平台上的侵权进行遏制的同时，应充分考虑知识产权保护和网络产业发展之间的平衡原则。我国互联网产业，尤其是电子商务领域，已居于世界前列，互联网发展更是我国经济发展的重要引擎。过多地给互联网信息服务提供商设定注意义务，在侵权案件中一味要求其承担过多的侵权责任，是不利于产业发展的。对此有学者认为，如果网络服务提供者包括电子商务平台经营者对通知权人行使通知权不享有审查权，所谓的被侵权人说删除就得删除，将会造成损害表达自由的严重后果。[1] 也就是说会造成权利人通知权的滥用。判决书指出：

> “只有商标权人指出网络商店的侵权事实，并提交相应的证据证实，第一被告才有义务删除相关的信息。原告虽然指出包括第二被告在内的网络商店侵权，但其三次致函都没有提交侵权方面的证据，而且在第一被告要求其提交这些证据的情况下明确答复暂不提交，第一被告在此情况下没有删除其指定的信息并没有违反事后补救义务。”[2]

正如判决书所言，要求原告提供指定的侵权人（或侵权链接）以及证明侵权的初步材料，是被告淘宝公司履行事后补救义务的必要条件。原告没能提供初步证据，因此被告淘宝公司在无法核实侵权事实的情况下，没有立即删除侵权信息，是不违反事后补救义务的。原告以其已通知被告淘宝公司而后者未及时采取删除指定信息等措施为由，指控被告淘宝公司帮助侵权的主张不能成立。

四、案件启示

本案是关于 C2C 网络交易平台商标侵权的典型案例。意义在于在法律法规尚未对电子商务平台责任作出更详尽的规定时，法院对互联网信息服务提供商所应承担的注意义务做了正确的范围划分。另外，法院对于通知电子商务平台商标侵权信息的应有内容作出了符合发展趋势的解释。一方面，提示

---

[1] 杨立新：《电子商务交易领域的知识产权侵权责任规则》，载《现代法学》2019 年第 2 期。

[2] 广州市中级人民法院（2006）穗中法民三初字第 179 号民事判决书。

互联网信息服务提供商在经营相关平台时应尽注意义务；另一方面，提示相关权利人发出要求消除侵权影响的通知时，应注意提供包括初步侵权证据在内的完整材料，以维护自身的利益。

（撰稿人：张令涵）

电商交易平台对重复侵权的用户应尽到何种程度的注意义务

——衣念（上海）时装贸易有限公司诉浙江淘宝网络有限公司等侵害商标权纠纷案案例评析

一、案情概要

2010年，上海市浦东新区人民法院审理了衣念（上海）时装贸易有限公司（以下简称“衣念公司”）诉浙江淘宝网络有限公司（以下简称“淘宝公司”）、杜国发侵害商标权一案。本案涉及被告杜国发的销售行为是否侵害了原告衣念公司的注册商标专用权，被告淘宝公司是否知道网络用户利用其网络服务实施侵权行为并且是否采取了合理、必要的措施以避免侵权行为的发生，以及被告淘宝公司是否构成侵权。

原告衣念公司是依兰德有限公司（E. LAND LTD）第1545520号注册商标和第1326011号注册商标的独占被许可使用人。被告淘宝公司是淘宝网的运营商，淘宝公司为用户提供网络交易平台服务。被告杜国发属于淘宝网的卖家。

衣念公司认为淘宝网有大量卖家发布侵权商品信息，要求淘宝公司删除侵权商品信息并提供卖家真实信息。上述投诉中，包含了衣念公司针对被告杜国发的7次投诉，其中有3次涉及“TEENIE WEENIE”商标，4次涉及依兰德有限公司的另一个注册商标“SCAT”。淘宝公司在接到原告投诉后，对原告举报的侵权信息予以删除，但未采取其他制止侵权行为的措施。

浦东新区人民法院一审认定被告杜国发应当知道其销售的商品侵犯他人注册商标专用权，应当依法承担侵权责任。被告淘宝公司在知道杜国发多次发布侵权商品信息的情况下，未严格执行其管理规则，依然为杜国发提供网络服务，该行为属于对杜国发继续实施侵权行为的放任和纵容。其故意为杜国发销售侵权商品提供便利条件，构成帮助侵权，具有主观过错，应承担连带赔偿责任。

2011 年，上海市第一中级人民法院对本案进行了二审，最终驳回淘宝公司的上诉，维持原判。

二、争议焦点

本案中，原告衣念公司认为被告淘宝公司不顾原告的警告和权利要求，在知道杜国发以销售侵权商品为业的情况下，依然向杜国发提供网络服务，故意为侵犯他人注册商标专用权的行为提供便利条件，继续纵容、帮助杜国发实施侵权行为。被告淘宝公司认为其采取了合理审慎的措施，其善意的删除行为不能就此推定淘宝公司明知杜国发及其他被投诉人存在屡次重复侵权而怠于采取任何措施。在本案中，原告也只是公证购买了杜国发销售的一件商品并鉴定为假货，不能由此认定其他 7 次投诉的商品为仿冒品，也不能由此认定杜国发销售的其余商品为仿冒品。淘宝公司在二审中认为，衣念公司涉案 7 次投诉未提供判断侵权的证明，不属于有效投诉，淘宝公司不知道原审被告杜国发存在侵权行为，对于杜国发的侵权行为不具有主观过错。因此，本案的争议焦点可归结为：（1）被告淘宝公司是否知道网络用户利用其网络服务实施侵权行为；（2）淘宝公司是否采取了合理、必要的措施以避免侵权行为的发生；（3）淘宝公司是否构成侵权。

三、法理分析

一审和二审法院对上述争议焦点展开分析之后，认定被告淘宝公司在知道被告杜国发多次发布侵权商品信息的情况下，未严格执行其管理规则，依然为杜国发提供网络服务，具有构成帮助侵权，具有主观过错，应承担连带赔偿责任。在对淘宝公司具有主观过错的认定时，法院主要基于几点考虑：

（一）根据衣念公司的投诉通知可以推定淘宝公司知道侵权行为

本案的第一个争议焦点在于被告淘宝公司是否知道网络用户利用其网络服务实施侵权行为。本案被告淘宝公司经营的淘宝网（非商城，C2C 模式）作为电子商务平台，本身并不售卖商品，因此其不会构成对商标权的直接侵权。但是电子商务平台作为网络服务提供商，如果其知道平台内存在侵权行为却没有采取必要措施，即具有主观过错，就会构成帮助侵权，需要承担连带责任。

由于网络服务提供商并不承担知识产权全面审查义务，权利人发出的投诉通知就成为推定网络服务商知道侵权行为的重要因素。在权利人发出的通知内容已经能够证明平台中存在侵权行为时，如果电商平台不采取必要措施删除侵权内容或断开链接，则无异于在知道侵权行为的情况下，扩大他人侵权行为的影响范围，由此构成间接侵权。[1] 该规则即“通知—删除”规则，其源于美国 1998 年的《千禧年数字版权法》（DMCA）规定的避风港规则，该规则在我国的《信息网络传播权保护条例》《侵权责任法》和《电子商务法》中都有所规定。“通知—删除”规则的作用在于判断网络服务提供商是否知道侵权行为，以及是否采取必要措施阻止侵权行为的发生。

在认定被告淘宝公司是否具有主观过错时，首先需要判断权利人发出的投诉通知是否有效。目前商标法领域并没有规定通知的具体内容，但是在著作权法领域已有相关规定，《信息网络传播权保护条例》第 14 条规定：“通知书应当包含下列内容：（一）权利人的姓名（名称）、联系方式和地址；（二）要求删除或者断开链接的侵权作品、表演、录音录像制品的名称和网络地址；（三）构成侵权的初步证明材料。”[2] 此外，2019 年实行的《电子商务法》第 42 条规定：“通知应当包括构成侵权的初步证据。”[3] 淘宝网公布了知识产权侵权投诉途径显示：“权利人投诉应该提供以下资料：（一）权利证明以及身份证明；（二）侵权链接；（三）判断侵权成立的初步证明或者充足的理由；（四）对某个卖家重复投诉的，还要标注重复投诉的具体时间、重复投诉的次数。”[4] 可见，判断权利人发出的通知是否有效的关键在于通知中是否包含构成侵权的初步证据。

此外，交易平台中商品信息的虚拟性影响商标权人发出有效的侵权投诉通知，商标权人的维权成本也较高，对商标权人发出有效的侵权投诉通知造成了一定的困难。因此，“侵权行为成立的初步证据”在证明力度上应弱于“侵权行为成立的证据”。据此，所谓公证购买侵权商品的证据、网页上明显的侵权信息无疑都属于“侵权行为成立的初步证据”。甚至，卖家在聊天中对

---

[1] 王迁：《网络环境中的著作权保护研究》，法律出版社 2011 年版，第 251 页。

[2] 《信息网络传播权保护条例》第 14 条。

[3] 《电子商务法》第 42 条。

[4] 《中华人民共和国最高人民法院公报》2012 年第 1 期（总第 183 期）。

商标侵权行为的自认都应属于“侵权行为成立的初步证据”。❶ 具体到本案，衣念公司称相关商品在淘宝上的销售价格严重低于市场正常销售价格，从交易常识来讲，可以说明销售涉案商品构成侵权的可能性较大。此外，衣念公司在投诉中提供了杜国发网店的网址链接。并且该网店网页的公告中载明：“本店所出售的部分是专柜正品，部分是仿原单货……”，可以看出，这是非常明显的侵权信息。❷ 因此，衣念公司投诉通知已经可以初步证明被投诉人存在侵权行为。

在明确衣念公司的通知有效的情形下，判断淘宝公司是否具有主观过错则需要判断淘宝公司是否知道通知中包含的侵权行为。对淘宝公司是否知道侵权行为可以基于以下几个因素进行考量：

首先，衣念公司发出的投诉数量巨大，在这种情况下，淘宝网上仍然存在大量的侵权产品，并且淘宝网在采取删除措施后，其收到的卖家反通知的比率很小。可见，淘宝公司知晓淘宝网上存在着大量的侵权行为。此外，衣念公司针对杜国发的侵权行为向淘宝公司发出了 7 次通知，这足以使淘宝公司知道杜国发存在侵权行为。

其次，衣念公司发出的通知中包含有被告杜国发网店的链接，并且该网店标明了“本店所出售的部分是专柜正品，部分是仿原单货……”对于这种明显的侵权信息，淘宝公司有理由知道被告杜国发售卖的存在侵权商品。

最后，淘宝公司删除杜国发发布的侵权信息之后，并没有收到杜国发发出的反通知。依据常理，如果商家销售的合法授权产品被删除，一定会向电商平台发出反通知要求恢复。但是杜国发在淘宝网删除其商品信息后，并没有提出申诉和抗辩，淘宝公司据此应当知道杜国发销售的是侵权产品。

(二) 淘宝公司没有采取必要措施防止侵权行为发生

本案的第二个焦点是淘宝公司是否采取了必要措施以避免侵权的发生，《侵权责任法》第 36 条第 2 款规定：“网络用户利用网络服务实施侵权行为的，被侵权人有权通知网络服务提供者采取删除、屏蔽、断开链接等必要措施。网络服务提供者接到通知后未及时采取必要措施的，对损害的扩大部分

❶ 陈绍玲：《C2C 网络交易平台下侵权投诉通知的有效性探讨》，载《中华商标》2011 年第 4 期。

❷ 陆凤玉、范静波：《网络交易平台经营者共同侵犯商标权的主观过错认定》，载《人民司法》2012 年第 18 期。

与该网络用户承担连带责任。”❶《电子商务法》第45条规定：“电子商务平台经营者知道或者应当知道平台内经营者侵犯知识产权的，应当采取删除、屏蔽、断开链接、终止交易和服务等必要措施；未采取必要措施的，与侵权人承担连带责任。”❷ 我国立法规定了电商平台知道侵权行为未采取必要措施需要承担连带责任，但没有明确规定必要措施应当包括哪些内容。实践中，网络服务提供商应当综合考虑侵权情形采取必要措施，这些必要措施要尽可能地消除损害或者防止损害的进一步扩大。❸ 这种必要措施应当能够避免侵权后果，同时不限制他人的行为自由。❹ 具体到本案，对淘宝公司是否采取了必要措施不能局限在删除、屏蔽、断开链接，也不能以是否已有效地制止侵权作为唯一的判断标准，而应结合措施的有效性、技术可行性、采取措施的成本等因素综合确定。❺

首先，需要考虑淘宝公司采取的措施是否有效。淘宝公司在收到衣念公司发出的7次投诉之后，对杜国发发布的商品信息进行了删除处理，但没有进行进一步处理，也没有对杜国发采取任何惩罚措施，以至于侵权后果进一步扩大。可见，本案中淘宝公司采取的措施并不有效，没有制止侵权行为的扩大。

其次，需要考虑淘宝公司是否有能力采取措施制止侵权行为的扩大。根据淘宝网的侵权投诉处理流程，在发现侵权行为后，淘宝网会采取以下措施：（1）删除涉嫌侵权的链接；（2）如果权利人为进一步通过司法程序主张权利提出需要涉嫌侵权人的信息，淘宝公司可以提供涉嫌侵权会员的姓名、联系方式和身份证号码；（3）对被投诉的卖家进行处罚。❻ 可见，除了删除侵权信息以外，淘宝公司是有能力对商家的侵权行为做进一步处理的。正如判决书中指出：

“淘宝公司接到衣念公司的投诉通知后，对投诉的内容进行了审

---

❶《侵权责任法》第36条第2款。

❷《电子商务法》第45条。

❸ 王利明：《论网络侵权中的通知规则》，载《北方法学》2014年第2期。

❹ 杨立新：《〈侵权责任法〉规定的网络侵权责任的理解与解释》，载《国家检察官学院学报》2010年02期。

❺ 陆凤玉、范静波：《网络交易平台经营者共同侵犯商标权的主观过错认定》，载《人民司法》2012年第18期。

❻《中华人民共和国最高人民法院公报》2012年第1期（总第183期）。

核并删除了杜国发发布的商品信息。根据淘宝网当时有效的用户行为管理规则，其在接到衣念公司的投诉并经核实后还应对杜国发采取限制发布商品信息、扣分、直至冻结账户等处罚措施，但淘宝公司除了删除商品信息外没有采取其他任何处罚措施。在7次有效投诉的情况下，淘宝公司应当知道杜国发利用其网络交易平台销售侵权商品，但淘宝公司对此未采取必要措施以制止侵权，杜国发仍可不受限制地发布侵权商品信息。”❶

需要注意的是，侵权投诉处理流程可以作为电商平台采取必要措施的参考，但不能机械地以此为依据判断电商平台是否采取了必要措施。由于电商平台的侵权投诉处理流程往往比法律规定更为具体，如果将其作为依据将会大大加重电商平台的负担。因此，电商平台的侵权投诉处理流程仅可以作为电商平台是否采取必要措施的参考因素。具体到本案，淘宝公司的侵权处理流程表明淘宝公司在删除杜国发的侵权商品信息后，完全可以对杜国发进行公开警告、降低信用评级、限制发布商品信息直至关闭该网络用户账户等，以制止侵权行为进一步发生。但是淘宝公司并没有采取这些措施，对侵权结果进一步扩大具有明显的主观过错。

淘宝公司在知道杜国发侵权行为的情况下，没有采取必要措施，在删除杜国发的侵权产品信息之后仍然为其提供网络服务，并且没有任何惩罚措施，以至于杜国发的侵权行为仍在继续。这种情形可以认定淘宝公司知道侵权行为却仍包容、放纵，具有明显的主观过错，因此在本案中，法院判定被告淘宝公司构成帮助侵权，应当承担连带赔偿责任。

四、案件启示

本案是关于认定网络交易平台在商标侵权中存在主观过错、构成帮助侵权的经典案例，其意义在于法院从两个方面确立了认定网络交易平台是否具有过错的标准，并且明晰了构成帮助侵权的要件，即主观过错加一定的行为要素，对于维护商标权人利益，规范网络交易平台秩序具有重要意义。首先法院对“通知删除规则”中通知的有效性进行了详细的阐释，通知中的初步

❶ 《中华人民共和国最高人民法院公报》2012年第1期（总第183期）。

证据要求不能过高，只要是能够证明存在一定侵权可能性的证据材料，都可以作为初步证据。有效的通知结合侵权行为的明显程度能够认定网络交易平台知道其平台中存在侵权行为。其次法院对“必要措施”进行了解释，必要措施应有效地制止侵权行为，并且还需要考虑技术可行性和成本因素。

（撰稿人：顾子皓）

■ 不侵犯商标权行为的认定

商标叙述性使用应如何认定

——北京市海淀区新东方学校与（美国）教育考试服务中心侵犯著作权和商标专用权纠纷上诉案案例评析

一、案情概要

2004 年，北京市高级人民法院公开审理了北京市海淀区新东方学校（以下简称“新东方学校”）与（美国）教育考试服务中心（以下简称“ETS”）侵犯著作权和商标专用权纠纷上诉一案。本案主要涉及：针对被上诉人 ETS 享有的 GRE 试题的著作权和“GRE”商标专用权，上诉人新东方学校的相关使用行为是否构成对上述权利的侵害的判断问题。

上诉人新东方学校，主要从事外语类教学服务，提供 GRE、TOFEL 等课程的教学培训。被上诉人 ETS，负责主持开发 GRE 考试，其开发的 45 套 GRE 试题已在美国版权局进行了版权登记，并在中国就“GRE”字样，在盒式录音带、考试服务、出版物类别上进行了商标注册。

北京市第一中级人民法院一审判决认定，根据《保护文学和艺术作品伯尔尼公约》，美国的作品在我国受到我国著作权法的保护。新东方学校未经 ETS 许可，擅自复制并公开销售 GRE 试题，构成对 ETS 著作权的侵犯。就商标权问题，因 ETS 商标尚在有效期，且新东方学校在相同类别上、以相同字样，对“GRE”突出使用，构成对ETS商标专用权的侵犯。新东方学校不服一审判决，提起上诉。

北京高级人民法院在对案件事实重新审理后，依照《保护文学和艺术作品伯尔尼公约》第3条第1款（a）项及《著作权法》第2条第2款、第52条之规定，认定上诉人新东方学校，未经许可复制、公开销售试题的行为，构成对ETS著作权的侵害，一审判决事实认定、法律适用并无不当。但新东方学校对“GRE”字样的使用，系进行描述性或叙述性的使用，并未造成读者对商品来源的误认和混淆，故对一审中认定侵犯商标专用权的判决予以纠正。

二、争议焦点

本案中，上诉人新东方学校主张其对“GRE”字样的使用，仅为叙述性或描述性使用，并不会造成也并未造成对商品的混淆。由此，本案的争议焦点在于：新东方学校在其发行的GRE相关出版物封面上，以与ETS的商标相同字样、醒目字体的方式标明“GRE”字样，此行为是否构成对商标的叙述性或描述性使用，是否侵犯了ETS的商标专用权。

三、法理分析

叙述性使用，也称描述性使用，是指虽然使用了商标中的文字或图形，但并非用其指示商品或服务的特定来源，而是对商品或服务本身的特征进行描述。[1] 在商标法中，这类使用行为因其不属于商标法意义上的使用行为，不受商标权控制，是侵犯商标权的重要抗辩事由。

（一）叙述性使用的商标类型

我国《商标法》第59条第1款规定：“注册商标中含有的本商品的通用名称、图形、型号，或者直接表示商品的质量、主要原料、功能、用途、重量、数量及其他特点，或者含有的地名，注册商标专用权人无权禁止他人正当使用。”该规定针对的是商标的正当使用行为，正当使用包括叙述性使用与指示性使用两种类型。从该条规定内容来看，其实质上仅是对适用叙述性使用的商标类型进行了规定：（1）含有通用名称、图形、型号的；（2）商标本身

[1] 王迁：《知识产权法教程》，中国人民大学出版社2016年版，第479页。

直接表示商品质量、主要原料、功能、用途、重量、数量等特征的；（3）含有地名的。

在司法实践中，对叙述性使用的商标认定也基本符合这三大类型。第一类，含有通用名称的，如在“山东鲁锦实业有限公司诉鄄城县鲁锦工艺品有限责任公司、济宁礼之邦家纺有限公司商标专用权纠纷案”中，法院认定，鲁锦是山东民间手工棉纺织品的通用名称，鄄城鲁锦公司使用“鲁锦”旨在描述其产品为鲁锦面料、生产技艺符合鲁锦生产特点，因而属于正当使用，不构成侵权。[1] 第二类，直接表示商品特征的商标，如在“漳州片仔癀药业股份有限公司诉漳州市宏宁家化有限公司商标专用权纠纷案”中，法院认为片仔癀是一种药品的名称，如果被控产品中含有片仔癀成分，生产者出于说明或客观描述商品特点的目的，可以以善意方式在必要范围内予以标注使用，此为正当使用。但被告对“片仔癀”字样以明显大于其自身商标、且以与原告片仔癀公司注册商标相同字体标注，难谓善意，故不构成正当使用。[2] 第三类，关于含有地名的商标，如位于青岛的啤酒企业在其产品包装、厂址中标有“青岛”字样，但其同时也标注了自己的注册商标，在这种情形下，其对“青岛”字样的使用仅是描述产品的产地，并不构成侵权。

（二）叙述性使用的构成要件

我国《商标法》第 11 条规定，对仅有本商品的通用名称、图形、型号的；仅直接表示商品的质量、主要原料、功能、用途、重量、数量及其他特点的，因其缺乏显著特征而不得注册为商标。但通过使用取得显著特征、并便于识别的，可以作为商标注册。上述商标及地名商标，虽然可以通过获取“第二含义”实现商标注册，但其仍属于弱商标，并不能妨碍其他经营者在“第一含义”的基础上对这些词汇进行使用，符号的原始含义仍保留在公共领域中。将对商标的叙述性使用认定为正当使用、不侵犯商标权，有助于平衡商标专用权人的与社会公众间的利益，符合商标法所追求的目标。

叙述性使用必须满足一定的条件。北京市高级人民法院于 2006 年印发的《北京市高级人民法院关于审理商标民事纠纷案件若干问题的解答》，其中有关规定具有一定的参考意义。该解答第 26 条规定了正当使用商标标识的行为

[1] 山东省高级人民法院（2009）鲁民三终字第 34 号民事判决书。

[2] 最高人民法院（2009）民申字第 1310 号民事判决书。

应具备的构成要件：（1）使用出于善意；（2）不是作为自己商品的商标使用；（3）使用只是为了说明或者描述自己的商品。该条虽是针对商标的正当使用行为做出的规定，但其实际上仅适用于对商标的叙述性使用，并不适用于对商标的指示性使用。

笔者认为，对商标叙述性使用的构成可以从主客观角度分别判断，满足以下要素：

首先，从客观上来说，要结合商标的使用对象、使用方式来进行判断。使用对象即被使用的商标，根据常涉案件类型，适用对象为上述提到的涉及通用名称、直接表明商品特征、地名等弱显著性的商标。对于这些商标，商标专用权人仅能在第二含义的基础上享有和行使商标专用权，并不能干涉他人对第一含义的使用。

就使用方式而言，使用人对商标的使用应符合一般商业惯例，并在包装、宣传上标注有其自己的商标。同时，使用人对对方商标的使用应为不可避免的使用，即若不借助该商标的表达方式，则无法真实说明其产品或服务的特点，如质量、主要原料、功能、用途、重量、数量等。

其次，在主观上，要求使用人对商标的叙述性使用应出于善意。主观善意，即行为人仅想说明其商品或服务的特征，无意通过商标的使用制造混淆，不存在借用他人信誉的意图。针对判决中曾出现的对商标的突出性标示，笔者认为是否将突出性标示作为判定使用人恶意的依据，此标准可再做商榷。例如，原告商标为地名商标，且该地名已成为地理标志的构成要素，当被告作为该地的生产厂家，意欲通过地名表明其提供商品或服务的来源地时，其对该词汇做突出性标示是基于第一含义的突出，并无不合理之处。因此，不应对突出使用做统一的一般性规定，需结合被告实际使用的情形认定恶意，如使用了与原告商标相似的字样、颜色，引起了消费者的混淆。实践中，被告可以为防止相关公众误认，进行合理提醒，如在被引商标前附加“本产品含有”“本产品功能包括”等说明性的表达；或对其自身商标做突出性使用。

（三）新东方学校对“GRE”商标的使用属于指示性使用

商标的正当使用包括叙述性使用与指示性使用。从立法来看，我国《商标法》中仅是在第 59 条第 1 款中对叙述性使用做出规定，并未对指示性使用做出要求，且对叙述性使用的规定也是在 2013 年修改《商标法》时才做出。而在司法实践中，法院在早期也并未明确区分叙述性使用与指示性使用。如上文所提到的 2006 年《北京市高级人民法院关于审理商标民事纠纷案件若干问题的解答》第 26 条，对正当使用的构成要件规定其实并不完全适用于指示性使用。因此，对于本案中对商标的使用行为应如何定性，笔者认为可以再进行讨论。

我国《商标法》第 48 条规定："本法所称商标的使用，是指将商标用于商品、商品包装或者容器以及商品交易文书上，或者将商标用于广告宣传、展览以及其他商业活动中，用于识别商品来源的行为。"因此，如果使用商标并不是用于对商品或服务进行来源识别，则并不构成对商标在"商标法意义上的使用"。本案中，新东方学校将"GRE"商标用在相关教辅资料上，其目的并不是要表明这一本教材、这盘磁带是 ETS 所出版或录制的，而是传达教材、磁带的内容是与 GRE 相关的信息。故新东方学校使用"GRE"商标的行为不是商标法意义上的使用行为，没有使用更谈不上侵权之说。但这种使用行为该如何定性，笔者认为，该行为相较于叙述性使用，更符合对商标的指示性使用。理由有二：

第一，上文中，笔者列举了进行叙述性使用的 3 种商标类型，"GRE"商标所指向的是特定的由 ETS 研发的一项考试服务，并非某种通用名称、地名，就字母而言亦未含有该服务的某项特点。"GRE"商标仅具有唯一含义，其商标权的取得并非因经使用具有"第二含义"而取得，故不存在在此基础上对第一含义的叙述性使用。

第二，叙述性使用是通过对商标"第一含义"的使用，借以说明其自身商品或服务的特质，被使用的字样在使用者这里，并未与商标专用权人的商标、其所联系的商品或服务产生联系。而在指示性使用中，商标字样背后所代表的就是所对应的商标专用权人的商品或服务，这一符号与信息之间的联系是真实的，使用人通过对商标权专用权人商标的使用，旨在说明其自身的商品或服务与商标专用权人的商品和服务之间存在一定的关联，但该关联并不等于许可。如在本案中，"GRE"字样所指示的就是 ETS 提供的一项专门考试服务，新东方在其教材、磁带上使用"GRE"字样，出发点在于要说明该教材、磁带所提供的培训内容与 GRE 是相关的，关联性为：可服务于学生参加 GRE 备考。类似于"本店维修某某汽车"，新东方学校对商标的使用可以看作是"本教材/磁带服务于 GRE 考试"。

综上，笔者认为新东方学校对"GRE"商标的使用问题并未侵犯 ETS 的商标专用权判定正确，但在行为定性上更偏向于对商标的指示性使用。曾任北京市高级人民法院知识产权庭审判长的钟鸣博士也曾在其学术观点中表示，在新东方学校诉 ETS 系列案件中，所涉及的使用行为可能更偏向于对商标的指示性使用，而非叙述性使用。[1]

四、案件启示

本案是关于商标叙述性使用的经典案例，对于加深理解叙述性使用的类型、构成要件及企业正确使用商标具有重要的指导意义。在我国早期的法律规定及司法实践中，由于并未对商标的叙述性使用及指示性使用加以明确区分，该案也将为进一步区别对比两种使用行为、更好地理解商标正当使用的内涵提供借鉴。

（撰稿人：王甜红）

[1] 钟鸣：《商标法上指示性使用的实践与问题》，载 https://mp.weixin.qq.com/s/VERQCkGfR-z1ff9wIfdeDg。（最后访问日期为：2019 年 7 月 12 日）

商标指示性使用应如何认定

——立邦涂料（中国）有限公司诉上海展进贸易有限公司、浙江淘宝网络有限公司案案例评析

一、案情概要

上海展进贸易有限公司（以下简称“展进公司”）在浙江淘宝网络有限公司（以下简称“淘宝公司”）运营的淘宝网上开设了名为“汇通油漆商城”的店铺，经销多乐士、立邦、华润、紫荆花等品牌油漆，并在店铺页面中为各品牌油漆进行促销宣传。在店铺对立邦漆的宣传页面中，展进公司使用了立邦涂料（中国）有限公司（以下简称“立邦公司”）拥有注册商标权的“”图形与文字组合商标、“立邦”文字商标。立邦公司认为展进公司的上述行为侵害了其商标权，故通过邮件向淘宝公司投诉。淘宝公司对立邦公司来函进行了答复，主要内容为要求立邦公司提供相关证明，并表示如果淘宝网卖家发布的商品信息与立邦公司产品有关，则该卖家发布商品的图片上，或者对商品的文字描述中出现立邦公司产品原有的标识，均非法律法规定义的商标侵权。

立邦公司认为展进公司、淘宝公司构成共同侵权，故起诉至上海市徐汇区人民法院，该院经审理后，认为展进公司、淘宝公司不构成商标侵权，判决驳回了立邦公司的全部诉讼请求。立邦公司不服，向上海市第一中级人民法院提起上诉。上海市第一中级人民法院经审理认为，展进公司为指示其所销售商品的信息而使用上诉人立邦公司的注册商标，未造成相关公众的混淆，且在商标使用过程中，未造成商标显著性、知名度的降低，或损害其他商标权益，故展进公司、淘宝公司不构成商标侵权。遂判决驳回上诉，维持原判。

二、争议焦点

本案中，原告认为展进公司在店铺页面中使用立邦公司的“”“立邦”

注册商标进行促销宣传的行为，足以使消费者认为展进公司与立邦公司存在关联，误认为展进公司系立邦公司授权许可的销售网点，侵害了立邦公司的商标权。对此，被告展进公司认为，其销售的立邦产品具有合法来源，被告虽然在店铺网页中使用了原告产品的商标和图片，但这些使用仅是为了告诉消费者其销售的是立邦公司的产品，以及区分不同品牌的产品，其对涉诉商标的使用不会导致消费者混淆；被告淘宝公司认为展进公司不构成商标侵权，并且即使展进公司构成侵权，淘宝公司作为网络服务提供商也不存在主观过错，不构成侵权。由此，本案主要的争议焦点即在于，被告展进公司在淘宝网上销售原告商品时使用原告的注册商标进行宣传，是否侵害了原告的商标专用权。

三、法理分析

本案一、二审法院经审理后均认为，展进公司使用立邦商标仅为指示其所销售商品的信息，未造成相关公众混淆，亦未损害商标利益，因此立邦公司指控展进公司构成商标侵权的主张不能成立。淘宝公司作为网络服务提供者，已尽到事前审查注意义务，在展进公司不构成商标侵权的前提下，也不应认为其构成商标侵权。故判决驳回了立邦公司的全部诉讼请求。法院认定展进公司和淘宝公司的行为不构成商标侵权的理由如下。

（一）被告展进公司的使用行为系指示性合理使用，不构成商标侵权

首先，指示性合理使用不构成商标侵权。该案中，被告展进公司确实在其店铺页面中使用了原告立邦公司的注册商标，但并非所有使用他人注册商标的行为均构成商标侵权。商标是指示商品或服务来源的标志，商标法对商标权人权利保护的核心在于防止混淆。无论是 TRIPs 协议第 16 条，还是我国《商标法》的第 57 条，均在侵权的判定中引入了“混淆”要件。其中 TRIPs 协议第 16 条明确规定，商标所有人有权阻止他人在交易过程中使用可能引起混淆的商标。[1] 我国《商标法》第 57 条规定，侵犯注册商标专用权的行为，包括在与商标权人相同或类似商品上使用相同或近似商标。其中，未经商标注册人的许可，在同一种商品上使用与其注册商标相同商标的，推定会造成混淆；在同一种商品上使用与其注册商标近似的商标，或者在类似商品上使

[1] 《与贸易有关的知识产权协定》第 16 条第（1）款。

用与其注册商标相同或近似的商标，则明确要求以容易导致混淆作为商标侵权的要件。在该理论下，不会导致消费者混淆的商标使用行为不构成商标侵权。因此，即便他人使用了权利人的商标，根据混淆理论，只要其没有传达出让消费者混淆的信息，他人使用商标的行为则不构成商标侵权。

指示性合理使用和描述性合理使用同属于商标合理使用的情形，其中前者是指“在商业活动中，使用者为了说明有关商品或服务的真实信息，使用他人商标的行为。”[1] 其中说明商品的真实信息，包括指示自己提供的商品的真实来源的情形。由于该类行为并非是为了误导消费者，商标权人无权禁止该类商标使用行为，因此不构成商标侵权。我国《商标法》虽然仅在第 59 条第 1 款对商标描述性合理使用做了规定，而未明确规定商标的指示性合理使用，但将商标指示性合理使用排除出商标侵权的范围是司法实践中的通行做法。例如，北京市高级人民法院发布的《关于审理商标民事纠纷案件若干问题的解答》（京高法发〔2006〕68 号）（以下简称《若干问题的解答》）文件中，虽然没有直接使用“指示性合理使用”的表述，但从该规定的表述上看，包含了指示性合理使用的情形。该《若干问题的解答》第 27 条明确将“在销售商品时，为说明来源、指示用途等在必要范围内使用他人注册商标标识”等行为纳入了正当使用的范围内。本案中，判定被告展进公司是否构成侵权的核心在于其对原告立邦公司的商标进行使用的行为是否构成指示性合理使用。

是否构成指示性合理使用至少应从两个层面进行考量，即（1）使用人主观是否善意；（2）商标使用方式是否合理。对指示性合理使用的构成要素是否应当包含不会导致消费者对来源产生混淆的问题，目前存在不同的观点。北京市高级人民法院曾在其 2004 年颁布的《关于审理商标民事纠纷案件若干问题的解答》中，将“不会造成相关公众混淆、误认”作为商标正当使用的前提，但在之后的相关规定中[2]删除了该要件。无论指示性合理使用的前提是否包含“不混淆要件”，可以明确的是，在上述两项构成要件均成立的情况下，如果被告对商标的使用行为不会导致消费者误认，那么一定不构成商标侵权。

---

[1] 王莲峰：《商标法学》，北京大学出版社 2014 年版，第 181 页。

[2] 《关于审理商标民事纠纷案件若干问题的解答》（京高法发〔2006〕68 号）。

主观意图是判定被诉侵权人是否构成指示性合理使用的首要因素。对被诉侵权人是否善意的考量具体体现在使用人是否具有利用原告商标混淆商品或服务来源，误导消费者，损害商标权人利益的故意。但是由于被诉侵权人的主观意图难以感知，需要借助外部行为进行推定。一般而言，被诉侵权人的主观意图可以根据被诉侵权人商标使用行为的必要性以及具体的使用情况综合认定。如果被告必须使用他人商标才能对其商品或者服务的特点做出恰当的说明和描述，从而进行正常的商业运作，那么基于使用的必要性，该使用行为的主观意图构成合理使用的善意，不应受到法律的禁止。在本案中，被告展进公司使用原告商标的目的在于告知消费者其销售油漆的品牌，如果不使用原告立邦公司的相关商标，将难以达到说明产品性质的目的，不利于被告经营活动的开展。因此从主观角度而言，被告有使用原告商标的必要性。基于此，可以推定其主观构成善意。正如本案一审判决中指出：

> “展进公司在其网络店铺中销售多种品牌油漆，对部分品牌的油漆进行了促销宣传，其在促销宣传中使用原告注册商标的目的在于告知消费者，所宣传商品指向的具体品牌，促使消费者了解欲购买油漆品牌的特点，以区别于其经营的其他油漆品牌，展进公司使用原告注册商标属于向消费者说明其销售商品来源的表述性使用。”[1]

其二，对被诉侵权人使用商标的行为是否合理的问题，可以结合商业惯例进行判断。国家工商行政管理局曾在 1995 年颁布的《关于禁止汽车零部件销售商店、汽车维修站点擅自使用他人注册商标的通知》中明确指出：“汽车零部件销售商店和汽车维修站，为了说明本店经营汽车零部件品种及提供服务的范围，……不得突出其中的文字商标部分，也不得使用他人的图形商标或者单独使用他人的文字商标。”[2] 在 1996 年，国家工商行政管理局在《关于禁止擅自将他人注册商标用作专卖店专修店企业名称及营业招牌的通知》中再次强调了“不得突出其中商标部分。”[3] 该两项规定虽然已经废止，但是其

[1] 上海市徐汇区人民法院（2011）徐民三（知）初字第 138 号民事判决书。

[2] 《关于禁止汽车零部件销售商店、汽车维修站点擅自使用他人注册商标的通知》［工商标字（1995）第 195 号］。

[3] 《关于禁止擅自将他人注册商标用作专卖店专修店企业名称及营业招牌的通知》［工商标字（1996）第 157 号］。

对不能突出使用他人商标的强调，对判定商标使用行为是否合理依然具有参考价值。如果被诉侵权人使用商标的行为明显违反商业惯例，如对他人的商标进行突出使用，引起消费者混淆，或者使消费者误认被诉侵权人与商标权人之间存在紧密联系，则该种使用方式不当，可能构成商标侵权。

在本案中，被告展进公司对商标的使用行为具体表现为：在淘宝网络店铺展示的宣传图片中使用立邦商标。从商标的使用方式来看，其并未突出使用立邦商标，正如本案二审判决中所分析的：

> “从商标使用方式来看，商标系图片组成部分，图片主体内容系对立邦产品的介绍。此外，涉案网站上亦同时存在多乐士、德国汉高、华润漆等其他品牌油漆的宣传图片。而从网站的页面设置来看，首页的主体位置均系各品牌油漆商品的图片、名称、价格、销售量等信息。结合图片使用方式以及网页布局，相关公众通常会认为该商标传达的是在售商品的广告，即指示其所销售商品的品牌信息，而不是传达经营者的商号、商标或经营风格。”❶

在淘宝店铺中为销售产品，使用产品商标进行宣传推广是常见的商业行为，综合来看，展进公司的使用行为并未违反商业惯例，使用方式合理。

其三，从消费者的角度来看，展进公司对立邦商标的使用行为，并不会使消费者误认为该类产品来源于展进公司，该使用反而向消费者强调了其产品的真实来源，因此消费者不会对产品的来源产生误认。正如本案二审判决中法院所述：

> “从被控侵权使用行为是否会使相关公众对服务来源产生混淆和误认角度来分析，该种商标指示性使用，商标直接指向的是商标注册人的商品，并非指向被上诉人展进公司，即立邦商标与立邦商品的对应性并没有受到影响，相关公众也不会认为在售立邦产品来源于被上诉人展进公司。在此情况下，不存在消费者对于商品来源认知的混淆，也不涉及商标显著性或知名度的降低，故也不存在其他商标利益的损害。”❷

---

❶ 上海市第一中级人民法院（2012）沪一中民五（知）终字第 64 号民事判决书。

❷ 上海市第一中级人民法院（2012）沪一中民五（知）终字第 64 号民事判决书。

此外，由于被告在开设的淘宝网店中同时销售了多种品牌的油漆，存在多种品牌油漆的宣传图片，并且被告并未对其与原告立邦公司之间的关系作出强调和说明，消费者并不会对原被告之间的关系产生误认。

综上所述，主观上，被告不存在使用原告商标误导消费者的故意，客观上，被告对原告商标的使用行为系正当的商业行为，结果上，被告的商标使用行为不会造成消费者误认或者有损商标权人的权益，因此被告的行为构成指示性合理使用，不构成商标侵权。

（二）被告淘宝公司不构成商标侵权

淘宝公司作为电商平台，在多数情况下并不直接销售涉及侵权的商品，因此其行为一般不构成《商标法》第 57 条第 1 款第 1 项到第 5 项的商标侵权，而可能构成第 6 项的间接侵权。间接侵权的成立应以直接侵权的成立为前提，在本案中，如果展进公司在广告中使用立邦公司商标的行为构成商标侵权，那么展进公司的行为就属于直接侵权。如上文所述，在展进公司销售的产品有合法来源的情况下，展进公司在店铺广告中使用立邦公司的注册商标构成指示性合理使用，不构成商标侵权，在不存在商标直接侵权这一前提的情况下，淘宝公司的行为自然不构成商标间接侵权。但是，如果展进公司构成直接侵权，那么此时，淘宝公司是否需要承担间接侵权责任呢？

根据我国《商标法》第 57 条第 1 款第 6 项的规定，故意为侵犯他人商标专用权行为提供便利条件，帮助他人实施侵犯商标专用权行为的，属侵犯注册商标专用权。从该条规定可以看出，构成间接侵权的要件包括主观和客观两个方面，即主观上需为故意，客观上实施了提供便利条件、帮助他人实施侵犯商标专用权的行为。对客观是否起到帮助作用的判定是较为直观的，由于淘宝等电商平台为入驻商家提供了销售平台和相关服务，其客观上确实起到了帮助作用。对淘宝公司是否构成故意的问题，“故意”指知道或者应当知道侵权行为存在，在本案中具体体现为，淘宝公司知道或者应当知道展进公司销售的产品是假货。

由于“知道”是一种主观心理状态，对商标权人而言证明电商平台知道侵权行为存在是极为困难的，向电商平台发送通知是让其知道有经营者销售侵权商品的最佳途径。根据《侵权责任法》第 36 条第 2 款即“通知与移除规则”的规定：“网络用户利用网络服务实施侵权行为的，被侵权人有权通知网络服务提供者采取删除、屏蔽、断开链接等必要措施。网络服务提供者接到通知后未及时采取必要措施的，对损害的扩大部分与该网络用户承担连带责任。”电商平台在收到权利人通知后，应采取必要的措施，防止权利人损害的进一步扩大。

但是，在商标领域，电商平台作为网络服务提供者，其判断涉诉行为是否构成商标侵权，与版权中网络服务提供者判定涉诉作品是否侵权的情形并不相同，具有一定的特殊性。在版权领域，由于涉诉作品能完全在网络环境中呈现，因此网络服务提供者判断涉诉作品是否可能构成侵权较为容易，只需对比网络环境中的涉诉作品与原作品即可。但是在商标领域，由于商家实际销售的商品与电商平台上展示的信息是分离的，淘宝平台的卖家在电商平台上显示或储存的信息具有虚拟性、数字化的特点，难以与其实际销售的产品进行对比。因此即便淘宝平台收到权利人的通知，也难以对涉诉商品是否是真品进行判断。而如果电商平台错误地移除了本来不构成商标侵权的经营者的商品信息，将可能使该经营者遭受重大的经济损失。因此在该种情形下，即便淘宝平台在收到权利人的通知后，没有移除相关经营者的商品信息，也不能直接推定淘宝公司主观具有故意。

综上，考虑到网络环境下商标侵权判断的特殊性，以及为了实现商标权人与其他经营者之间的利益平衡，在商标领域中运用“通知与移除”规则时，需要附加一定的条件和补救措施。例如，要求商标权人发送通知时附加证明涉诉商品系侵权商品的初步证据，增加“反通知恢复规则”等，以使在可能错误移除他人商品信息的情况下，经营者有权利救济的途径。

四、案件启示

本案是关于商标指示性使用的经典案例，法院在判决中明确了“如果被控侵权人使用他人注册商标是为了指示其所销售的商品的信息，未造成相关公众混淆，亦未造成商标权人其他商标权益损害，不构成商标侵权。”该案是网络环境下商标指示性合理使用不构成商标侵权在司法层面的实践，有助于进一步明确网络环境中商标权的范围，维护正常的市场交易秩序，实现商标法利益平衡的宗旨。

（撰稿人：徐丽娟）

商标先用权条款应如何适用

——北京中创东方教育科技有限公司与北京市海淀区启航考试培训学校和北京市启航世纪科技发展有限公司商标权纠纷案案例评析

一、案情概要

2014年，北京市海淀区人民法院受理了北京中创东方教育科技有限公司（以下简称“中创公司”）诉北京市海淀区启航考试培训学校（以下简称“启航考试学校”）和北京市启航世纪科技发展有限公司（以下简称“启航公司”）侵犯商标权纠纷一案。本案中，启航考试学校和启航公司在共同运营的启航世纪网站、宣传材料、教材上使用与“启航学校”商标相近似标识，本案主要涉及启航考试学校和启航公司的行为是否构成商标权侵权的问题。

2013年4月1日，原告中创公司经贵阳市云岗区启航英语培训学校（以下简称“贵阳启航学校”）许可，独占享有贵阳启航学校于2003年4月7日注册的“启航学校 Qihang School”商标（以下简称“启航学校”商标）的使用权。

被告启航考试学校成立于1998年，被告启航公司成立于2003年8月19日，二被告为关联单位，法定代表人均为陈民慧。启航学校主要从事考研辅导业务，启航公司主要经营互联网信息服务、零售图书等业务。启航考试学校自成立时起，即将“启航学校”作为其企业名称在全国范围的考研培训领域使用。启航公司则在其网站名称、栏目名称等多处使用“启航”“启航教育”等标识。

一审法院依照《商标法》第57条第2项、第59条第3款的规定以及现有证据，认定启航考试学校使用“启航考研”的时间较早，在“启航学校”

商标申请注册前，启航考试学校已经通过自身努力在全国范围的考研培训领域使用“启航考研”，并使之具有一定的知名度和影响力。因此，中创公司无权禁止启航考试学校在考研培训领域突出使用“启航考研”，但可以要求启航考试学校对“启航考研”附加区别标识。对于二被告在经营活动中使用“启航及图”“启航”“启航教育”等标识的行为，法官认为被告缺乏证据证明其使用以上标识的时间早于“启航学校”商标申请注册日，同时考虑到上述图文标识中与“启航学校”商标近似并构成混淆的部分为“启航”文字，所以一审法院认为，二被告在未经该注册商标专用权人许可的情况下，突出使用包含“启航”文字的“启航及图”“启航教育”“启航”等标识的行为侵犯了“启航学校”商标专用权。

对此，原告中创公司不服一审判决，向北京知识产权法院提起上诉。北京知识产权法院经过审理认为，启航考试学校和启航公司在经营活动中使用“启航考研”标识的行为符合《商标法》第59条第3款的规定，未侵犯中创公司的商标专用权，据此二审法院驳回上诉，维持原判。

二、争议焦点

本案中，经过一审法院的审理，原被告双方对于被告在经营活动中使用“启航及图”“启航”“启航教育”等标识的行为构成商标权侵权已经不存在争议。二审明确的争议焦点在于，中创公司认为启航考试学校和启航公司在考研领域突出使用“启航考研”标识的行为不符合《商标法》第59条第3款的规定，构成了商标权侵权。同时中创公司认为即使启航考试学校对于“启航考研”有在先使用行为，仅有权自己使用该商标，无权将“启航考研”商标授予给启航公司使用。启航考试学校和启航公司则辩称，“启航学校”商标申请注册以前，启航考试学校和启航公司已经成立，并在全国享有极高的知名度和影响力，其属于对先登记并已有极高知名度的企业名称和字号的使用，未侵犯中创公司享有的商标专用权。由此，本案的争议焦点可以归纳为以下两点：（1）启航考试学校在经营活动中使用“启航考研”商标的行为是否符合《商标法》第59条第3款的规定；（2）启航公司对“启航考研”商标的使用行为是否侵犯中创公司的商标专用权。

三、法理分析

北京知识产权法院对案件事实进行了详细调查，对以上争议焦点分别展开分析之后，结合现有证据，认定启航考试学校对“启航考研”商标的使用符合《商标法》第59条第3款的规定，不构成侵权；启航公司和启航考试学校并非商标法意义上的许可人与被许可人之间的关系，启航公司和启航考试学校存在关联关系，在已认定启航考试学校的先用权抗辩成立的情况下，虽然启航公司的成立时间晚于涉案商标申请日，但其使用“启航考研”进行宣传等行为同样不构成侵权。由此法院判定以上行为均不构成侵权，主要基于以下两个方面的考虑。

（一）在先使用行为应早于商标权人申请注册日而非使用日

本案的第一个争议焦点在于启航考试学校是否侵犯了中创公司“启航学校”商标的专用权，中创公司在提起上诉时认为，启航考试学校使用“启航考研”商标的时间虽然早于涉案商标的申请日，但晚于涉案商标注册人对于涉案商标的使用时间，因此无法适用《商标法》第59条第3款规定。这里涉及如何理解与适用我国现行《商标法》第59条第3款的规定，根据现行《商标法》第59条第3款的规定：“商标注册人申请商标注册前，他人已经在同一种商品或者类似商品上先于商标注册人使用与注册商标相同或者近似并有一定影响的商标的，注册商标专用权人无权禁止该使用人在原使用范围内继续使用该商标，但可以要求其附加适当区别标识。”[1] 这意味着我国《商标法》对未注册商标存在一定程度的保护，但是需要满足如下要件：第一，他人在商标注册申请日之前存在在先使用商标的行为；第二，该在先使用的商标应具有一定影响；第三，被诉侵权行为系他人在原有范围内的使用行为；第四，可以被要求附加适当区别标识。

我国现行《商标法》第59条第3款并未明文规定先使用行为要早于商标注册人对商标的使用行为。有学者认为，“要适用先用权抗辩必须要满足两个‘先于’条件，即在商标侵权案件中，被告采用先用权抗辩来对抗原告的侵权指控，从而免于承担损害赔偿责任的，被告必须举证证明其使用争议商标的时间点，不仅早于原告的商标注册申请日（有优先权的，为优先权日），而且早于原告商标的第一次使用时间。[2] 该学者称，“作出以上解释，是基于先用

---

[1] 《商标法》第59条第（3）款。

[2] 曹新明：《商标先用权研究——兼论我国商标法第三修正案》，载《法治研究》2014年第9期。

理论和利益平衡”。[1] 反对这一观点的学者称，“虽然两个‘先于’条件彻底保证了在先使用时间上的优先性，保障了商标注册申请人的利益，但这就要求援引先用权抗辩的在先使用人，在开始使用商标时以及在持续使用商标的过程中，主观上出于善意，没有不正当目的。这样一来，对于只有使用时间先于商标申请日的善意使用人而言，就可能过于严苛。”[2] 笔者认为，切不可将“两个先于”作为判断先用权抗辩是否成立的必要条件。例如，在司法实践中，虽然商标权人在申请注册以前，已经在一定地域使用争议商标，但因为地域阻隔、使用范围、使用时间长短等客观因素存在，被控侵权人实际上无法知道或者没有正当理由知道该商标已经使用的事实。如果要求被控侵权人放弃使用该争议商标，那么被控侵权人通过在先正当合法的投资和经营，由此产生的商誉和利益就会被剥夺。2013 年《商标法》修改时，《商标法》第 59 条第 3 款的立法意图就是“为了平衡商标在先使用人和商标权人之间的利益，以及保护那些已经在市场上具有一定影响但未注册商标使用人的权益”[3]，而两个“先于”条件显然不利于实现《商标法》第 59 条第 3 款的立法意图。对此，笔者十分赞成二审法官所作的判决，正如判决书所言：

> “即便针对涉案商标的在先使用事实确实存在，但上诉人证据中所显示的使用范围主要限于贵州地域内，涉案商标注册人亦位于贵阳市，而被上诉人启航考试学校的注册地及经营地点则主要位于北京地区，两地相距较远。在上诉人无证据证明存在其他事实足以使被上诉人启航考试学校知晓涉案商标的情况下，仅仅依据其在先使用的事实无法得出被上诉人启航考试学校知晓涉案商标在先使用的结论，不能证明被上诉人启航考试学校使用‘启航’商标存在过错，相应地，亦不能仅基于此而认定被上诉人启航考试学校的先用抗辩不能成立。”[4]

因此，上诉人中创公司主张，启航考试学校对“启航考研”商标的实际使用时间晚于商标注册人，从而不能成立先用权抗辩的诉求不应得到支持。

---

[1] 曹新明：《商标先用权研究——兼论我国商标法第三修正案》，载《法治研究》2014 年第 9 期。

[2] 李扬：《商标在先使用抗辩研究》，载《知识产权》2016 年第 10 期。

[3] 郎胜：《商标法释义》，法律出版社 2013 年版，第 113 页。

[4] 北京知识产权法院（2015）京知民终字第 588 号民事判决书。

在该案中，启航考试学校在涉案商标申请日 2001 年 10 月 18 日之前，已经组织编写并出版了多本考研图书，并自 2000 年 3 月起在《中国青年报》上连续刊登考研招生宣传报道，说明启航考试学校在涉案商标申请日之前，启航考试学校已在考研等教育服务上存在在先使用“启航”商标的行为同时，启航考试学校组织编写并出版了多本考研图书，足以证明启航考试学校对“启航考研”商标的使用已经产生了识别效果，满足《商标法》第 59 条第 3 款规定的“一定影响”的构成要件。再者启航考试学校和中创公司使用争议商标所属的商品类别都为考试培训，因此启航考试学校可以成立先用权抗辩，有权在原有范围内使用“启航考研”商标，中创公司可以要求其附加区别标识。

（二）启航公司使用“启航考研”的行为不构成商标权侵权

本案另一个争议焦点是启航公司对“启航考研”商标的使用行为是否构成商标权侵权。中创公司在提起上诉时认为，启航公司的成立时间晚于“启航考研”商标的申请注册日，而启航考试学校即便存在在先使用行为，其仅有权自己使用该商标，无权将“启航考研”商标授权许可给启航公司使用，启航公司的使用行为不符合《商标法》第 59 条第 3 款的规定。

在中创公司看来，启航考试学校和启航公司属于商标许可人和被许可人的关系，即中创公司认为先用权的适用主体只可以限于“在先使用人”本人而不涉及在先已获授权许可的“被许可使用人”。现行《商标法》和相关司法解释并未对先用权抗辩的适用主体作出具体的说明，因此需要对该条款的立法目的、商标本身的特性等因素进行综合分析。二审法官对此点作出了说明，在二审判决中，法官认为这里可以分两种情况讨论被许可人是否有权援引先用权抗辩，第一种情况是先使用商标申请日之前已经被授予许可的被许可人，第二种情况是先使用商标申请日之后被授予许可的被许可人。二审法官认为，先使用商标申请日之前已经被授权的被许可人可以援引先用权抗辩，赞成这种观点的学者称：“被许可人使用争议商标发挥的作用，仍然是识别商标在先使用人的商品或者服务来源，如果不允许商标在先使用人的被许可人援引商标先用权抗辩，相当于要求善意的商标在先使用人在开始使用商标时或者使用过程中，就必须预见到将来会有人在类似范围内将竞争性商标申请注册。这样一来，在先使用人的许可使用市场就会被完全扼杀，这显然给商标在先使用人施加了过重的预见义务，而且违背市场规律。实践中，应允许商标在先使用人的被许可人援引先用权抗辩为宜。”[1] 对于商标申请注册日以后的被许可人是否可以援引先用权抗辩，二审法官则认为，如果在先使用商标申请注册以后，对于在先使用人的授权许可行为不加限制，相较于在先使用人通过扩大自身经营规模来说，通过发放许可的方式会使经营规模扩张的更加迅速和便捷，更容易超出“原有范围”的限制，对商标注册人利益造成的影响将难以预料。因此，在先使用商标被提出注册申请以后，原则上应当对先用权人授权使用在先使用商标的行为加以限制。

而二审法院结合现有证据和案件事实，并没有认定启航考试学校和启航公司属于商标法意义上的许可使用关系。“启航考试学校和启航公司法人一致，均为陈民惠，二者为关联单位，启航公司在网站宣传等经营活动中对于‘启航考研’的使用目的仅是为启航考试学校提供宣传推广，其网站中所显示内容亦均指向启航考试学校。因此，启航公司并未单独使用‘启航考研’商标来提供考研教育服务。”[2] 笔者认为，因为启航考试学校和启航考研为关联单位，那么启航考试学校和启航公司就等同于一个实体，商标发挥识别作用所指向的对象一致，商标通过使用给使用人带来的商誉也只属于一个实体，启航公司对于商标的使用也就相当于启航考试学校对于涉案商标的使用。因为关联关系区别于商标法意义上的许可使用关系，也就不必去区分授权许可行为是在申请日之前还是之后，那么在启航考试学校能够成立先用权抗辩的情况下，启航公司当然也可以援引对“启航考研”商标享有先用权。因此启航公司对涉案商标的使用行为符合《商标法》第 59 条第 3 款的规定，不构成商标权侵权。

四、案件启示

本案是关于商标权侵权中成功适用先用权抗辩的经典案例，其最大的意义在于法院对先用权抗辩适用中的具体问题进行了详细的阐述，首先，明确了先使用行为早于商标注册人对商标的使用行为非先用权抗辩适用的必要条件，其次法官对《商标法》第 59 条第 3 款中的“原有范围”作出了详细的解释。就相关企业而言，企业应当重视商标权的注册制度，通过商标注册给予

[1] 李扬：《商标在先使用抗辩研究》，载《知识产权》2016 年第 10 期。

[2] 北京知识产权法院（2015）京知民终字第 588 号民事判决书。

企业更加全面的商标保护，避免因为疏忽大意带来的商标侵权纠纷。同时，企业在行使商标权时，应当以诚实信用为准则，自觉维护市场的正常竞争秩序。

（撰稿人：吴琼）

商品通用名称应如何认定

——深圳腾讯计算机系统有限公司、腾讯科技（深圳）有限公司与成都掌娱天下科技有限公司侵害商标权纠纷、不正当竞争纠纷案案例评析

一、案情概要

2016 年，北京市海淀区人民法院受理了腾讯科技（深圳）有限公司（以下简称“腾讯科技公司”）、深圳市腾讯计算机系统有限公司（以下简称“腾讯计算机公司”）诉成都掌娱天下科技有限公司（以下简称“掌娱公司”）侵害商标权及不正当竞争纠纷一案。

原告腾讯科技公司自 2008 年起申请注册了多个“炫舞”系列商标，这些商标均已获得核准注册。2015 年 7 月，腾讯科技公司与腾讯计算机公司签订了商标使用授权书，授权腾讯计算机公司排他使用前述商标。

重庆祥维科技发展有限公司（以下简称“祥维公司”）开发了《唱吧炫舞》游戏，掌娱公司负责运营该游戏，通过北京卓易讯畅科技有限公司（以下简称“卓易公司”）经营的“豌豆荚手机精灵”平台等多个应用市场向用户提供该游戏下载、安装服务。掌娱公司在其运营的《唱吧炫舞》游戏使用“唱吧炫舞”游戏名称及游戏标识。二原告据此起诉章掌娱公司侵犯其商标权。

一审法院依据《商标法》第 57 条第 2 项、第 60 条，《反不正当竞争法》第 5 条第 2 项等相关规定，认定被告掌娱公司侵犯了原告的商标权，并承担赔偿责任。二审维持了一审法院的判决。

二、争议焦点

本案中，原告腾讯科技公司及腾讯计算机公司认为被告掌娱公司运营的

游戏“唱吧炫舞”侵犯了原告对“炫舞”有关商业标识的商标权。对此，被告掌娱公司认为“炫舞”“QQ炫舞”系列注册商标含有本商品或服务的通用名称，原告无权禁止他人正当使用。并且，被告认为“唱吧炫舞”的显著识别部分为“唱吧”，用户不会将“唱吧炫舞”游戏与被上诉人的“炫舞”系列游戏相联系。由此，本案的争议焦点可以归纳为以下两点：（1）“炫舞”系列注册商标是否为通用名称；（2）“唱吧炫舞”的显著识别部分是否为“炫舞”。

三、法理分析

法院对案件事实进行调查，对以上争议焦点分别展开论证之后，认定“炫舞”不属于该商品或服务的通用名称，并认为“炫舞”为该游戏名称的重要组成部分。需要注意的是，在本案中法院认为由于掌娱公司的行为属于侵害商标权，所以不再适用反不正当竞争法进行调整，因此法院并未支持原告提出的反不正当竞争主张。法院认定被告掌娱公司侵犯原告商标权，应承担赔偿责任，主要基于以下几个方面的考虑。

（一）“炫舞”并非通用词汇

本案的第一个争议焦点在于“炫舞”一词是否为此类商品或服务的通用词汇。掌娱公司认为“炫舞”已经成为舞蹈音乐类游戏的通用词汇，作为场景音乐的描述不具有显著性，且商标局已经核准了他人申请的与“炫舞”相关的商标，二原告无权禁止他人将“炫舞”作为游戏名称。法院驳回了该主张。

根据《商标法》规定，“下列标志不得作为商标注册：（一）仅有本商品的通用名称、图形、型号的……”《商标法实施条例》第49条规定：“注册商标中含有的本商品的通用名称、图形、型号，或者直接表示商品的质量、主要原料、功能、用途、重量、数量及其他特点，或者含有地名，注册商标专用权人无权禁止他人正当使用。”因此若“炫舞”为通用名称，则即使该词汇成为注册商标的组成部分，商标权人也无权阻止他人以通用名称意义上使用该商标。

《商标法》及《商标法实施条例》尚未对通用名称的证明标准进行规定，但在《最高人民法院关于审理商标授权确权行政案件若干问题的规定》（以下简称《规定》）第10条对于通用名称的认定标准做了规定：“依据法律规定或者国家标准、行业标准属于商品通用名称的，应当认定为通用名称。相关公众普遍认为某一名称能够指代一类商品的，应当认定为约定俗成的通用名称。被专业工具书、辞典等列为商品名称的，可以作为认定约定俗成的通用名称的参考。约定俗成的通用名称一般以全国范围内相关公众的通常认识为判断标准。对于由于历史传统、风土人情、地理环境等原因形成的相关市场固定的商品，在该相关市场内通用的称谓，人民法院可以认定为通用名称。”因此，《规定》将通用名称分为两类：一类是依据法律规定或者国家标准、行业标准属于商品通用名称的，为法定的通用名称；另一类是相关公众普遍认为某一名称能够指代一类商品的，为约定俗成的通用名称。而在本案中，掌娱天下公司未能对此进行举证，掌娱天下仅根据百度百科对“炫舞”解释为场景音乐来证明“炫舞”是该领域的通用词汇，其无法达到“相关公众普遍认为某一名称能够指代一类商品”的证明标准。

其次，掌娱公司以“通用名称”作为抗辩，但抗辩理由以及证据都是为了证明“‘炫舞’为场景音乐的描述”，这存在抗辩理由与其抗辩主张不符合的问题。《商标法》第11条规定了三种不得注册的情形，一是标志为通用名称；二是标志为描述性词汇；三是其他缺乏显著性的情形。按照标志与它所指代的商品或服务之间联系的密切程度，学理上将标志大致分为五类：通用标志、描述性标志、暗示性标志、任意性标志以及臆造性标志。其中，通用名称的显著性最弱。通用名称作为最缺乏显著性的一种标志，其显著性比描述性词汇要更低，学理上认为通用名称不能通过使用获得显著性，因为立法政策要求将通用名称保留给公众自由使用，不允许在任何情况下为一家企业所垄断；尽管我国《商标法》未对此进行规定，但在实践中通用名称几乎不可能通过使用而产生“第二含义”。[1] 通用名称是一类事物的一般称呼或图形，它一方面需要证明该词汇反映了该类商品的特征；另一方面还需要证明该词汇被广泛作为描述性词汇使用，即成为此类商品或服务的通用词汇。因此，若仅因为“炫舞”是对场景音乐的描述而主张抗辩，则应当以“描述性词汇”作抗辩。但是在本案中原告既不能证明炫舞是该类商品的描述性词汇，法院认为“音乐舞蹈”才反映了该游戏的基本特征，也不能证明该名称被相关公众普遍认为是用来指代某一类商品的。

---

[1] 王迁：《知识产权法教程》，中国人民大学出版社 2016 年版，第 415 页。

另外，掌娱公司认为，因为商标局已经核准他人申请与“炫舞”有关的商标，所以“炫舞”已经成为通用名称。这一认识反映出掌娱公司对“通用名称”的错误理解。事实上，他人能够成功获得商标局核准申请与“炫舞”有关商标恰好证明了该商标不为通用名称。因为通用名称作为商标不得注册的绝对理由，如果该词汇为通用名称则无法进行商标注册。正如一审法院所说，“本院认为‘炫舞’不属于游戏类别中的通用名称，掌娱公司提出商标局核准他人申请与‘炫舞’相关的商标亦能证实这一论点”。

（二）“炫舞”是“唱吧炫舞”的显著识别部分

在本案中，掌娱公司提出《唱吧炫舞》游戏名称中突出“唱吧”，而非“炫舞”，这与二原告的商标不构成相同或类似，不会与“炫舞”相关商标混淆。因此，“炫舞”是否是“唱吧炫舞”的显著识别部分是判断掌娱天下是否侵犯腾讯公司商标权的重要条件，也是本案的争议焦点之一。法院认为，“唱”与“跳（舞）”均为艺术和娱乐的表现形式，直接反映与音乐和舞蹈相关的应用，因此，“唱吧”和“炫舞”均为显著识别部分。

法院的观点主要是对“炫舞”反映了游戏的内容进行论证，该判决理由存在一定的缺陷。事实上，名称是否反映商品或服务的内容与其是否为商标的显著识别部分无关，并且，若该名称反映商品或服务的内容反而佐证了这是一种描述性使用，这反而会弱化商标的显著性。判断商标是否构成“相似”需要以公众的一般注意力为标准，并进行隔离观察比较、显著部分比较、整体观察比较，“炫舞”是否为“唱吧炫舞”的显著识别部分是判断两者是否构成商标相似的考虑因素之一。

在本案中，虽然“唱吧炫舞”除了包含有“炫舞”之外，还包含“唱吧”，但是两者之中并未突出显示任何一方，并且“唱吧炫舞”完全包含了“炫舞”二字。掌娱天下认为，其与“唱吧”有合作并且唱吧更知名以主张“炫舞”不为“唱吧炫舞”的显著识别部分。但是，一方面掌娱公司没有证据证明“唱吧”知名度显著高于“炫舞”；另一方面，“唱吧”具有识别性不妨碍“炫舞”具有识别性，在“唱吧炫舞”一名中存在“唱吧”和“炫舞”都为该名称显著识别部分的可能。并且，通过上述争议焦点——对“炫舞”是否构成通用名称的分析，可知“炫舞”并非通用名称也并非描述性词汇。

在“侯勇诉哈尔滨秋林集团股份有限公司等商标异议复审行政纠纷案”中，法院认为虽然引证商标为中文“秋林”文字与图形的组合商标，但是其中文字部分对商标的呼叫以及实现商标的基本功能都具有重要作用，而被异议商标“伊雅秋林”完全包含了引证商标中起重要识别作用的文字部分“秋林”，据此可以判定二者构成相似商标。[1]

因此，判断“炫舞”是否为“唱吧炫舞”的显著识别部分，主要从两个方面考虑，一是在形式上“炫舞”是否为“唱吧炫舞”的重要部分。这在上文中已经提及，不再赘述。二是在实质上“炫舞”是否产生了识别商品服务和来源的作用，即是否产生了商标性使用的效果。关于论证商标性使用是否为判定商标侵权的前提，尚未有明文法律规定，但在本案中二审法院对“炫舞”是否具有商标性使用的效果进行了分析，即掌娱公司对“炫舞”的使用是否产生了识别商品或服务来源的功能。这体现了法院对商标性使用认定的重视。“唱吧炫舞”作为游戏名称投入市场进行使用，游戏界面内显示文字“唱吧炫舞”，用户查找、下载及安装游戏应用APP过程中也出现了文字“炫舞”。由于“炫舞”并非通用名称或描述性词汇，相关公众会用“炫舞”来区分网络服务提供商，这意味着“炫舞”商标已有实际上的识别作用，属于商标意义上的使用。

对于商标性使用的问题，在“江苏常佳金峰动力机械有限公司（以下简称常佳公司）、上海柴油机股份有限公司（以下简称上柴公司）侵害商标权纠纷案”中，再审法院认为：

> “商标的本质属性是其识别性或指示性，基本功能是用于区分商品或者服务的来源。一般来讲，不用于识别或区分来源的商标使用行为，不会对商品或服务的来源产生误导或引发混淆，以致影响商标发挥指示商品或服务来源的功能，不构成商标法意义上的侵权行为”。[2]

在该案中，法院在认定常佳公司是否侵犯上柴公司商标权之前，先对被诉行为是否构成商标性使用进行判定，由于被告的加工行为不用于识别或区分来源，所以法院认定上柴公司不侵犯常佳公司的商标权。而在本案二审中，法院在认定掌娱公司是否侵犯腾讯公司商标权之前，也对被诉行为是否构成商标性使用进行了分析。如今，虽然商标性使用是否是商标侵权的前提尚无

[1] 北京市高级人民法院行政裁定书（2009）高行终字第120号民事判决书。

[2] 最高人民法院民事判决书（2016）最高法民第339号民事判决书。

定论也未有明确的法律依据，但是目前法院倾向于认定商标性使用时商标侵权的前提。

在几个涉及通用名称抗辩的案件中，如“陕西盛唐在线网络信息有限公司（以下简称盛唐公司）诉深圳市腾讯计算机系统有限公司（以下简称腾讯公司）与深圳市腾讯计算机系统有限公司西安分公司（以下简称腾讯西安分公司）侵害商标纠纷权”一案，[1] 法院也对被诉行为是否构成商标性使用进行分析。盛唐公司诉腾讯公司一案与本案类似，也是涉及网络游戏商标的问题。盛唐公司享有“三代”商标，腾讯公司在 QQ 游戏大厅下有一款休闲游戏“三代”。在此案中，法院认定“三代”为通用名称，并认为腾讯公司是将“三代”作为扑克游戏名称在其网站与其他扑克牌游戏并列作为游戏种类的名称进行使用，因此不构成商标性使用。

四、案件启示

本案是关于网络商标侵权的经典案例，法院对“通用名称”以及“商标性使用”的认定作出了比较清晰的论述。一方面，“通用名称”作为标志显著性最弱的一种情形，对于其是否构成“通用名称”需要以《规定》第 10 条所列明的认定标准为基础，其认定标准较为严格。另一方面，二审法院在判决中，以被诉行为是否构成商标性使用作为认定商标侵权的前提，为针对此类以通用名称作抗辩的类型化案件，明晰了具体的判决思路，体现了当前法院对认定“商标性使用”的重视。

（撰稿人：陈静）

---

[1] 陕西省西安市中级人民法院（2013）西民四初字第 00247 号民事判决书。

商品通用名称应如何认定

——美巢集团股份公司与北京秀洁新兴建材有限责任公司等侵犯注册商标专用权纠纷案案例评析

一、案情概要

2015年，北京知识产权法院公开审理了美巢集团股份公司（以下简称“美巢公司”）诉北京秀洁新兴建材有限责任公司（以下简称“秀洁公司”）、王晓亮侵犯注册商标专用权纠纷一案。本案主要涉及的问题是：针对原告美巢公司在“工业用粘合剂、工业用胶”等商品上注册的“墙锢”商标，被告秀洁公司及王晓亮未经许可，在其制造、销售的类似商品上使用近似商标的行为是否侵害了原告美巢公司的注册商标专用权。

原告美巢公司于2004年和2009年在“工业用粘合剂、工业用胶”等商品上注册了“墙锢”商标。在实际商业宣传和使用中，原告美巢公司将“墙锢”商标与“美巢”商标联合使用于“混凝土界面处理剂”商品外包装、装潢上。被告秀洁公司未经原告美巢公司许可，在其制造、销售的“工业用粘合剂、工业用胶”类商品上使用“秀洁墙锢”“易康墙锢”“兴潮墙锢”商标。被告王晓亮销售上述商品。

一审法院未认可被告提出的“‘墙锢’为该类商品约定俗成的通用名称”的抗辩，依据《商标法》《商标法实施条例》等相关规定，认定被告秀洁公司使用“墙锢”文字侵犯注册商标专用权，判决其立即停止在混凝土界面处理剂商品上使用“墙锢”字样，并赔偿原告损失一千万元。被告秀洁公司不服一审判决，向北京市高级人民法院提起上诉。二审法院于2017年公开开庭进行了审理，仍然认定被告秀洁公司侵犯注册商标专用权，维持了一审停止侵权的判决，但变更了赔偿损失的数额。

二、争议焦点

本案中，原告美巢公司认为被告秀洁公司未经许可，擅自在其制造、销售的“工业用粘合剂、工业用胶”类商品上使用“秀洁墙锢”“易康墙锢”“兴潮墙锢”商标，以及被告王晓亮擅自销售上述商品的行为，侵害了美巢公司对“墙锢”商标享有的注册商标专用权。对此，被告秀洁公司主张“墙锢”为该类商品约定俗成的通用名称，其对商品通用名称的使用，不构成对原告美巢公司注册商标专用权的侵害。由此，本案的争议焦点可以归纳为：“墙锢”是否构成被控侵权产品“混凝土界面处理剂”的通用名称。

三、法理分析

《商标法》第 59 条第 1 款规定，注册商标中含有的本商品的通用名称、图形、型号，或者直接表示商品的质量、主要原料、功能、用途、重量、数量及其他特点，或者含有的地名，注册商标专用权人无权禁止他人正当使用。若诉争标识属于相关商品的通用名称，则其他生产经营者有权在相关商品上使用该标识，进而达到向消费者传达商品种类或内容等信息的目的。据此，被告秀洁公司提出了“墙锢”一词为“混凝土界面处理剂”商品通用名称的抗辩主张。然而在案件一审和二审过程中，北京知识产权法院和北京市高级人民法院在对案件事实进行详细调查，并对本案争议焦点展开分析之后，均认为在被诉侵权行为发生之时，“墙锢”尚未构成被控侵权产品“混凝土界面处理剂”的通用名称。被告秀洁公司在混凝土界面处理剂的包装容器上使用“墙锢”文字构成商标意义上的使用，侵害了原告美巢公司的注册商标专用权。本案涉及通用名称的认定问题，下文将对通用名称进行界定，并分析各认定因素。

（一）通用名称的界定

对通用名称进行合理界定是研究通用名称认定问题的前提。有学者认为“通用名称包括一类事物的一般称呼”，[1] 也有学者归纳为“是它所使用的产品或服务的通常名称”，[2] 还有学者总结为“是指为国家或某一行业中所共用

---

[1] 王迁：《知识产权法教程》，中国人民大学出版社 2016 年版，第 405 页。

[2] 王太平：《商标法原理与案例》，北京大学出版社 2015 年版，第 71 页。

的，反映一类商品与另一类商品之间根本区别的规范化称谓”。[1] 由此可看出，大部分学者都认同通用名称是一类商品或服务的名称。从本质上讲，通用名称反映的是一类商品或服务的属性，用于识别商品或服务的种类，而非特定商品或服务的来源。因此，通用名称的本质特征在于不具备来源识别功能，即消费者无法通过通用名称区分商品或服务的提供者。而这也是通用名称与商标最根本的区别。

由于通用名称反映的是某类商品的共性，而非具体商品的个性，通用名称被认为是一种公共资源。若某一特定主体基于通用名称获得商标专用权，就等于将通用名称划归到私权领域。如果通用名称被个别经营者所垄断，那么其他经营者就不能在相关商品上使用此名称来指代自己商品的类别。这也意味着，其他经营者需要舍弃指代某类商品的最佳符号，转而寻求其他词汇来传递该商品的类别信息，这会导致其他经营者的利益受损，且增加了市场交易成本，损害公共利益。

基于上述分析，通用名称的内涵可以被界定为：反映某一类商品或服务的共性特征，不具有来源识别功能的名称。我国法律法规并没有界定通用名称的本质含义，但规定了通用名称的外延。根据《最高人民法院关于审理商标授权确权行政案件若干问题的规定》（以下简称《授权确权规定》）第 10 条，通用名称包括法定的和约定俗成的通用名称。法定的通用名称是指依据法律规定或国家标准、行业标准等规范性文件确定的通用名称。约定俗成的通用名称是被相关公众普遍认为能够指代一类商品的名称。被专业工具书、辞典等列为商品名称的，可以作为认定约定俗成的通用名称的参考。

（二）通用名称的认定要素

根据《授权确权规定》第 10 条，结合我国司法实践中的观点，认定通用名称需要考虑的因素主要有相关公众的普遍认知、国家标准/行业标准、专业工具书/辞典等。这些因素按照效力的不同，可以被划分为决定性要素和辅助性参考因素。

1. 决定性要素

认定通用名称最重要且最基础的考虑要素是相关公众的普遍认知。通用名称的本质特征在于其不具有显著性，即相关公众无法通过商品通用名称来

---

[1] 黄晖：《商标法》，法律出版社 2016 年版，第 60 页。

识别商品的来源，因此判断一个名称是否具有显著性与判断其是否为通用名称往往是一体两面的关系。正如学者所述，通用名称与相关公众的日常生活紧密相连，是否具有商标含义的判断权不在立法者、司法者手中，而在消费者等相关公众的意识中。[1] 根据《最高人民法院关于审理商标民事纠纷案件适用法律若干问题的解释》第 8 条，相关公众是指商标所标识的某类商品或者服务有关的消费者和与前述商品或者服务的营销有密切关系的其他经营者。该条文虽然针对的是商标显著性判断中对相关公众的界定，但基于通用名称的非显著性，可以认为通用名称认定中的相关公众也包括消费者和其他经营者。关于这两种主体的认知，有人认为消费者的认知应当优先于经营者的认知。[2] 这种观点有失偏颇。商标属于私权领域，但通用名称属于公共资源，公共性是通用名称除显著性以外的另一本质属性，认定通用名称也应当关照其他经营者的利益。因此，消费者的认知和经营者的认知在通用名称认定中的作用不应该有主次之分。一般情况下，若消费者认为某个标识仍具有指示来源的作用，即使同行业的经营者普遍将其作为通用名称来使用，也不能认为该标识为通用名称。但在某些特殊情形下，例如经营者普遍将某个该行业内的专业名词用作通用名称，而消费者由于不熟悉而认为其具有来源识别功能，而将该名词认定为商标可能导致市场垄断、该行业相关经营者利益严重受损的后果，那么应当以经营者的普遍认知作为通用名称的认定标准。这种做法更有利于保护公共利益，保障通用名称的公共资源属性，维持利益平衡。

如前所述，相关公众包括消费者和经营者两类主体，但对相关公众的界定，还需要结合地域范围。根据《授权确权规定》第 10 条，约定俗成的通用名称一般以全国范围内相关公众的通常认识为判断标准；对于由于历史传统、风土人情、地理环境等原因形成的相关市场固定的商品，在该相关市场内通用的称谓，人民法院可以认定为通用名称。简而言之，认定通用名称的地域范围以全国范围为原则，以特定区域为例外。在 2006 年“子弹头案”中，法院即指出，通用名称应当具有广泛性，其应当是国家或者某一行业所共用的；仅为某一区域所使用的名称，不具有广泛性。[3] 由于注册商标的效力及于全

---

[1] 杜颖：《通用名称的商标权问题研究》，载《法学家》2007 年第 3 期。

[2] 邓靓：《通用名称认定中商标专用权与表达自由的平衡》，载《黄冈师范学院学报》2017 年第 5 期。

[3] 北京市高级人民法院（2006）高行终字第 188 号行政判决书。

国，而非某个特定区域，一般情况下在判断通用名称时应当考虑的是全国范围内相关公众的认知，否则会出现地区和地区之间认定不统一的情况。但在特殊情形下，某些具有地域性的商品仅在特定区域内流通，此时如果仍以全国范围相关公众的认知为标准来判断，可能违背公平原则。正如“鲁锦”案中法院所指出，对于具有地域性特点的商品通用名称，判断其广泛性应以特定产区及相关公众为标准，而不应以全国为标准。[1] 针对此类相关市场固定的商品，应当以该特定区域内相关公众的认知为标准来判断诉争标识是否为通用名称。

相关公众的普遍认知是认定通用名称的决定性要素，而最能直接反映相关公众普遍认知的证据是相关公众调查。在美国，司法实践和学术理论界都非常重视消费者调查，麦卡锡教授甚至指出，消费者调查在有关通用名称的诉讼中几乎是不可或缺的证据。[2] 但我国司法实践极少使用消费者调查作为认定通用名称的证据。一方面，消费者调查取证成本高；另一方面，就我国的实际情况而言，消费者调查的程序、要求以及最终调查报告如何认定合法有效都不明确。即使消费者调查报告合法有效，何种比例才能满足“普遍认知”的要求也不确切。本案中，二审法院认为被告应当举证证明我国建材市场生产经营者将“墙锢”在界面剂商品上作为通用名称使用的具体比例，也就是说，法院认为被告应当提交明确的生产经营者调查报告才能证明“普遍认知”。消费者调查或经营者调查若要成为我国认定通用名称的诉讼中普遍使用的证据，还需要理论界和实务界很长一段时间的探索。但不可否认的是，合法有效的相关公众调查报告是认定通用名称中的诉讼中证明力最强的证据，具有决定性作用。

2. 辅助性参考因素

如前文所述，直接反映相关公众普遍认知的证据在举证上难度较大，因此法院在认定通用名称的过程中往往需要考虑其他因素。根据《授权确权规定》第 10 条和我国司法实践中的观点，认定通用名称的辅助性参考因素主要包括国家标准、行业标准、专业工具书/辞典等，下文将对这些因素一一展开分析。

---

[1] 山东省高级人民法院（2009）鲁民三终字第 34 号民事判决书。

[2] 金海军：《商标与通用名称问题的消费者调查方法——实证与比较》，载《暨南学报》2013 年第 10 期。

首先，国家标准、行业标准是通用名称认定中效力较高、但不具有绝对效力的考虑因素。《授权确权规定》第10条规定，依据法律规定或者国家标准、行业标准属于商品通用名称的，应当认定为通用名称。从该条文的表面上看，国家标准、行业标准可以直接作为认定通用名称的依据，据此认定的通用名称一般被称为“法定的通用名称”。然而实际上，法定的通用名称和约定俗成的通用名称的分类并不十分严谨，因为这两种衡量标准有可能存在冲突——一个名称虽然被纳入国家标准或者行业标准，但相关公众也可能不将其视作指代一类商品或服务的通用名称。在“灭害灵”案中，二审法院认为：虽然“灭害灵”在中国化工行业标准中属于农药产品的通用名称，但是由于中山凯达公司对“灭害灵”标识使用了较长时间并获得一定知名度，“灭害灵”具有显著性，凯达公司对其享有商标专用权。[1] 国家标准、行业标准具有一定的滞后性，且其不能直观反映相关公众的认知情况，因此就可能与相关公众的实际认知产生冲突。若相关公众普遍认为诉争标识具有显著性，那么就不能依据国家标准、行业标准将其认定为通用名称。当然，在两种因素不存在冲突的一般情形下，国家标准、行业标准是认定通用名称的强有力的证据，因为其是由国务院标准化行政主管部门直接制定或审查确定，权威性较高。

其次，专业工具书、辞典是认定通用名称的重要佐证。专业工具书、辞典对事物的名称做出解释认定，能够在一定程度上间接反映相关公众对该标识或名称的认知情况，并且还会影响相关公众的认知。[2] 专业工具书和辞典是由各行各业的专家以及语言学家等编纂而成，相较于其他公开出版物而言，专业工具书和词典对名称的解释更规范，具有一定的权威性。但是辞典每次修订的时间间隔较长，对通用名称的收录具有滞后性，且不同辞典的编纂者可能对同一名称具有不同的解释，相较于国家标准、行业标准，辞典的权威性和确定性不足。因此，专业工具书和辞典只是认定通用名称的一个辅助性参考因素，虽然不能直接单独将其作为认定通用名称的证据，但可以作为重要的佐证。

最后，诉争标识的使用方式和时间、广告宣传等也是认定通用名称的参

---

[1] 广东省高级人民法院（2003）粤高法民三终字第123号民事判决书。

[2] 邓文：《论通用名称各认定因素的效力大小》，载《电子知识产权》2016年第1期。

考因素。司法实践中，诉争商标的使用方式、使用时间、广告宣传通常是原被告和法院都会考虑的因素。例如在本案中，被告秀洁公司辩称“墙锢”被原告美巢公司用作商品名称使用，但是法院经过调查，认定原告是将“墙锢”字样作为注册商标、与“美巢”注册商标联合使用。但是从法理上进行分析，认定通用名称的决定性因素是相关公众的普遍认知，商标权人自身使用诉争标识的方式可能对相关公众的认知产生影响，但其本身不能反映相关公众的实际认知。同样地，诉争标识的使用时间和广告宣传、知名度高低对认定通用名称的作用也十分有限。商标权人积极宣传商标、积极纠正商标被错误引用等防止或制止商标退化为通用名称的行为很多时候也不能扭转相关商标沦为通用名称的命运。因此，诉争标识的使用方式、宣传等只是在考察相关公众认知情况时的辅助参考因素，相关证据的证明力很低，在涉及通用名称认定的诉讼中，法院的判断重点仍然在于相关公众的认知情况。

四、案件启示

本案是关于通用名称的典型案例，法院对通用名称的认定进行了分析和阐述。在商标侵权纠纷案件中，认定诉争商标是否构成通用名称需要考虑很多因素，但决定性的因素在于相关公众的普遍认知。在此基础上，法院还可以综合考虑国家标准、行业标准、专业工具书和词典等因素，但是这些因素的效力低于相关公众的认知，当二者发生矛盾时，相关公众的认知具有绝对效力。相关公众调查可以直接并准确反映相关公众的认知情况，但该证据形式还需要我国理论界和实务界的积极探索。

（撰稿人：阮冰清）

■ 商标代理机构违法责任承担

商标代理机构的违法代理行为应如何认定

——上海雪耐商标事务所违法招徕业务案案例评析

一、案情概要

2017年下半年，浦东知识产权局对辖区内百余家知识产权代理机构实行知识产权领域企业信用评估与风险评估。2018年年初，接到关于雪耐商标事务所涉嫌伪造商标局公文招徕业务的举报，展开立案调查。

雪耐商标事务所成立于2005年5月11日，主要从事商标代理的经营活动。其业务主管为招徕商标代理业务利用电脑系统自带的画图软件，采用“选择”及“文本”功能键的组合方式或复制粘贴的方式编辑需要修改的内容，通过上述方法伪造、变造了《商标续展通知书》《商标评审案件答辩通知书》《商标驳回通知书》等8类商标局、商评委公文，并指使业务员通过微信或QQ发给企业负责人，诱骗企业办理相关商标代理业务，以牟取非法利益，其中商标无效答辩为虚构业务。

其伪造、变造的公文文头为“国家工商行政管理总局商标局”，内容形式以商标局正式公文为基础稍作修改，文尾印有“中华人民共和国国家工商行政管理总局商标局”的红色公章。

浦东知识产权局对雪耐事务所主管伪造公文的违法行为移送司法机关追究刑事责任，对雪耐事务所及两名主要业务人员使用伪造、变造公文招徕业务的行为进行了行政处罚。从而对该违法行为进行了全面惩处，形成系列案件。同时浦东知识产权局报请商标局、商评委停止受理雪耐商标事务所办理商标代理业务，并向相关协会通报案件情况，要求协会加强行业监督，推动行业自律，开展对广大中小企业的教育和警示。

二、争议焦点

本案是首例有关商标代理机构违法招徕的案件，其争议焦点主要集中在以下三点：（1）对商标代理机构违法行为内容的判断分析问题；（2）运用商标法对该商标代理机构进行行政处罚的问题；（3）对于该商标代理机构涉嫌违法犯罪的行为移送司法机关进行刑事处罚的问题。

三、法理分析

本案是关于商标代理机构违法招徕问题的系列案件，上海雪耐商标事务所通过伪造、变造商标局公文牟取非法利益的行为明显属于违反《商标法》第 68 条第 1 款的规定；情节严重构成犯罪的，按照《刑法》第 280 条“伪造、变造国家机关公文、印章罪”追究刑事责任。

《商标法》第 68 条是对商标代理机构的行为作出明确规范的法律条文，概括而言，商标代理机构在从事商标代理等一系列活动时，应当做到：（1）在办理商标事宜过程中，不得伪造、变造或者使用伪造、变造的法律文件、印章、签名；（2）不得以诋毁其他商标代理机构等手段招徕商标代理业务或者以其他不正当手段扰乱商标代理市场秩序；（3）履行法律规定的商标代理机构的相关义务。否则，则应承担相应的法律责任。关于商标代理机构的义务的内容则由《商标法》第 15 条、19 条、32 条等条款予以规定，其中包括：（1）遵守诚实信用原则的义务；（2）遵守法律、行政法规的义务；（3）按照委托办理商标注册申请或者其他商标事宜的义务；（4）保密的义务；（5）告知的义务；（6）业务禁止的义务；（7）不得自行申请注册商标的义务。

为了保护委托人的合法权益，规范商标代理机构的行为，《商标法》从商标代理的义务与责任、商标代理行业组织的监督与管理、商标法与刑法的衔接与转换等多个角度全方面作出规制，商标代理机构在进行执业活动时应该遵守法律法规，加注意其合法性和正当性。

四、案件启示

自2003年我国取消商标代理机构和商标代理人资格审批后，商标代理机构迅速发展，但存在着欺诈委托人钱财、恶意抢注商标等现象。2013年《商标法》加大了商标代理监管力度，增加了商标代理机构的法律责任和义务，也加强了对商标代理机构的行政管理。第68条明确列出了商标代理机构被严格禁止的行为，除了警告、罚款等原有的行政处罚手段之外，违法商标代理机构还将被工商部门记入信用档案，商标局、商标评审委员会可以决定停止受理其办理商标代理业务；情节严重构成犯罪的，依法追究刑事责任。

行政机关可以进一步完善对商标代理机构监管工作，加大对违法行为的惩治，例如：（1）不定期开展对商标代理机构的专项检查，加强对代理机构的指导及对代理人职业技能的培训；（2）建立商标代理机构和人员执业信用档案，将商标代理机构的良好行为和不良行为进行公示；（3）在执法过程中，面对可能涉嫌刑事犯罪的知产案件启动行刑协作机制，实现行刑无缝衔接。

商标代理机构在进行执业活动、谋取利益寻求发展时，则更应该注重其行为的合法合规性，落实法律规定的责任和义务，千万不能为了一时的眼前利益触碰法律的底线。企业也应该要提高警惕，在委托商标代理业务时选择信誉良好的代理机构，防止上当受骗。

（撰稿人：吴音迪）

第三部分／专利权案例

■ 外观设计专利侵权判断

外观设计产品的类似性和外观设计的近似性应如何

——本田技研工业株式会社与上海永久自行车有限公司侵犯外观设计专利权纠纷案案例评析

一、案情概要

2016 年，上海市知识产权局受理了本田技研工业株式会社（以下简称“本田公司”）与上海永久自行车有限公司（以下简称“永久公司”）侵犯外观设计专利权纠纷案。请求人本田公司拥有两项名称为“摩托车”的外观设计专利权，本案主要涉及被请求人永久公司未经许可制造、许诺销售与请求人享有外观设计专利权的产品（以下简称“外观设计产品”）相近似的电动车产品是否构成侵犯外观设计专利权的问题。

请求人本田公司，于 2012 年 9 月 25 日向国家知识产权局提交了名称为“摩托车”的专利申请，并于 2013 年 1 月 16 日获准授权，专利号为：201230461414.6；于 2013 年 1 月 9 日向国家知识产权局提交了名称为“摩托车”的专利申请，并于 2013 年 5 月 29 日获准授权，专利号为：201330005158.4。

被请求人永久公司在第十六届中国北方国际自行车电动车展览会上展出两款与外观设计产品相近似的电动车产品。

上海市知识产权局在双方自愿的前提下，依据《专利法》《专利法实施细则》等相关规定，组织双方进行调解；最终双方达成调解协议，被请求人永久公司承认其行为构成侵权，愿意承担赔偿责任，并承诺停止与涉案产品有关的一切经营行为。

二、争议焦点

本案中，请求人本田公司认为被告永久公司在展览会上展示与其外观设计相近似的外观设计产品，构成对其合法权利的侵犯。本案涉及外观设计专利侵权判定问题；根据外观设计专利侵权判定原理，本案的争议焦点可以归纳为以下两点：（1）被控侵权产品与外观设计产品在产品种类上是否相同或者类似；（2）被控侵权产品与外观设计产品所使用的设计是否相同或近似。

三、法理分析

外观设计，是指对产品的形状、图案或者其结合以及色彩与形状、图案的结合所作的富有美感并适于工业应用的新设计。[1] 外观设计与发明、实用新型有着本质上的区别：法律并不要求外观设计解决任何实际技术问题，只要其能使产品美观，对消费者产生吸引力即可。[2] 外观设计在权利范围以及侵权判定方面也存在着不同之处，对外观设计专利的保护受到产品类型相同或者类似这一规则的限制。2009 年颁布的《最高人民法院关于审理侵犯专利权纠纷案件应用法律若干问题的解释》（以下简称《专利权纠纷解释》）第 8 条规定，在与外观设计专利产品相同或者相近种类产品上，采用与授权外观设计相同或者近似的外观设计的，人民法院应当认定被诉侵权设计落入专利法第 59 条第 2 款规定的外观设计专利权的保护范围。本案中，被请求人永久公司承认其行为构成侵权，愿意承担赔偿责任，并承诺停止与涉案产品有关的一切经营行为，主要基于以下两个方面的考虑。

（一）被控侵权产品与外观设计产品在产品种类上是否相同或者相近

本案的第一个争议焦点在于被控侵权产品与外观设计产品是否属于相同或者相近种类。《专利权纠纷解释》第 9 条规定，人民法院应当根据外观设计产品的用途，认定产品种类是否相同或者相近。确定产品的用途，可以参考

---

[1] 《专利法》第 2 条第 4 款。

[2] 王迁：《知识产权法教程》，中国人民大学出版社 2016 年版，第 278 页。

外观设计的简要说明、国际外观设计分类表、产品的功能以及产品的销售、实际使用情况等因素。请求人享有外观设计专利权的产品均为摩托车；而被控侵权的两款产品均为电动车。摩托车和电动车并非同一种类的产品；那么摩托车与电动车是否构成相类似种类的商品呢？答案是肯定的。摩托车与电动车的主要差异在于发动机不同以及因此带来的性能方面的差异；但是两者的用途是相同的，两者都是作为日常生活中的代步工具；另外两者在销售渠道、用户群体等方面也十分接近，因而可以认定两者属于相近种类的产品。

（二）被控侵权产品与外观设计产品所使用的设计是否相同或近似

《专利权纠纷解释》明确了判断外观设计的设计方案是否相同或者近似的基本规则：应当根据授权外观设计、被诉侵权设计的设计特征，以外观设计的整体视觉效果进行综合判断，被诉侵权设计与授权外观设计在整体视觉效果上无差异的，应当认定两者相同；在整体视觉效果上无实质性差异的，应当认定两者近似。

根据上述规定，判断被控侵权产品与外观设计产品所使用的设计是否相同或近似可以遵循以下步骤：第一，判断两者在整体视觉效果上是否无差异，如果回答是否定的，可以直接得出构成侵权的结论；第二，如果回答是肯定的，即在整体视觉效果上存在差异，则判断还没有结束，还要继续判断该差异是否属于整体视觉效果上的实质性差异，如果答案是否定的，仍然可以得出构成侵权的结论。[1] 具体到本案，外观设计专利与被控侵权设计在整体效果上存在一定差异，例如，被控侵权电动车（M3 车型）的发动机处有一块金属挡板，但外观设计专利并没有挡板；被控侵权电动车（小战警车型）尾部有载物架，外观设计专利产品中也没有。由于存在上述差异，就需要判定这些差异是否构成实质性差异。要判定是否构成实质性差异就需要以“普通消费者”为判断主体，在隔离观察比较的情况下，判定一般消费者是否会观察到这些区别。在本案中，虽然被控侵权产品与外观设计专利之间存在一定的区别，但是在一般消费者看来，这些区别并不明显。于此可以得出的结论是，被控侵权产品与外观设计专利构成相似设计。

综上所述，被控侵权产品与外观设计专利产品属于类似产品，被控侵权设计又与外观设计专利设计相近似，故被请求人制造、许诺销售被控侵权产

---

[1] 尹新天：《中国专利法详解》（缩编版），知识产权出版社 2012 年版，第 489 页。

品构成对请求人外观设计专利权的侵犯。

被请求人 M3 车型图片请求人 201330005158. 4 号专利

被请求人小战警（TDR019Z）车型图片请求人 201230461414. 6 号专利

四、案件启示

本案是专利行政主管部门通过调解手段解决专利侵权纠纷的重要案例。上海市知识产权局在双方当事人自愿的前提下，依据相关规定组织双方调解。双方当事人在准确认定有关事实、充分理解法律规定的基础上，对有关外观设计专利侵权纠纷作出符合双方利益的调解方案，“一揽子”解决相关纠纷，实现了较好的社会效果。

（撰稿人：郝亚军）

组装产品外观与外观设计专利产品外观相似是否构成侵权

——本田技研工业株式会社与上海本菱摩托车制造有限公司外观设计专利侵权纠纷案案例评析

一、案情概要

上海市知识产权局受理了本田技研工业株式会社与上海本菱摩托车制造有限公司外观设计专利侵权纠纷一案。该案主要涉及专利行政执法中有关侵犯外观设计专利权的认定标准。

请求人本田技研工业株式会社（以下简称“本田株式会社”）于2014年9月5日申请了名称为“摩托车（小型）”的外观设计专利，2015年2月25日获得专利权，专利号为“ZL201430329219.7”，现为有效专利。

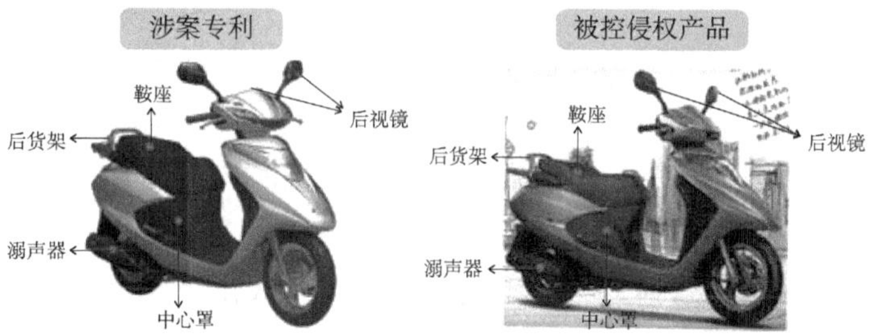

被请求人上海本菱摩托车制造有限公司（以下简称“本菱公司”）生产、销售了型号为HL100T-5A的摩托车，同时在杂志上刊登了该型号摩托车的广告。经整体观察、综合判断，请求人外观设计专利的所有设计特征都在HL100T-5A型号摩托车中体现。

上海市知识产权局根据《专利法》的规定，认定被请求人本菱公司未经专利权人的许可，为生产经营目的制造、销售、许诺销售本案涉案产品的行为，侵犯了请求人的合法权益，应当依法承担停止侵权责任。

二、争议焦点

请求人本田株式会社是本案外观设计专利权人，被请求人本菱公司生产的摩托车与请求人的摩托车外观设计在视觉效果上不存在差异。被请求人本菱公司辩称其制造、销售、许诺销售的摩托车中涉及外观的配件均系从其他公司采购，其仅在组装后进行了再销售，不应承担侵权责任。由此，本案的争议焦点是：若行为人只是将从他人处购买的配件进行组装，组装产品的外观与专利产品的外观相同或相似，行为人能否以此主张其组装行为不构成外观设计专利侵权。

三、法理分析

上海市知识产权局在本案中对被请求人所在地进行勘验调查，对案件事实进行了详细的分析，认定被请求人本菱公司侵犯了请求人本田株式会社的外观设计专利权，应当承担停止制造、销售、许诺销售的行为。具体分析如下。

（一）侵犯外观设计专利权构成要件

《专利法》第 11 条第 2 款规定："外观设计专利权被授予后，任何单位或者个人未经专利权人许可，都不得实施其专利，即不得为生产经营目的的制造、许诺销售、销售、进口其外观设计专利产品。"另外，第 59 条第 2 款规定："外观设计专利权的保护范围以表示在图片或者照片中的该产品的外观设计为准，简要说明可以用于解释图片或者照片所表示的该产品的外观设计。"对于外观设计专利侵权的判断标准，《最高人民法院关于审理侵犯专利权纠纷案件应用法律若干问题的解释》第 8 条规定："在与外观设计专利产品相同或者相近种类产品上，采用与授权外观设计相同或者近似的外观设计的，人民法院应当认定被诉侵权设计落入专利法第 59 条第 2 款规定的外观设计专利权的保护范围。"由此可见，判断被控侵权产品的设计是否落入外观设计专利权的保护范围，应当考虑两方面因素：其一，被控侵权产品与专利产品是否属于相同或相近种类；其二，被控侵权产品的设计是否与专利产品的设计相同或近似。

判断被控侵权产品与专利产品是否属于相同或相近种类，应当考虑产品的用途是否相同或相似。《最高人民法院关于审理侵犯专利权纠纷案件应用法律若干问题的解释》第 9 条规定："确定产品的用途，可以参考外观设计的简要说明、国际外观设计分类表、产品的功能以及产品销售、实际使用的情况等因素。"之所以要判断产品类别是否相同或相近，是因为"外观设计专利针对的是特定工业产品。这就是为什么外观设计专利申请应当遵循'单一性原则'，即一件外观设计专利申请应当限于一项外观设计。"❶ 判断被控侵权产品的设计是否与专利产品的设计相同或近似，应当依据产品的整体视觉效果，综合判断对比产品的设计特征是否相同或近似。上述司法解释第 11 条第 3 款规定："被诉侵权设计与授权外观设计在整体视觉效果上无差异的，人民法院应当认定两者相同；在整体视觉效果上无实质性差异的，应当认定两者近似。"因此，若被控侵权人制造、销售、许诺销售、进口的产品与外观设计专利产品具有相同或相似的产品用途，且产品的整体视觉效果与外观设计专利产品相同或近似，则被控侵权人的行为构成侵犯外观设计专利权。

在本案中，本菱公司生产的 HL100T-5A 型号摩托车与本田株式会社的外观设计专利产品从整体视觉效果来看，不存在差异。经上海市知识产权局的整体观察、综合判断，外观设计专利的所有设计特征都在被控侵权产品中体现。且被控侵权产品与外观设计产品均为摩托车，产品用途相同。因此被请求人本菱公司制造、销售、许诺销售 HL100T-5A 型号摩托车的行为侵犯了请求人本田株式会社的外观设计专利权。

（二）单纯的组装行为是否可以构成合理使用

在本案中，被请求人本菱公司辩称 HL100T-5A 型号摩托车涉及外观的配件均是其他公司采购的专利产品，其仅是组装后再销售，不应承担侵权责任。被请求人的抗辩能否成立应当分析其行为是否具备专利法规定的不承担侵权责任的抗辩事由。

《专利法》第 70 条规定："为生产经营目的使用、许诺销售或者销售不知道是未经专利权人许可而制造并售出的专利侵权产品，能证明该产品合法来源的，不承担赔偿责任。"《最高人民法院关于审理侵犯专利权纠纷案件应用法律若干问题的解释》第 12 条第 2 款规定："将侵犯外观设计专利权的产品作为零部件，制造另一产品并销售的，人民法院应当认定属于《专利法》第

---

❶ 王迁：《知识产权法教程》（第五版），中国人民大学出版社 2016 年版，第 381 页。

十一条规定的销售行为，但侵犯外观设计专利权的产品在该另一产品中仅具有技术功能的除外。”根据上述法律规定，行为人不知道某一产品侵犯外观设计专利权，而将该产品作为配件组装成另一产品并销售的，如果行为人能够证明其购买的该配件具有合法来源，其无须承担损害赔偿责任。

而在本案中，虽然本菱公司的摩托车配件是从第三方处购买，但是本案中的侵权对比产品是摩托车，而非摩托车配件。本菱公司将从第三方处购买的配件组装成摩托车，系被控侵权产品的制造者，不构成善意的销售者，因此本菱公司的行为不具备《专利法》第 70 条规定的抗辩事由。

四、案件启示

此案的行政处理是落实专利保护的重要实践，对打造良好营商环境，维护外商投资合法权益具有重要意义。该案涉及外观设计专利侵权的判断标准，同时明确了无论被控侵权产品的配件是被控侵权人自行生产还是从第三方购买，均不影响被控侵权人为制造商的认定。若被控侵权产品在整体视觉效果上与外观设计专利产品相同或近似，且与外观设计专利产品具有相同或相似的产品用途，则被控侵权人的行为构成侵犯外观设计专利权，应当承担专利侵权责任。

（撰稿人：王超楠）

外观设计相似性判断过程中应如何适用“整体观察、综合判断”规则

——“镂花背扶手餐椅”外观设计专利侵权纠纷案案例评析

一、案情概要

请求人美克国际家居用品股份有限公司（以下简称为“美克家居公司”）拥有名称为“镂花背扶手餐椅（MK82-1）”的外观设计专利。请求人认为上海市浦东新区北蔡镇斯林克家具经营部（以下简称为“斯林克家具经营部”）在店面内展示并销售的一款餐椅产品侵犯了美克家居公司的外观设计专利权，遂向上海市知识产权局提出专利侵权纠纷处理请求。案件处理中，请求人提供了保全证据公证书，其中描述了请求人购买被控产品的行为和过程及所附照片等材料。然而被请求人斯林克家具经营部辩称：照片因拍摄角度不同会造成外观的较大区别，在没有实物证据的情况下不能进行产品的实际比对。对此，上海市知识产权局认为：仅公证书附件照片材料中的第21张照片显示涉案餐椅产品，且为不完整的右后视图，因此无法通过实物或完整的六面视图照片与涉案外观设计专利进行比对。上海市知识产权局最终认定被请求人专利侵权行为不成立，并驳回请求人的全部请求。

二、争议焦点

本案中，请求人美克家居公司向上海市知识产权局提交的证据里，仅有一张显示被控侵权产品的照片，且该照片为产品的右后视图。被请求人斯林克家具经营部认为，仅通过一张不完整的照片无法将被控产品与涉案外观设计专利进行比对，从而无法证明被请求人侵犯请求人的专利权。故本案的争议焦点在于：仅通过一张被控产品的不完整照片能否认定被控侵权产品的外

观设计与涉案专利产品的外观设计相同或近似，从而落入涉案外观设计专利权的保护范围？

三、法理分析

要认定对外观设计专利权的侵权行为，即除法定抗辩事由外未经许可实施的受专利权人专有权利控制的行为，前提是确定外观设计专利权的保护范围。[1] 我国《专利法》第59条第2款规定："外观设计专利权的保护范围以表示在图片或者照片中的该产品的外观设计为准，简要说明可以用于解释图片或者照片所表示的该产品的外观设计。"依据《最高人民法院关于审理侵犯专利权纠纷案件应用法律若干问题的解释》（以下简称为《司法解释》）第8条，《专利法》第59条规定的外观设计专利权的保护范围由产品类别和产品上采用的外观设计共同确定。[2] 具体而言，在与外观设计专利产品相同或者相近种类产品上，采用与授权外观设计相同或者近似的外观设计，就落入了外观设计专利权的保护范围。

因此，法院或行政执法机关在判断被控侵权产品是否落入外观设计专利权的保护范围时，应当从以下两个方面进行考量：第一，两件产品的种类是否相同或者相近；第二，两件产品的外观设计是否相同或者近似。在本案中，被控侵权产品与涉案外观设计专利均为餐椅产品，在类别上完全相同，故上海市知识产权局仅需判断两件产品的外观设计是否相同或者近似。根据《司法解释》第11条的规定，人民法院认定外观设计是否相同或者近似时，应当根据授权外观设计、被诉侵权设计的设计特征，以外观设计的整体视觉效果进行综合判断：如果被诉侵权设计与授权外观设计在整体视觉效果上无差异，应认定两者相同；如果在整体视觉效果上无实质性差异的，则应认定两者近似。这种以整体视觉效果进行综合判断的方式，《专利审查指南》将之概括为"整体观察、综合判断"："所谓整体观察、综合判断是指由涉案专利与对比设计的整体来判断，而不从外观设计的部分或者局部出发得出判断结论。"[3]

---

[1] 参见王迁：《知识产权法教程》，中国人民大学出版社2019年版，第385页。

[2] 参见《最高人民法院关于审理侵犯专利权纠纷案件应用法律若干问题的解释》第8条："在与外观设计专利产品相同或者相近种类产品上，采用与授权外观设计相同或者近似的外观设计的，人民法院应当认定被诉侵权设计落入专利法第五十九条第二款规定的外观设计专利权的保护范围。"

[3] 《专利审查指南》第四部分第五章5.2.4。

由此可见，在判断外观设计是否相同或者近似时，整体视觉效果起着决定性作用。这是因为产品外观通常是作为一个整体吸引着消费者。在实际对比中，完全可能存在产品在局部设计上相似，但整体视觉效果差异很大，或者产品的局部设计有一定差异，但整体视觉效果相近的情况。[1] 故法院或行政执法机关在比对被控侵权产品和权利人产品的外观设计时，应当严格遵循“整体观擦、综合判断”的方式。具体到本案，请求人美克家居公司提供的证据中仅有一张被控侵权产品的右后视图照片，而没有被控产品的实物或完整的六面视图照片。也许上海市知识产权局能够通过这张右后视图照片，发现被控产品在右后方的外观设计上与涉案专利产品的右后方具有相似之处、甚至完全相同，但这只是两件产品在局部上的相似或相同。正如前文所说，两件产品可能在局部设计上相似，但整体设计则差异很大。此外，上海市知识产权局也无法借助一张右后视图“推导”出被控侵权产品的全貌，因而不能对两件产品的外观设计进行“整体观察、综合判断”。故上海市知识产权局无法仅通过被控产品的一张不完整照片来认定被控侵权产品是否落入涉案外观设计专利权的保护范围。

四、案件启示

根据《专利法》及相关司法解释的规定，行政执法机关在认定被控侵权产品和涉案专利产品的外观设计是否相同或近似时，应采用“整体观察、综合判断”的方式。在实践中，如果请求人仅提供被控侵权产品的某一角度的照片而不能展现产品外观设计的整体面貌时，则被控产品和涉案专利产品的外观设计无法进行比对，请求人因而无法证明他人侵犯了自己的外观设计专利权。

（撰稿人：孟凡生）

[1] 王迁：《知识产权法教程》，中国人民大学出版社 2019 年版，第 387 页。

■ 假冒专利行为认定与责任承担

假冒专利行为与专利侵权行为应如何区分

——辉县市书画装裱新技术研究所与伍建华等专利侵权纠纷案案例评析

一、案情概要

2002年6月14日，辉县市书画装裱新技术研究所（以下简称“书画研究所”）向郑州市中级人民法院起诉称：伍建华、李福贞、刘云卿侵害该所专利权（专利号为ZL00232035.5）和假冒该专利。

被告李福贞是辉县市城北书画装裱设备研究所（以下简称“城北装裱研究所”）的经营者。被告伍建华曾是书画研究所的员工，其将在职期间形成的技术成果申请了“一种电热加压书画装裱机”申请了专利（专利号：ZL00232035.5）。伍建华在专利权属变更前许可李福贞使用该专利技术。被告刘云卿为李福贞开办的城北装裱研究所的销售人员。

2001年7月、2001年11月、2002年1月城北装裱研究所在报纸上刊登书画装裱机的产品广告，并标注该产品的专利号为ZL00232035.5。2003年1月、2003年2月、2003年9月，城北装裱研究所在报纸上刊登了产品广告但并未标注专利号。

2002年12月9日河南省高级人民法院作出的（2002）豫法民三终字第89号民事判决，确认专利号为ZL00232035.5的实用新型专利“一种电热加压书画装裱机”的权利人应为书画研究所。2003年4月16日国家知识产权局公告，将ZL00232035.5号实用新型专利的专利权人变更为书画研究所。

2004年3月15日国家知识产权局专利复审委员会根据申请，宣告了涉案实用新型专利全部无效。2004年12月20日北京市第一中级人民法院维持了专利无效宣告审查决定。涉案专利的专利权终止日为2005年3月23日。

一审法院郑州市中级人民法院认为：涉案专利的专利权属终审判决尚未作出，故李福贞在其所作的广告上标注专利号的行为不存在假冒专利的故意。而在涉案专利权属变更后，李福贞所作的广告上并未标注专利号，李福贞此时也不存在假冒专利的行为。一审法院没有支持书画研究所假冒专利的诉讼请求。

二审法院河南省高级人民法院认为：根据假冒专利的构成要件，假冒他人专利的行为应当是一种故意的行为。在涉案专利的权属变更之前，李福贞使用该专利经过伍建华的同意，因此不存在假冒他人专利的故意。且在专利确权诉讼后，李福贞停止使用该专利的专利号，不具备假冒专利行为，也反映出其不具有假冒的故意。二审法院没有支持书画研究所假冒专利的诉讼请求。

再审法院河南省高级人民法院认为：根据《专利法》第47条的相关规定，宣告无效的专利视为自始即不存在。宣告专利权无效的决定，对在宣告专利权无效前人民法院作出并已执行的专利侵权的判决书，不具有追溯力。由于涉案专利已经被宣告无效，据以认定伍建华、李福贞构成专利侵权的事实发生了变化，所以再审法院驳回了书画研究所专利侵权以及专利假冒的全部诉讼请求。

二、争议焦点

该案中，伍建华将职务发明以自己的名义申请并获得了专利。在专利权属变更前，伍建华许可李福贞使用该专利。在专利权属变更后，李福贞继续使用该专利。在该案二审判决之后，涉案专利被宣告无效。该案中关于李福贞是否构成假冒专利的争议焦点可以归纳为以下三点：（1）在专利权属变更前，职工将本应属于单位的发明专利授权他人使用，被许可人使用该专利是否构成假冒专利；（2）在专利权属变更之后，使用人继续使用该专利是否构成假冒专利；（3）涉案专利被宣告无效后对专利假冒认定的溯及力问题。

三、法理分析

一审法院郑州市中级人民法院、二审法院河南省高级人民法院、再审法院河南省高级人民法院在对案件事实进行详细调查，在对争议焦点展开论证之后，分别认定李福贞不构成假冒专利，不需要承担民事责任。

（一）假冒专利与专利侵权的关系

我国《专利法》分别规定了专利侵权与假冒专利两种行为。在该案中书画研究所既有专利侵权又有假冒专利的诉讼请求，法院分别进行了裁判，在此有必要分析两者的关系。

专利直接侵权是指，行为人未经权利人许可，也缺乏法定免责理由，而以生产经营为目的实施受专有权利控制的行为。[1] 根据《专利法》第 11 条，对于实用新型发明专利，未经专利权人许可，也缺乏法定免责理由，为生产经营目的制造、使用、销售、许诺销售和进口专利产品就侵犯了权利人的制造权、使用权、销售权、许诺销售权和进口权。

相对于较为成熟的专利侵权的规定，我国对于假冒专利的立法经历了沿革阶段。2000 年《专利法》第 58 条和第 59 条分别规定了假冒他人专利与冒充专利两种行为。2008 年修正的《专利法》第 63 条则合并了 2000 年《专利法》第 58 条和第 59 条的内容，将假冒他人专利行为和冒充专利行为统称为假冒专利行为。鉴于该案发生在现行《专利法》修正之前，所以本文中假冒专利行为专指 2000 年《专利法》第 58 条规定的假冒专利行为，不包含冒充专利行为。

根据 2002 年修订的《专利法实施细则》第 84 条，假冒专利包含以下行为：（1）未经许可，在其制造或者销售的产品、产品的包装上标注他人的专利号；（2）未经许可，在广告或者其他宣传材料中使用他人的专利号，使人将所涉及的技术误认为是他人的专利技术；（3）未经许可，在合同中使用他人的专利号，使人将合同涉及的技术误认为是他人的专利技术；（4）伪造或者变造他人的专利证书、专利文件或者专利申请文件。

专利侵权与假冒专利是两种性质完全不同的行为。首先，比较专利侵权与假冒专利的定义及行为类型可以看出：专利侵权保护的核心是权利人的技

---

[1] 王迁：《知识产权法教程》，中国人民大学出版社 2019 年版，第 390 页。

术方案，而假冒专利禁止不正当的专利标注行为。根据《专利法》第1条规定的立法宗旨，专利权最为基本的作用是保护发明创造，而不是如同注册商标专用权那样用于区分商品或者服务的出处。[1] 假冒专利不涉及权利人的技术方案，而且《专利法》没有给专利权人创设一种“专利标识权”，所以假冒专利不属于专利侵权行为；

其次，从刑事责任设置的角度分析，专利侵权并不会产生刑事责任，但是假冒专利却规定了刑事责任。参考英美法系大多数国家对专利的保护，刑法也制裁假冒专利行为，不制裁专利侵权行为。这是因为假冒专利行为不仅损害了权利人的利益，而且在许多情况下同时欺骗了公众。欺骗公众的行为则不是任何民事赔偿能解决的，只有通过行政的及刑事的方法处理；但是侵犯专利权从直接意义上讲，它不会起到欺骗公众的作用，而仅仅是损害了权利人的利益，所以没有刑法制裁的必要。[2]

综上，假冒专利行为不侵犯专利权。当然，如果制造者或销售者在未经许可制造或者销售、许诺销售他人的专利产品的同时，又在其制造或者销售的产品、产品的包装上标注他人的专利标识，则同时构成专利侵权与假冒专利。

（二）假冒专利的构成要件

假冒专利不是专利侵权，假冒他人专利并非实施他人专利，所以侵犯他人专利权不是假冒专利行为的构成要件。二审法院在裁判文书中也体现了这一点：

> “假冒专利的构成要件有：第一，必须有假冒行为，即未经专利权人许可，以某种方式表明其产品为他人获得保护的专利产品，或者其方法为他人已获得保护的专利方法，从而产生误导公众或者有关人员的结果；第二，被假冒的必须是他人已经获得的、实际存在的专利；第三，假冒他人专利的行为应当是一种故意的行为。”[3]

法院厘清了专利侵权与假冒专利的不同概念，并在假冒专利的构成要件

---

[1] 尹新天：《中国专利法详解（缩编版）》，知识产权出版社2012年版，第559页。

[2] 郑成思：《知识产权论》，社会科学文献出版社2007年版，第224页。

[3] 河南省高级人民法院（2003）豫法民三终字第33号民事判决书。

中排除了专利侵权行为，这是非常值得肯定的。

根据法院二审判决书，该案中假冒专利行为有如下构成要件：

（1）行为人必须有假冒行为，即未经专利权人许可，行为人以某种方式表明其产品为他人获得保护的专利产品，或者其方法为他人已获得保护的专利方法，从而产生误导公众或者有关人员的结果。

二审法院提出的假冒专利的行为构成要件还可以细分为以下两点：①行为人的行为要符合《专利法实施细则》第 84 条规定的具体假冒行为；②公众或有关人员因为假冒行为而对专利产品的来源发生了误认。误认后果属于行为中的结果构成要件，其特殊性在于用行为发生之后的结果来对原因行为进行评价。如果被诉行为没有产生误导公众或者有关人员的结果，那么被诉行为就因为欠缺结果要件而不构成假冒专利行为。

（2）被假冒的专利必须是他人已经获得的、实际存在的专利。这是假冒他人专利行为与冒充专利行为的区别所在。如果行为人冒用的是实际不存在的专利，则有可能构成冒充专利行为。冒充实际不存在的专利并未导致任何专利权人的利益受损，其侵害的是专利管理秩序以及被欺骗的交易对象。因此，在 2000 年《专利法》中假冒专利与冒充专利行为所承担的法律责任也不一样。由于该案中李福贞于专利权属变更前，在其所作的广告上标注的专利号是合法有效的，因此该案中不涉及冒充专利行为的认定。

（3）假冒他人专利的行为应当是一种故意的行为。这是对于行为人主观过错的要件规定，故意要求行为人明知自己在从事不当的专利标注行为。对于因为过失导致不正当标注的行为，不满足假冒专利的过错要件。行为人如果有假冒故意一定有假冒动机，但假冒专利的动机不同则不影响假冒专利故意的认定。假冒专利的动机可以多种多样：有的为了营利，有的为了获取荣誉，有的为了损坏他人名誉贬低他人商誉，等等。但在认定主观故意时，无论动机如何都在所不问，都不影响认定假冒专利的主观故意。

如果要认定涉案行为构成假冒专利，那么该行为必须具备以上的全部要件。该案中李福贞的行为不符合上述要件。首先，在涉案专利权属公告变更之前，李福贞在其产品广告中标明专利号的行为获得了该专利的持有人伍建华同意，其在产品广告中标明专利号的行为不存在假冒他人专利的故意，不构成假冒专利。所以在专利权属变更前，职工将本应属于单位的发明专利授权他人使用，被许可人使用涉案专利并标注专利号的行为不构成假冒专利；

其次，在专利确权后，李福贞停止使用该专利的专利号，不存在假冒专利的行为。所以在专利权属变更之后，使用人继续使用涉案专利而不标注专利号的行为只涉及专利侵权的判断；最后，涉案专利因为不符合授予专利权的实质性条件，但是被错误授权，最后被宣告无效。根据《专利法》第47条的规定，涉案专利视为自始即不存在。即涉案专利的无效宣告具有溯及力，可以追溯到无效宣告前法院作出的侵权与假冒专利认定。鉴于权利人丧失了专利权，丧失了起诉的事实与法律依据，再审法院驳回书画研究所专利侵权以及专利假冒的全部诉讼请求是适当的。

四、案件启示

该案是关于假冒专利的经典案例，其最大的意义在于法院厘清了专利侵权与假冒专利之间的关系。另外，法院对于假冒专利构成要件的分析对于之后的司法裁判具有很好的示范与参考作用。最后，我国法律体系为假冒专利行为设置了民事、行政以及刑事三重法律责任。对假冒专利的正确认定可以强化我国法律对于专利制度的多维保护，这对于激发社会创造具有积极的社会意义。

（撰稿人：苏亚博）

假冒专利违法行为人承担行政责任后是否还需承担民事责任

——喻水根与广州锋尚电器有限公司侵害实用新型专利权纠纷案案例评析

一、案情概要

2014年，广东省广州市中级人民法院受理了喻水根与广州锋尚电器有限公司（以下简称“锋尚公司”）侵害实用新型专利权纠纷一案。原告锋尚公司诉称被告喻水根未经其许可，非法制造、销售假冒专利产品，请求法院判令被告停止假冒专利并赔偿损失。法院认定喻水根的行为构成假冒专利，判令喻水根停止假冒专利并赔偿锋尚公司经济损失。

喻水根不服一审判决向广东省高级人民法院提起上诉，称其假冒专利行为已经受到相应的行政处罚，同时上诉人已停止相关假冒行为，并缴纳了相应的罚款，锋尚公司再次起诉要求赔偿对于上诉人是不公平的，也没有事实和法律依据。

广东省高级人民法院依据《专利法》第63条认定，上诉人喻水根对于其存在假冒专利行为并受到行政处罚等事实予以承认，其仅仅以已经受到行政处罚为由而主张不需要向专利权人承担民事赔偿责任，该主张于法无据，故驳回上诉请求，维持原判。[1]

二、争议焦点

本案中，喻水根假冒专利的行为已经受到了广州市番禺区知识产权局的处罚，一审法院在此基础之上仍然要求喻水根承担假冒专利的民事责任。故

[1] 广东省高级人民法院（2015）粤高法民三终字第643号民事判决书。

上诉人认为锋尚公司再次起诉要求赔偿是不公平的，也没有事实和法律依据。由此，本案的争议焦点可以归纳为：（1）被告喻水根承担了行政责任之后是否还需要承担民事责任；（2）没收违法所得和损害赔偿的适用问题。

三、法理分析

本案中，广东高院正确适用法律，准确区分假冒专利行为本身所需承担两种不同的责任。假冒专利的民事侵权责任与对市场经济秩序的破坏而带来的行政责任，这两种责任有着明显不同的属性，相互之间具有独立性。下文对上述两个争议焦点进行具体分析。

（一）承担行政责任之后是否还需要承担民事责任

本案的第一个争议焦点在于喻水根在承担了行政责任之后是否还需要承担民事责任。同一行为具有不同的责任属性称为责任的聚合，责任聚合具体包括责任竞合和责任重和两种情况，前者指行为人的违法行为同时触犯不同性质的法律规范，但只追究其中一种法律责任的情况；后者是指行为人的违法行为同时符合不同的责任构成要件，需要追究两种以上责任的情况。[1] 本案中，假冒专利的行政责任与民事责任属于典型的责任重合的情况。

一方面，喻水根假冒专利行为符合行政责任的构成要件。行政责任是指行政法律关系主体因违反行政法律规范所规定的义务而引起的，依法必须承担的法律责任，即行政违法以及部分行政不当所引起的否定性法律后果。[2] 假冒专利行为侵犯了专利权人的合法权益，欺骗了广大消费者，扰乱了国家正常的专利管理秩序，有巨大的社会危害性。[3] 通过管理专利工作的部门进行制裁，有速度快、效率高的优点，[4] 对于维护国家正常的专利管理秩序，保证经济平稳运行有着重大的意义。因此，专利法对假冒专利行为规定了严厉的行政责任。行政责任的构成要件主要包括，存在违反行政法律义务的行为和承

---

[1] 张旭：《民事责任、行政责任和刑事责任——三者关系的梳理与探究》，载《吉林大学社会科学学报》2012 年第 2 期。

[2] 罗豪才、湛中乐：《行政法学》，北京大学出版社 2012 年版，第 343 页。

[3] 全国人大常委会法制工作委员会经济法室编著：《〈专利法〉解释及实用指南》，中国民主法制出版社 2009 年版，第 116 页。

[4] 《专利行政执法办法》第 36 条：管理专利工作的部门查处假冒专利案件，应当自立案之日起 1 个月内结案。案件特别复杂需要延长期限的，应当由管理专利工作的部门负责人批准。经批准延长的期限，最多不超过 15 日。案件处理过程中听证、公告等时间不计入前款所述案件办理期限。

担责任的法律依据以及具有主观过错，实践中行政领域的违法行为，只要符合法律所规定的外在形式，一般即可视为主观有过错。[1] 本案中广州市番禺区知识产权局作出行政处罚，责令喻水根立即停止生产、销售“万能夹子”产品，并作出销毁假冒专利产品、包装和印刷模板，没收违法所得人民币 20985 元以及罚款人民币 20985 元的处罚。喻水根为其假冒专利行为承担了严厉的行政责任。

另一方面，喻水根假冒专利行为符合承担民事责任的构成要件。很多情况下，行为人往往在使用专利技术的同时又在产品上标注专利标识，既侵犯专利权又假冒他人的专利标识。但是如果假冒他人专利标识却销售完全不同于专利技术的产品，只涉及到假冒他人专利标识的民事责任。本文分析假冒专利行为的民事责任，只涉及假冒他人专利标识的民事责任而不涉及专利侵权的民事责任。

首先，《专利法》第 17 条第 2 款明确规定：专利权人有权在其专利产品或者该产品的包装上标明专利标识。[2] 标注专利标识是专利法规定的一项专利权人享有的权利。[3] 本案中，虽然专利复审委员会作出无效宣告请求审查决定书（第 26217 号），决定 ZL20122054××××.1 号实用新型的权利要求 1-3、5 无效，但是在权利要求 4 的基础上继续维持该专利有效。所以，锋尚公司对该专利所拥有的专利标识依然合法有效，喻水根在其产品上标注相同专利号的行为属于假冒专利行为。

其次，假冒专利行为一方面会让公众误认为假冒人推销的产品或方法是专利产品或专利方法，并出于对专利的信任而与之交易，从而上当受骗；另一方面也会导致真正的专利权人声誉受到损害或使公众丧失对真正专利产品或专利方法的信任。[4] 尤其是对某些技术工艺要求较高的产品，假冒他人专利标识的侵权人往往不能复制专利技术，转而冒更高的风险进行专利假冒。这些产品质量差，消费者购买之后如果产生不良的后果，对专利权人的声誉会

---

[1] 罗豪才、湛中乐：《行政法学》，北京大学出版社 2012 年版，第 345 页。

[2] 《专利法》第 17 条第 2 款。

[3] 安建：《专利法释义》，法律出版社 2009 年版，第 41 页。类似的观点参见冯晓青、刘友华：《专利法》，法律出版社 2010 年版，第 192 页：专利权人在专利产品上缀附标记的权利。汤宗舜：《专利法教程（第 3 版）》，法律出版社 2003 年版，第 183 页：专利权人有权标明专利标记，这是一种权利，不标明这种标记当然是可以的。

[4] 王迁：《知识产权法教程》，中国人民大学出版社 2016 年版，第 385 页。

造成恶劣的负面影响。正如最高人民法院在相关司法解释的条文释义中指出，假冒他人专利的行为影响了专利权人的信誉，损害了专利权人的利益。[1] 假冒专利行为给专利权人造成了经济和信誉上的损害。但是，专利号只是表明某个技术拥有专利权而并没有像商标一样具有指示出处的作用。在某些情况下，例如在完全不相关的产品上使用他人专利号，或者专利权人并没有在产品上标明其专利号，此时专利权人受到的损害需要法院根据具体情况进行分析。本案中，喻水根假冒专利行为给专利权人造成了经济损失，一审法院在未有证据确定原告锋尚公司因被侵权所受到的实际损失及被告因侵权所获得实际利益的情况下，酌定了侵权损害赔偿数额。

最后，专利法在 2008 年修订时，将假冒他人专利和冒充专利合并在一起，因为考虑到这两种行为与主观意愿无关，完全由偶然因素决定。[2] 这对于行政责任来说没有什么影响，但是行为人仅仅想冒充专利，却因为偶然因素和某个专利权人的专利号相同，这种情况是否侵害了专利权人的专利标识而需承担相应的民事责任。有学者认为，如果有人仿制了有关的专利产品，除非专利权人能证明侵权人知道该产品是有专利保护的（例如，专利权人曾以该产品有专利保护的事实通知该侵权人，并附送有关的专利说明书作为证明），专利权人恐难获得损害赔偿。[3] 所以，在认定假冒专利标识的民事责任时，行为人的主观因素或许也应当纳入考量的范围。本案中，喻水根明显具有假冒他人专利的主观故意。

综上，锋尚公司拥有合法有效的专利标识，喻水根实施了假冒专利的行为并给锋尚公司造成了经济损失，同时又具有明显主观故意的情况下，其应当承担相应的民事责任。

通过上述两个方面的分析，可以明确喻水根假冒专利行为既符合行政责任的构成要件又符合民事责任的构成要件。同时，由于《专利法》第 63 条明确规定除承担民事责任外还应当承担行政责任，所以本案属于典型的责任重合的情况，喻水根既要承担行政责任又要承担民事责任。二审法院正确适用法律，明确了两种责任的独立性，无疑是非常正确的。

---

[1] 最高人民法院民事审判第三庭编著：《新专利法司法解释精解》，人民法院出版社 2002 年版，第 97 页。

[2] 国家知识产权局条法司编：《专利法第三次修改导读》，知识产权出版社 2009 年版，第 80 页。

[3] 汤宗舜：《专利法教程（第 3 版）》，法律出版社 2003 年版，第 183 页。

（二）行政没收违法所得与民事损害赔偿

本案第二个争议焦点是没收违法所得与损害赔偿的适用问题。如果说第一个争议焦点主要在于厘清假冒专利行政责任与民事责任的区别，第二个争议焦点则在于明确两者之间的联系。

通过前文的分析，假冒专利的民事责任和行政责任主要有以下几点区别：一是假冒专利的行政责任主要是对行为人破坏专利管理秩序，损害社会公共利益的惩罚，带有惩罚性质，而假冒专利的民事责任是对专利权人的救济，属于补偿性质；二是假冒专利的行政责任有责令改正并公告、没收违法所得以及罚款，而民事责任主要有停止假冒行为、赔偿损失等；三是假冒专利的行政责任的构成要件与民事责任的构成要件有较大的区别。民事责任重在对受害人权利的恢复，赔偿或补偿当事人所受到的损失，主要体现为补偿功能和救济功能；行政责任的设置一方面是保障政府权力的合理运行，另一方面是保障政府权力的有效运行。[1] 假冒专利的行政责任与民事责任从责任的性质、目的，承担责任的方式，责任的构成以及法律依据都有非常大的差异。但是仔细分析本案中上诉人喻水根遇到的情况，在数额上由于违法所得已经被没收再要求其承担民事赔偿责任，难免有重复处罚之嫌，出现这种情况的主要原因在于没收违法所得与损害赔偿之间存在着某种联系。

没收违法所得的具体数额，依据《专利行政执法办法》第 47 条，销售假冒专利的产品的，以产品销售价格乘以所销售产品的数量作为其违法所得。[2] 而假冒专利的损害赔偿，不考虑特殊情况，一般可以依据专利权人的损失或者侵权人的获利来确定。甲假冒乙的专利，销售了 100 件产品每件售价 10 元成本 3 元，则甲的侵权获利为 700 元，违法所得为 1000 元。可见违法所得与侵权获利有部分重合，所以会出现假冒专利的行为人被没收违法所得之后又根据侵权获利计算损害赔偿，产生重复处罚的现象。针对这种情况，有学者指出，所谓的民事责任与行政责任的相对独立性指的是对于同一行为可以并存两种责任形式，而并不是指对行为涉及的同一构成要素（如涉案金额）可以有两种不同的处理结果，两者并非同一层面上的问题。[3] 上面所举的例子就

[1] 张旭：《民事责任、行政责任和刑事责任——三者关系的梳理与探究》，载《吉林大学社会科学学报》2012 年第 2 期。

[2] 《专利行政执法办法》第 47 条。

[3] 叶平、陈昌雄：《行政处罚中的违法所得研究》，载《中国法学》2006 年第 1 期。

是典型的一种构成要素两种处理结果，即一笔侵权获利共计 700 元，行为人既被处以没收违法所得的行政处罚，又被处以损害赔偿的民事责任。出现这种情况的主要原因在于违法所得的计算存在问题。只有对违法行为人所拥有的非法利益不存在相应的权利请求人时才构成违法所得。[1] 在假冒专利案件中，当违法所得的其中一部分属于专利权人的损失，退还给专利权人填平损失后，剩下的才是应当没收的违法所得。[2] 在正确界定违法所得之后，便不会出现重复处罚的问题。实践中，往往行政机关处罚在先，让行政机关确定违法所得中是否有权利人存在不具有可行性。行政机关可按销售价格乘以数量作为违法所得先行没收。若有权利人向行政机关请求处理或向法院起诉，行政机关在处理时可将违法所得中属于权利人的部分归还或者法院要求行政机关将该部分归还权利人。若法院在行政机关未作出的处罚时适用民事制裁，[3] 若赔偿权利人损失之后还有违法所得的，则可收缴违法所得。

四、案件启示

本案是关于假冒专利行政责任与民事责任的经典案例。二审法院正确理解适用专利法的相关规定，分清假冒专利行政责任与民事责任的相对独立性。法律针对假冒专利行为规定了严厉的罚则，意在警示相关行为人不要进行类似的违法活动；国家也不断出台相关政策加大对专利的保护，打击假冒专利、专利侵权等违法活动。厘清假冒专利的行政责任与民事责任，对于司法实践和社会生活有重大意义。为专利权人提供行政与民事的双重保障，彰显了我国对于知识产权强有力的保护水平，有助于进一步激励创新，促进经济高速发展。

（撰稿人：赵刚）

---

[1] 叶平、陈昌雄：《行政处罚中的违法所得研究》，载《中国法学》2006 年第 1 期。

[2] 理论上也可能存在损害的数额大于违法所得的情况。

[3] 《最高人民法院关于审理专利纠纷案件适用法律问题的若干规定》第 19 条：假冒他人专利的，人民法院可以依照专利法第六十三条的规定确定其民事责任。管理专利工作的部门未给予行政处罚的，人民法院可以依照民法通则第一百三十四条第三款的规定给予民事制裁，适用民事罚款数额可以参照专利法第六十三条的规定确定。

假冒专利行为应如何认定及假冒专利案件的管辖应如何确定

——广东省中山市尚善电器有限公司假冒专利案案例评析

一、案情概要

2017 年 4 月 27 日，上海市知识产权局收到了上海市知识产权维权援助中心移交的举报材料，该材料举报广东省中山市尚善电器有限公司（以下简称“尚善电器公司”）在其专利证书展示板中所记载的专利号不存在或为他人专利，涉嫌假冒专利。

上海市知识产权局在 2017 年 5 月 12 日立案后，于 5 月 25 日派执法人员至尚善电器公司的上海展示厅进行调查，查明厅内的三块专利证书展示板所记载的三个专利号均不是尚善电器公司合法持有的专利号。除此之外，展示厅内某产品包装箱上的两个专利号均不处于有效法律状态（一个专利权已终止，另一个尚未被授权）。并且尚善电器公司还存在在上海地区销售该涉嫌假冒专利的商品的行为。后尚善电器公司确认上述三块专利证书展示板是由其公司工作人员设计并委托广告公司制作完成的，产品包装箱上的两个专利号均不处于有效法律状态。

上海市知识产权局依据《中华人民共和国专利法》第 63 条、《中华人民共和国专利法实施细则》第 84 条第 1 款第 1 项和第 4 项认定尚善电器公司构成假冒专利行为，责令其立即停止标注行为，消除尚未售出的产品包装上的专利标识，产品包装上的专利标识难以消除的，销毁该产品包装；立即停止伪造或变造行为，销毁伪造或变造的专利证书，并消除影响；没收违法所得并处以罚款共计人民币 45000 元。

二、争议焦点

本案中，被处罚人尚善电器公司系为广东注册的公司，虽然在上海没有实际的营业场所，但是尚善电器公司通过其上海的展示厅对外宣传其假冒专利的产品，并在上海销售这些商品。除此之外，本案中假冒的专利证书并非通常纸质材料（刻制在木质展示板上），内容也不完整（只有通常专利证书的首页部分的相关信息），并非典型的伪造或变造专利证书行为。同时本案对被处罚人处罚金额较大，共计 4.5 万元。因此本案的争议焦点可以归纳为以下三点：（1）本案的管辖是否正确；（2）涉案行为是否构成假冒专利行为；（3）对被处罚人做出的具体处罚结果是否合理。

三、法理分析

上海市知识产权局在收到举报材料后对案件事实进行详细调查，在查明事实的基础上认定尚善电器公司构成假冒专利行为，从而做出行政处罚决定。本案的行政处罚决定，可以从以下三个方面进行分析：

（一）上海知识产权局对本案享有管辖权

根据我国《专利法》第 3 条[1]、《专利法实施细则》第 79 条[2]的规定，上海市知识产权局作为上海市管理专利工作的部门，拥有法定的专利行政执法权。在本案中，尚善电器公司在上海没有营业执照也无实际的营业场所，但是尚善电器公司通过其上海的展示厅对外宣传其假冒专利的产品，并在上海销售这些商品。按照通常惯例，国内专利行政执法部门发现外地公司在当地有涉嫌假冒专利行为时，为了方便以及保证处罚决定的执行，将会在职权范围内搜集证据后移交外地公司注册地的专利行政执法部门执法查处。

但根据《专利行政执法办法》第 27 条[3]，《专利行政执法操作指南》第 1

---

[1] 《专利法》第 3 条第 2 款：省、自治区、直辖市人民政府管理专利工作的部门负责本行政区域内的专利管理工作。

[2] 《专利法实施细则》第 79 条：专利法和本细则所称管理专利工作的部门，是指由省、自治区、直辖市人民政府以及专利管理工作量大又有实际处理能力的设区的市人民政府设立的管理专利工作的部门。

[3] 《专利行政执法办法》第 27 条：查处假冒专利行为由行为发生地的管理专利工作的部门管辖。

章第 2 节第 2 款❶规定，查处假冒专利行为由行为发生地的管理专利工作的部门管辖，可知专利行政执法部门的地域管辖权以假冒专利行为发生地为判断要件。根据《专利法实施细则》第 84 条❷，假冒专利的具体的行为类别包括使用专利信息行为❸、销售假冒专利商品行为❹和利用专利进行宣传行为❺。因此，只要行为人实施了假冒专利行为，无论其只实施使用行为、销售行为或宣传行为，还是既实施了使用行为又实施了销售行为和宣传行为，该假冒专利行为发生地的专利行政执法部门均享有管辖权。

在本案中，尚善电器公司在其位于上海市松江区宝胜路 18 号 10 号楼 706/708 室的上海展示厅中通过专利展示板展示涉嫌假冒专利的专利信息，同时在上海地区销售的商品的包装箱上也附有涉嫌假冒专利的专利标识。因此可以认定尚善电器公司涉嫌变造、伪造专利信息和销售假冒专利商品行为，同时该假冒专利行为发生在上海市，所以上海市知识产权局对本案享有管辖权。并且通过上述分析可知，即便尚善电器公司仅在其上海展示厅通过专利展示板展示涉嫌变造和伪造的专利信息，但并未在上海地区销售该商品。因为该变造和伪造行为可单独构成假冒专利行为，同时该行为发生在上海，因此上海市知识产权局仍然享有管辖权。

(二) 涉案行为构成假冒专利行为

首先，判断涉案行为是否构成假冒专利行为要明确何为假冒专利行为。根据《专利法实施细则》第 84 条，假冒专利行为既包括假冒他人专利，即未经许可使用他人真实、有效的专利号、证书或者文件，使得他人误认为行为

---

❶ 《专利行政执法操作指南》1.2.2：假冒专利行为有违法行为发生地的管理专利工作的部门管辖。

❷ 《专利法实施细则》第 84 条：下列行为属于专利法第六十三条规定的假冒专利的行为：(1) 在未被授予专利权的产品或者其包装上标注专利标识，专利权被宣告无效后或者终止后继续在产品或者其包装上标注专利标识，或者未经许可可在产品或者产品包装上标注他人的专利号；(2) 销售第 (1) 项所述产品；(3) 在产品说明书等材料中将未被授予专利权的技术或者设计称为专利技术或者专利设计，将专利申请称为专利，或者未经许可使用他人的专利号，使公众将所涉及的技术或者设计误认为是专利技术或者专利设计；(4) 伪造或者变造专利证书、专利文件或者专利申请文件；(5) 其他使公众混淆，将未被授予专利权的技术或者设计误认为是专利技术或者专利设计的行为。

❸ 《专利法实施细则》第 84 条第 1 款第 1 项、第 3 项、第 4 项。

❹ 《专利法实施细则》第 84 条第 1 款第 2 项。

❺ 《专利法实施细则》第 84 条第 1 款第 3 项、第 5 项。

人是拥有该专利的专利权人，相关的产品或者方法是他人的专利产品或者方法❶。同时，假冒专利行为也包括冒充专利行为，即捏造出根本不存在或者不再受到保护的专利，而后声称自己的产品或方法是专利产品或者专利方法❷，使得公众将所涉及的技术或者方法误认为是专利技术或者专利方法。由此可见假冒专利行为与专利侵权行为不同，其本质并非使用专利中的技术方案，而是通过在非专利产品上标识专利号等混淆行为，误导社会公众，从中获取非法利益。因此假冒专利行为所利用的不再是专利背后的技术方案或技术功能，而是专利号、专利证书背后所蕴含的符号价值。通过专利号的符号意义，来唤起人们内心的联想，使人们将某产品与先进的技术、优良的品质联系起来。❸

其次，对本案中涉嫌假冒专利的行为进行分析。在本案中，尚善电器公司在其位于上海的展示厅内通过专利展示板向公众展示相关的专利信息。其中共有三块展示板，每块展示板都单独列有专利号，分别为201520357828.2、201520357841.8、201510598520.5。经专利检索查明，专利号201520357828.2为福建龙岩永发粉末冶金有限公司的专利申请号（因该公司未回复审查意见通知书，逾期视为撤回）；专利号201520357841.8为福建龙岩永发粉末冶金有限公司的有效专利号；专利号201510598520.5不存在。除此之外，刻制在木质展示板上的假冒专利证书要素信息齐全，具备专利证书名称、专利权人、专利号、专利申请日、授权公告日等专利证书基本要素，并有国家知识产权局公章及局长签字。该行为虽然不同于伪造或变造专利证书的常规行为，即完全复刻行政管理机关颁发的纸质专利证书，但该行为将完整信息刻制在展示板上的行为在实质上达到了相同的效果。公众在看到该展示板中充分且带有公章和签字的专利信息后将会对该专利证书产生信任，误认为尚善电器公司享有专利权并生产带有以上专利权的专利产品。因此，该行为构成了《专利法实施细则》第84条第4项规定的伪造或变造专利证书、专利文件或者专利申请文件行为。

除此之外，上海市知识产权局执法人员在现场调查时，还发现尚善电器公司的产品包装箱上存在涉嫌假冒专利的专利标识（专利号：201220020744.6、

---

❶❷ 王迁：《知识产权法教程》，中国人民出版社2016年版，第385页。

❸ 凌宗亮、吴立波：《假冒他人专利、冒充专利与侵犯专利权行为辨析——兼谈专利法第三次修改》，载《贵州警官职业学院学报》2009年第1期。

201210014013.5)。执法人员经专利检索查明专利号201220020744.6已于2014年1月终止；专利号201210014013.5因未缴纳实质审查费用，视为撤回。因此，尚善电器公司在其产品包装箱上标注无效或者已经终止的专利标识，误导公众，构成了《专利实施细则》第84条第1款规定的在未被授予专利权的产品或者其包装上标注专利标识，专利权被宣告无效后或者终止后继续在产品或者其包装上标注专利标识的假冒专利行为。除此之外，尚善电器公司还销售了标注假冒专利信息的商品，构成了第84条第2款规定的销售假冒专利商品行为。综合上述分析，尚善电器公司涉案行为违反了《专利实施细则》第84条第1款、第2款、第4款，构成假冒专利行为。

(三) 对被处罚人做出的具体处罚结果合理

根据《专利法》第63条[1]，针对假冒专利行为，管理专利工作的部门可以责令改正并予公告，没收违法所得，可以并处违法所得四倍以下的罚款。根据《专利行政执法办法》第43条[2]，管理专利工作的部门认定假冒专利行为成立的，责令被处罚人立即停止标注行为，消除尚未售出的产品或者其包装上的专利标识；难以消除的，销毁该产品或者包装。被处罚人有伪造或者变造行为的，立即停止伪造或者变造行为，销毁伪造或者变造的专利证书、专利文件或者专利申请文件，并消除影响。

2016年10月至2017年5月，尚善电器公司在上海地区销售涉案产品的金额为人民币16540元，即本案违法所得为16540元。同时，尚善电器公司明知其产品并非专利产品，仍然假冒专利进行宣传、销售，主观过错程度较高。因此，综合考虑本案违法行为的情节后果、违法行为人的主观过错以及悔错整改情况，上海市知识产权局依法责令尚善电器公司立即停止伪造或变造行为，销毁伪造或变造的专利证书，并消除影响；立即停止标注行为，消除尚

[1] 《专利法》第63条：假冒专利的，除依法承担民事责任外，由管理专利工作的部门责令改正并予公告，没收违法所得，可以并处违法所得四倍以下的罚款；没有违法所得的，可以处二十万元以下的罚款；构成犯罪的，依法追究刑事责任。

[2] 《专利行政执法办法》第43条：管理专利工作的部门认定假冒专利行为成立的，应当责令行为人采取下列改正措施：(1) 在未被授予专利权的产品或者其包装上标注专利标识、专利权被宣告无效后或者终止后继续在产品或者其包装上标注专利标识或者未经许可在产品或者产品包装上标注他人的专利号的，立即停止标注行为，消除尚未售出的产品或者其包装上的专利标识；产品上的专利标识难以消除的，销毁该产品或者包装；(4) 伪造或者变造专利证书、专利文件或者专利申请文件的，立即停止伪造或者变造行为，销毁伪造或者变造的专利证书、专利文件或者专利申请文件，并消除影响。

未售出的产品包装上的专利标识，产品包装上的专利标识难以消除的，销毁该产品包装；没收违法所得并处以罚款人民币 45000 元的处罚决定符合《专利法》《专利行政执法办法》的规定。

四、案件启示

本案的典型性在于为上海市知识产权局查处外埠公司是否存在假冒专利违法行为提供了指引。在本案中，首先，上海市知识产权局突破惯例，基于假冒专利行为发生地在上海受理查处该起假冒专利案件；其次，上海市知识产权局正确地把握了假冒专利行为的实质特点，认定涉案行为构成假冒专利行为；最后，上海知识产权局结合违法行为的情节后果、违法行为人的主观过错以及悔错整改情况作出了合理的处罚结果。本案为上海专利行政执法部门打击外埠公司在上海实施假冒专利行为开创了先河，也为如何认定各种形式的假冒专利行为积累了经验，更为上海营造良好的知识产权环境打下了坚实的基础。

（撰稿人：缪梓文）

假冒专利行为涉及委托商、加工商和销售商时应如何认定违法主体

——上海川崎食品有限公司假冒专利案案例评析

一、案情概要

2016年10月31日，上海市知识产权局根据举报线索对上海文峰千家惠超市发展有限公司（以下简称“上海文峰公司”）进行检查，发现其销售的“元贞甘糖”牌固体调味料（甜味）包装上标注的“发明专利号ZL97106601.9”内容涉嫌假冒专利。

上海市知识产权局立案后，查明“元贞甘唐”牌固体调味料（甜味）的委托制造商为上海川崎食品有限公司（以下简称“上海川崎公司”）。2016年4月起上海川崎公司委托安徽百仓食品股份有限公司（以下简称“安徽百仓公司”）生产“元贞甘唐”牌固体调味料（甜味），并要求安徽百仓公司按照其指定的包装生产，即标注“发明专利号ZL97106601.9”的内容。但该专利因未缴纳年费，已于2014年9月10日失效。另查明上海川崎公司实际未参与该产品的销售，而是由安徽元贞川崎食品公司（以下简称“安徽川崎公司”）从安徽百仓公司购入并销售，上海川崎公司与安徽川崎公司之间没有财务往来，因此当事人不存在违法所得。

上海市知识产权局依据《专利法》第63条、《专利法实施细则》第84条第1款第1项认定上海川崎公司构成假冒专利行为，责令其立即改正，消除相关专利标识并罚款人民币30000元。

二、争议焦点

本案中，涉嫌违法的行为是行为人在商品包装上标注了已终止的专利号，该行为是否构成假冒专利则需分析探讨。此外，本案存在多方行为主体，包

括委托制造商、转委托制造商和销售商。因此，必须明晰各方主体在这一案件中的角色以及确定责任承担方。综上所述，本案的争议焦点可以归纳为以下两点：（1）假冒专利行为应当如何认定；（2）本案责任主体应当如何确定。

三、法理分析

上海市知识产权局对案件事实进行详细调查，在查明事实的基础上认定上海川崎公司构成假冒专利行为，从而做出行政处罚决定。本案的行政处罚决定，可以从以下两个方面进行分析。

（一）假冒专利行为的认定

首先，应当明确假冒专利行为的本质特征。根据《专利法实施细则》第84条规定[1]，假冒专利行为既包括假冒他人专利，即未经许可使用他人真实、有效的专利号、证书或者文件，使得他人误认为行为人是拥有该专利的专利权人，相关的产品或者方法是他人的专利产品或者方法[2]。同时，假冒专利行为也包括冒充专利行为，即捏造出根本不存在或者不再受到保护的专利，而后声称自己的产品或方法是专利产品或者专利方法[3]。由此可见假冒专利行为与专利侵权行为不同，其本质并非使用专利中的技术方案，而是通过在非专利产品上标识专利号等混淆行为，来误导社会公众，从中获取非法利益。因此假冒专利行为所利用的不再是专利背后的技术方案或技术功能，而是专利号、专利证书背后所蕴含的符号价值。通过专利号的符号意义，来唤起人们内心的联想，使人们将某产品与先进的技术、优良的品质联系起来。[4]

其次，对假冒专利行为进行类型化的分析。正如上文所述，假冒专利行为本质是混淆，其可以分为两大类，假冒他人专利行为和冒充专利行为。具

---

[1] 《专利法实施细则》第84条：下列行为属于专利法第63条规定的假冒专利的行为：（1）在未被授予专利权的产品或者其包装上标注专利标识，专利权被宣告无效后或者终止后继续在产品或者其包装上标注专利标识，或者未经许可在产品或者产品包装上标注他人的专利号；（2）销售第（1）项所述产品；（3）在产品说明书等材料中将未被授予专利权的技术或者设计称为专利技术或者专利设计，将专利申请称为专利，或者未经许可使用他人的专利号，使公众将所涉及的技术或者设计误认为是专利技术或者专利设计；（4）伪造或者变造专利证书、专利文件或者专利申请文件；（5）其他使公众混淆，将未被授予专利权的技术或者设计误认为是专利技术或者专利设计的行为。

[2][3] 王迁：《知识产权法教程》，中国人民出版社2016年版，第385页。

[4] 凌宗亮、吴立波：《假冒他人专利、冒充专利与侵犯专利权行为辨析——兼谈专利法第三次修改》，载《贵州警官职业学院学报》2009年第1期。

体的行为类别可以分为使用行为❶、销售行为❷和宣传行为❸。使用行为包括标注、引用、伪造变造等其他利用专利信息的行为，具体包括：（1）未经许可使用他人的专利号、专利相关文件以及其他专利标识；（2）使用无效、已终止或者不存在的专利号、专利相关文件以及其他专利标识。销售行为是指销售带有假冒专利信息的产品。需要注意的是，此处的销售行为是独立行为，并不要求销售方有使用专利信息的行为，只要其销售了带有假冒专利信息的产品，即可认定构成假冒专利行为。宣传行为是指行为人虽未利用专利信息，但将自己不存在有效专利的产品或技术向公众宣传为专利技术或专利设计，使公众产生误认的行为。

在本案中，上海川崎公司委托安徽百仓公司生产"元贞甘唐"牌固体调味料（甜味），同时要求安徽百仓公司按照其指定的包装生产，即标注"发明专利号 ZL97106601.9"的内容。但该专利已于 2014 年 9 月 10 日失效。由此可知，"元贞甘唐"牌固体调味料（甜味）本身并不存在有效的发明专利，但在其包装上标志专利号会使得公众误认为该商品属于合法的专利产品，从而为行为人谋得不正当利益。因此上海川崎公司此行为构成了《专利实施细则》第 84 条第 1 款规定的在未被授予专利权的产品或者其包装上标注专利标识，专利权被宣告无效后或者终止后继续在产品或者其包装上标注专利标识的假冒专利行为。

在对上海耶里夏丽餐饮管理有限公司正大广场店专利违法案件行政处罚案中❹，被处罚人在其店铺菜单的大盘鸡菜品页面标注了"专利保护"和"餐具设计专利产品"的字样进行宣传，但经过调查发现其没有取得相对应的专利权授权或许可证明，因此上海市知识产权局认定其构成了《专利实施细则》第 84 条第 1 款第 3 项规定的在产品说明书等材料中将未被授予专利权的技术或者设计称为专利技术或者专利设计，将专利申请称为专利的假冒专利行为。虽然涉案行为并未非利用专利标识、专利号或者专利文件进行宣传，但是此种文字表述将会使公众产生混淆，误认为被处罚人的大盘鸡菜品和餐具享有专利保护，不正当地利用了专利的背后符号价值，因此属于专利假冒行为。

---

❶ 《专利法实施细则》第 84 条第 1 款第 1 项、第 3 项、第 4 项。

❷ 《专利法实施细则》第 84 条第 1 款第 2 项。

❸ 《专利法实施细则》第 84 条第 1 款第 3 项、第 5 项。

❹ 上海市知识产权局查处专利违法案件行政处罚决定书第 2120181006 号。

在对中山市尚善电器有限公司专利违法案件行政处罚案中[1]，被处罚人在其展示厅内陈列专利证书展示板向公众宣传自己的商品。经上海市知识产权局调查查明专利证书展示板的三个专利号都不是尚善电器有限公司合法持有的专利号，其中一个系他人专利，另外两个专利号系不存在。同时刻制在木质展示板上的假冒专利证书要素信息齐全，具备专利证书名称、专利权人、专利号、专利申请日、授权公告日等专利证书基本要素，并有国家知识产权局公章及局长签字，足以导致公众产生混淆。因此上海市知识产权局认定其构成了《专利实施细则》第 84 条第 1 款第 4 项规定的伪造或者变造专利证书、专利文件或者专利申请文件的假冒专利行为。

最后，正如上文所说，假冒专利行为的本质并非使用专利中的技术方案，而是利用了专利背后的符号价值。因此，认定假冒专利行为的关键在于涉嫌假冒专利的行为是否造成混淆，使公众将并不享有专利的产品误认为专利产品。而假冒的专利标识是否完整、专利号的格式是否正确、伪造或编造的专利文件信息是否充分均不是判断涉案行为是否构成假冒专利行为的决定性因素。是否构成假冒专利行为的判断，应当结合实际情形，分析是否存在混淆误认的可能性。

（二）责任主体的确定

行政处罚的对象是行政违法行为，所以本案的被处罚人，即责任主体，应当是违法行为的实施人。行政违法行为是指公民、法人或其他组织故意或过失实施的违反行政法规范，侵犯国家、社会公益或个人、组织的合法权益，危害国家安全或社会秩序，但尚不构成犯罪的行为。[2] 因此，行政违法行为要求具备主观过错。同时，对于该主观过错的要求与民事行为中的过错认定不同，其与犯罪行为构成中对主观过错的要求是一样的。[3] 对假冒专利的主观过错认定并无具体规定，但根据《专利法》第 70 条[4]可知，在民事侵权的案件中，被诉侵权人若能证明其尽到了合理的注意义务仍不知道该产品为专利侵权产品，且能证明产品合法来源时，法院将认定其不具有主观过错，不承担赔偿责任。因此根据当然解释和体系解释，在假冒专利的行政处罚案件中，

---

[1] 上海市知识产权局查处专利违法案件行政处罚决定书第 2120170001 号。

[2][3] 姜民安：《行政违法行为与行政处罚》，载《中国法学》1992 年第 6 期。

[4] 《专利法》第 70 条：为生产经营目的使用、许诺销售或者销售不知道是未经专利人许可而制造并出售的专利侵权产品，能证明该产品合法来源的，不承担赔偿责任。

若当事人能够举证其尽到了合理的注意义务后仍不知道该产品为专利侵权产品，且能证明产品合法来源时，应当认定为不存在主观过错，从而免于行政处罚。

本案存在多方行为主体，包括委托制造商上海川崎公司、转委托制造商安徽百仓公司、销售商上海文峰公司和安徽川崎公司。具体关系为“元贞甘唐”牌固体调味料（甜味）的委托制造商为上海川崎公司，后上海川崎公司委托安徽百仓公司生产“元贞甘唐”牌固体调味料（甜味），并要求按照其指定的包装生产。安徽川崎公司从安徽百仓公司购入并销售，上海文峰公司亦在该商品的后续流通中购入并销售。根据一般商业习惯和效率原则，销售商对于商品的专利情况并不具有审查义务。因此，安徽川崎公司和上海文峰公司若能举证证明其商品具有合法来源即可认定其不具备主观过错。另外，此处的“合法来源”并非指产品本身合法，而是指行为人是通过合法的渠道获得该产品。委托制造商安徽百仓公司是否尽到合理的注意义务可以通过其举证来证明，即其是否核实过委托方的专利权证明文件等相关知识产权证书。最后，上海川崎公司明知该商品不具备有效的专利，仍然要求安徽百仓公司按照其指定的包装生产，标注“发明专利号 ZL97106601.9”的内容，明显具备主观过错，应当认定为本案的违法行为人。

四、案件启示

本案的典型性在于上海市知识产权局在查处存在多方行为主体的假冒专利案件时，应当如何认定是否存在假冒专利违法行为以及如何确定责任主体提供了指引。在本案中，首先，上海市知识产权局正确地把握了假冒专利行为的实质特点，认定涉案行为构成假冒专利行为；其次，上海市知识产权局通过对各方涉案主体的行为分析，并结合各自的举证情况正确地确定了责任主体；最后，上海市知识产权局结合案件情节对被处罚人做出了正确的处罚决定，为相关部门在查处各类假冒专利行为积累了经验。

（撰稿人：缪梓文）

如何计算假冒专利侵权纠纷中的赔偿数额

——刘敬平诉北京中视京城科技开发有限公司假冒专利及侵犯专利权纠纷案案例评析

一、案情概要

2010年，北京市高级人民法院受理刘敬平诉北京中视京诚科技开发有限公司（以下简称“中视京诚公司”）假冒专利及侵犯实用新型专利权纠纷一案。就中视京诚公司的行为是否侵犯刘敬平的专利权、是否构成假冒专利侵权，以及侵权赔偿数额的问题，一审和二审法院作出认定。

上诉人刘敬平系专利号为02289821.2、名称为“一种多功能动感运动装置”的实用新型专利（以下简称“本专利”）的专利权人。

被上诉人中视京城公司曾生产名为“4D动感座椅”的产品，并销售给扬州世纪电影城有限公司（以下简称“世纪电影城公司”），进行了安装，该被控侵权产品安装于江苏省扬州市时代广场四层扬州世纪影城4D影厅内。

同时，被上诉人中视京城公司在其公司网站上刊文表示公司产品“动感4D座椅”申请了国家专利获得了自主知识产权，产品专利号为“ZL02289821.2”。世纪电影城公司之所以购买并安装使用该产品，据该公司一家4D电影厅的经理表示，其是在中视京城公司的网站看到了涉案产品的宣传包括拥有产品专利号，在到中视京诚公司实地考察后决定购买被控侵权产品的。即世纪电影城公司购买涉案专利产品的行为和中视京城公司通过产品专利号进行宣传的行为有关。

一审法院根据《专利法》《专利法实施条例》，认定被上诉人（一审被告）中视京城公司生产销售的产品未侵犯上诉人（一审原告）刘敬平的专利权，但其擅自在网站上使用本专利的专利号的行为构成假冒专利侵权，应承担停止假冒行为、赔偿损失的民事法律责任。二审法院根据《专利法》《最高人民法院关于审理专利纠纷案件适用法律问题的若干规定》《中华人民共和国民事诉讼法》，认定被上诉人中视京城公司生产销售涉案专利产品侵犯了上诉人刘敬平的专利权，擅自在网站上使用本专利的专利号的行为构成假冒专利侵权，故应承担停止假冒专利行为，停止生产、销售侵犯涉案专利的产品的行为，赔偿损失的民事法律责任。

二、争议焦点

本案中，被上诉人中视京诚公司的行为，一审法院认为仅构成假冒专利侵权，不构成侵犯专利权，二审法院对事实重新认定，认为其行为既构成假冒专利侵权，又构成侵犯专利权。本案的争议之一是被上诉人的行为是否既构成假冒专利侵权又构成侵犯专利权，这两个侵权行为造成的损害后果是什么？

就赔偿数额，二审法院认为一审法院判定的赔偿数额明显偏低，因此进行了调整，从5000元的赔偿数额提升到包括26万元的赔偿经济损失和16726元的合理支出。本案的争议之二就是赔偿数额的大小如何认定？

三、法理分析

法院对侵权人侵权行为的认定有二，其一为中视京诚公司擅自在其公司官网上使用本专利的专利号，虚假宣传其为本专利的专利权人；其二为中视京诚公司向案外人世纪电影城公司销售并安装了侵犯专利权的产品。行为一是假冒专利侵权行为，行为二是专利侵权行为，这两个行为彼此独立，但造成的损害后果指向统一，即都导致一笔涉及专利权人的专利产品的交易发生在侵权人和第三人之间，真正的专利权人没能从这笔和自己的专利有关的交易中获利，而专利权人本应从这笔交易中获得的利润就是其遭受的实际损失。一审和二审法院应根据该损失来确定一个具体的赔偿额。本案中，二审法院最终确定的赔偿额为26万元，这26万元赔偿额和侵权人销售产品获得的销售额26万元正好相同，笔者推定二审法院应该是根据侵权人的销售额来确定侵权行为给权利人带来的损失大小的，再根据损失的认定确定赔偿额。

（一）法律依据

《最高人民法院关于审理专利纠纷案件适用法律问题的若干规定》第19条规定："假冒他人专利的，人民法院可以依照专利法第五十八条的规定追究其民事责任。管理专利工作的部门未给予行政处罚的，人民法院可以依照民法通则第一百三十四条第三款的规定给予民事制裁，适用民事罚款数额可以参照专利法第五十八条的规定确定。”❶ 据此，可知赔偿数额的裁判规则为2000年《专利法》第58条规定：“假冒他人专利的，除依法承担民事责任外，由管理专利工作的部门责令改正并予公告，没收违法所得，可以并处违法所得三倍以下的罚款，没有违法所得的，可以处五万元以下的罚款；构成犯罪的，依法追究刑事责任。”❷ 也就是说，假冒专利侵权赔偿数额的认定应与普通民事侵权赔偿数额的认定相一致，按照填平原则通过计算权利人的实际损失进行。本案赔偿数额确定的难点在于权利人实际损失的计算。

对于一般侵犯专利权赔偿额的认定，在案发时生效的2000年《专利法》第61条中规定为：“侵犯专利权的赔偿数额，按照权利人因被侵权所受到的损失或者侵权人因侵权所获得的利益确定；被侵权人的损失或者侵权人获得的利益难以确定的，参照该专利许可使用费的倍数合理确定。”❸ 根据该条款，计算赔偿额除了可以根据权利人的损失确定，还可以按照侵权所得或者专利许可使用费的倍数来计算。

（二）假冒专利行为的认识

在计算假冒专利侵权的赔偿数额前，有必要对假冒专利行为做一个定性。本案中中视京诚公司的假冒专利行为具体指其在官网上使用他人专利的专利号、虚假宣传其为专利权人的行为，属于《专利法实施细则》第84条规定的“未经许可，在广告或者其他宣传材料中使用他人的专利号，使人将所涉及的技术误认为是他人的专利技术”。该行为和后来中视京诚公司销售、安装专利

---

❶ 现为《最高人民法院关于审理专利纠纷案件适用法律问题的若干规定》（2015）第19条：“假冒他人专利的，人民法院可以依照专利法第六十三条的规定确定其民事责任。管理专利工作的部门未给予行政处罚的，人民法院可以依照民法通则第134条第3款的规定给予民事制裁，适用民事罚款数额可以参照专利法第六十三条的规定确定。”

❷ 现为《中华人民共和国专利法》（2008）第63条：“假冒专利的，除依法承担民事责任外，由管理专利工作的部门责令改正并予公告，没收违法所得，可以并处违法所得四倍以下的罚款；没有违法所得的，可以处二十万元以下的罚款；构成犯罪的，依法追究刑事责任。”

❸ 现为《中华人民共和国专利法》（2008）第65条：“侵犯专利权的赔偿数额按照权利人因被侵权所受到的实际损失确定；实际损失难以确定的，可以按照侵权人因侵权所获得的利益确定。权利人的损失或者侵权人获得的利益难以确定的，参照该专利许可使用费的倍数合理确定。赔偿数额还应当包括权利人为制止侵权行为所支付的合理开支。权利人的损失、侵权人获得的利益和专利许可使用费均难以确定的，人民法院可以根据专利权的类型、侵权行为的性质和情节等因素，确定给予一万元以上一百万元以下的赔偿。”

侵权产品的侵犯专利权的行为是两个彼此独立的行为。

假冒专利侵权行为侵犯的是“专利标识标注权”，而侵犯专利权侵犯的是“专利权”，“专利标识标注权”和“专利权”是两类完全不同的无形财产权。现《专利法》第17条第2款规定，“专利权人有权在其专利产品或该产品的包装上标明专利标识。”国家知识产权局2014年印发的《专利侵权判定和假冒专利行为认定指南（试行）》中，将专利权人根据该条款享有的权利称为“专利标识标注权”。“专利权”按照通常理解是专利权人享有的对获得专利的技术方案或外观设计特定利用行为的垄断。

侵犯“专利标识标注权”的行为就是假冒专利行为，有学者提出该行为指“行为人实施了足以使他人相信其非专利产品是专利产品，非专利技术是专利技术的行为。”❶ 假冒专利行为由于对专利号的标识不当必然欺骗公众、影响专利行政管理秩序，最终损害公共利益，故其违法性达到一定程度时要受到行政处罚乃至刑事处罚，但假冒专利的行为人是否要承担民事责任存在争议。

专利标识和商标不同，其不具有识别来源的功能，故消费者不会对专利产品的来源造成混淆，因此若仅从识别来源的角度来看，假冒专利的行为不会侵犯消费者也不会侵犯真正专利权人的利益。但是，该行为也有可能侵犯真正的专利权人的权益：一方面，专利标识虽然不具有识别来源的功能，却在一定程度上具有广告宣传的功能，消费者有理由相信假冒专利行为人的产品具有更好的技术而愿意与其交易；另一方面，一旦消费者交易后发现产品效果不如预期也可能对该技术产生负面评价，从而损害真正专利权人的声誉❷。经济损害和名誉损害是假冒专利的行为人要承担侵权民事责任的“损害后果”构成要件。

（三）实际损失的认定

通过上文分析可知，假冒专利行为可能给真正的专利权人带来的民事损害有两类，其一是损害专利权人的声誉，其二是挤占专利权人的市场、影响交易获利，损害的具体内容和大小需要结合个案分析。

---

❶ 周详、曹刚：《论“实质的”假冒专利行为——一起“专利”产品纠纷引发的法律思考》，载《电子知识产权》2006年第3期。

❷ 尹新天：《中国专利法详解》，知识产权出版社2011年版，第724页。

本案中假冒专利的行为即中视京诚公司在其官网使用专利号虚假宣传的行为并未影响真正专利权人的商誉，因为中视京诚公司最终销售的产品的确使用了涉案专利技术。但是，该假冒专利的行为令消费者误以为侵权人是真正的权利人，最终导致案外人世纪电影城公司购买、安装了被控侵权产品，即侵权人抢占了专利权人的市场。

假设假冒专利行为或者专利侵权行为没有发生，这笔交易就会发生在真正的专利权人刘敬平和世纪电影城公司之间。本案较为特殊的地方是，侵权人假冒专利和侵犯专利权的行为虽然彼此独立，但这两个行为造成的损害后果却发生了重合，都指向一笔涉及专利权人的专利产品的交易发生在侵权人和第三人之间，这笔受损交易既是专利权人因假冒专利行为遭受的损失，也是专利权人因侵犯专利权的行为受到的损失。当然为了公平，尽管一个损失是由两个独立的行为单独造成的，但只需一次赔偿即可填平。

(四) 裁判疑问

二审法院在考虑了“本专利的性质、侵权行为的情节、被控侵权产品的数量及销售状况等因素”后最终裁判得出的赔偿额为 26 万元，与侵权人的销售额相一致[1]，笔者推定二审法院应该是根据侵权人的销售额来确定侵权行为给权利人带来的损失大小的，再根据损失的认定确定赔偿额。

法院的裁判逻辑是“被告每销售一件侵权产品，就挤占了原告一件产品的市场份额，则原告少销售了一件产品”。[2] 若侵权人不实施侵权行为，这样一次销售就可以在权利人和第三人之间发生，判令赔偿数额与销售额相等，正好填补了这一假想交易被破坏所给权利人带来的实际损失。这样的逻辑值得推敲。

1. 将侵权所得作为实际损失的计算方式

实际损失可能包含两部分：其一，是利润损失（专利权人本来自己通过实施专利所获得的利润）；其二，是许可费损失（专利权人自己本就不实施或无力充分有效地实施专利，以许可费作为从专利中获利的手段）。[3] 理论上说，实际损失和侵权所得未必相等，其一，当权利人和侵权人在市场上直接竞争

---

[1] 中视京诚公司销售侵权产品的实际成交价格为 26 万元，与二审法院判定的赔偿经济损失 26 万元相一致。

[2] 张广良：《知识产权实务及案例探析》，法律出版社 1999 年版，第 167 页。

[3] 崔国斌：《专利法 · 原理与案例（二）》，北京大学出版社 2016 年版，第 839 页。

时，不一定具有相同或类似的市场效率，双方从中获得的收益可能相差很大；其二，当权利人和侵权人在市场上不直接竞争时，权利人一般仅以发放许可的方式投入市场，而只有预期的市场利润大于许可费时，这样的许可合同才有可能成立，这种情形下，侵权人的违法所得是大于权利人实际损失的。

在本案中，要想比较侵权人和权利人的市场效率，分别计算双方利用专利（或者假冒专利）的获利并不现实，法院只能退而求其次，把侵权人的侵权所得视为权利人的实际损失，这种计算方式已被纳入《专利法》第65条中作为计算专利侵权损害赔偿的计算方式。在本案中，由于侵犯专利权和假冒专利的行为造成的损害后果指向是一致的，法院便以此来同时计算假冒专利的赔偿额和侵犯专利权的赔偿额。

2. 侵权所得与销售额

本案中法院直接将销售额26万元认定为侵权所得，从而判令侵权人赔偿经济损失26万元。事实上就侵权所得的计算，《最高人民法院关于审理专利纠纷案件适用法律问题的若干规定》第20条第2款有相关规定：

> “专利法第六十五条规定的侵权人因侵权所获得的利益可以根据该侵权产品在市场上销售的总数乘以每件侵权产品的合理利润所得之积计算。侵权人因侵权所获得的利益一般按照侵权人的营业利润计算，对于完全以侵权为业的侵权人，可以按照销售利润计算。”

根据该司法解释，侵权所得并非销售额，而是销售额减去制造、销售等各类成本后的利润。一般来说营业利润才是侵权人所获得的收益，而营业利润不应全部被视为侵权所得，需要进行分割，仅将其中与侵权行为有因果关系的部分视为侵权所得。

以本案为例，侵权人制造、销售被控侵权产品，一方面的确利用了专利权人的技术方案、在网站虚假宣传声称自己享有专利权促成本次交易；但另一方面，侵权人在制造过程中也会使用其他技术，在销售过程中会投入其他的成本，这些均为合法投入，“侵权人的经营能力、商业信誉、市场环境等非技术的因素可能对侵权所得有实质性的贡献”。[1] 简言之，法院将销售额视为侵权所的做法可能过于简单，在计算过程中，销售额还需减去侵权人自己在

[1] 崔国斌：《专利法·原理与案例（二）》，北京大学出版社2016年版，第749页。

生产、销售过程中的成本，得出的利润才为侵权人的侵权所得，以此作为赔偿数额的计算依据更加符合专利法的规定。

（五）假冒专利侵权赔偿数额的认定

一审和二审法院对赔偿数额的认定从论述上来看是一种“法定赔偿”，是在考虑了诸多因素后酌定出的一个具体赔偿数额，如一审法院说的“行为持续时间、影响范围、影响后果”，二审法院说的“本专利的性质、侵权行为的情节、被控侵权产品的数量及销售状况等因素”都是法院在酌定赔偿额时考虑的因素。

本案中，法院在作出最后的判决前，上诉人刘敬平提供了大量的证据来证明其损失和中视京诚公司的获利，尽管就具体数额很难充分证明，但至少给了法院用于考虑损失的依据，以便于对权利人的损失进行酌定计算。

无论是假冒专利侵权还是侵犯专利权，本质上依旧是以填平规则为依据的侵权损害赔偿之债，旨在填平权利人的损失。因此，对假冒专利侵权赔偿数额的认定，就是一个由法院计算权利人实际损失的过程，这个过程或许可以参照侵犯专利权赔偿数额的认定，以其他计算方法代替对实际损失的计算，比如侵权所得、许可费的倍数，但是实际损失在实际案例中确实很难证明，同本案一样，法院在当事人给出的证据和查明的事实基础上，按照填平规则酌定计算出一个赔偿额，这是北京市高级人民法院裁判给出赔偿额的大致思路。

当然，侵权所得并不等于实际损失，利用侵权所得确定赔偿额只是一种计算实际损失的方式。同所有的侵权行为一样，因果关系是必不可少的构成要件，侵权所得未必全部来自于非法的侵权要素，要进行一定分割，需减去侵权人自己合法投入的要素产生的收益，剩下的数额才是与侵权行为有关的不法利润。因此，就本案而言，法院以侵权所得确定赔偿额时，还需减去侵权人的成本，仅将侵权人获得的利润作为赔偿额进行赔偿。

四、案件启示

假冒专利行为和侵犯专利权的行为是两个独立的侵权行为，前者侵犯的是“专利标识标注权”，后者侵犯的是“商标权”，但在本案中假冒专利侵权行为和侵犯专利权的行为导致的损害后果指向是一致的，即两种侵权行为都会挤占权利人本能享有的市场，影响专利权人从自己的专利中获利。市场被挤占造成损害的逻辑是包括“专利标识标注权”“专利权”在内的很多无形财产权遭受侵犯计算损失的依据。

假冒专利侵权和侵犯专利权一样都只是普通的民事侵权行为，赔偿数额的计算应按照侵权责任法的填平规则进行，只是在具体的计算过程中由于侵犯“专利标识标注权”这一无形财产权的实际损失很难计算，在计算有困难时，可以参照专利法中侵犯“专利权”可通过侵权所得、许可费的倍数或法定许可的方式来计算赔偿额。另外需要注意的是，当法院以侵权人的侵权所得这种方式确定赔偿额时，还需考虑侵权人的成本，将销售额减去成本后得出的净利润作为赔偿数额进行赔偿更为合理。

（撰稿人：汪赛飞）

■ 专利侵权抗辩认定

《专利法》中的现有技术抗辩规则应如何适用

——北京金源茂丰新技术开发有限公司与《中国质量万里行》杂志社、四川巨人好儿郎酒业有限公司发明专利侵权纠纷案

一、案情概要

请求人北京金源茂丰新技术开发有限公司（以下简称“金源茂丰公司”）是方法发明专利——“产品质量追溯防伪系统及追溯防伪方法”（专利号：201310058356.6）的专利权人。《中国质量万里行》杂志社未经请求人许可，在其网站上许诺销售，并向四川巨人好儿郎酒业有限公司（以下简称“好儿郎酒业公司”）销售的防伪溯源标签及使用的防伪溯源方法侵犯了涉案专利权利要求1；好儿郎酒业公司未经请求人许可使用由《中国质量万里行》杂志社制造、销售、许诺销售的防伪溯源标签侵犯了涉案专利权。

请求人金源茂丰公司购买好儿郎酒业公司出品的白酒，并查看购买产品上“中国质量万里行产品溯源平台”标签及产品溯源平台的有关内容，白酒包装上的“中国质量万里行产品溯源平台”的标签，并标注有“拨4006307500查真伪或登录中国质量万里行产品溯源平台www.315wlx.com查溯源真伪”。经查询企业ICP备案主体信息，域名为www.315wlx.com的网站名

称为“质量万里行”，为中国质量万里行溯源平台，其主办单位为《中国质量万里行》杂志社。

二、争议焦点

被请求人好儿郎酒业公司辩称：好儿郎酒业公司仅在其销售的产品上使用了防伪溯源标签，且该标签所设计的技术为现有技术，未实施涉案专利技术，不存在侵权行为。请求人并未举证证明好儿郎酒业公司和《中国质量万里行》杂志社实施了涉案专利技术，目前证据并不能证明侵权行为发生。因此，本案争议的焦点有三：（1）被请求人好儿郎酒业公司主张的“现有技术抗辩”是否成立；（2）被控侵权技术是否落入涉案专利权利要求 1 的保护范围；（3）被请求人好儿郎酒业公司和《中国质量万里行》杂志社是否存在侵权行为。

三、法理分析

就争议焦点（1）——被请求人好儿郎酒业公司主张的“现有技术抗辩”是否成立而言，《专利法》第 62 条规定：“在专利侵权纠纷中，被控侵权人有证据证明其实施的技术或者设计属于现有技术或者现有设计的，不构成侵犯专利权。”

具体而言，《最高人民法院关于审理侵犯专利权纠纷案件应用法律若干问题的解释》（法释〔2009〕21 号，以下简称《司法解释》）第 14 条规定：“诉落入专利权保护范围的全部技术特征，与一项现有技术方案中的相应技术特征相同或者无实质性差异的，人民法院应当认定被诉侵权人实施的技术属于专利法第六十二条规定的现有技术。”其中，所谓“现有技术”，《专利法》第 22 条第 5 款规定：“本法所称现有技术，是指申请日以前在国内外为公众所知的技术。”

结合以上规范，不难看出，“现有技术抗辩”成立的构成要件有二：一是使用一项现有技术进行比对；二是被控侵权技术方案与现有技术方案的技术特征应当相同或者无实质性差异。

具体到本案中，一方面，好儿郎酒业公司未能证明相关技术在涉案专利申请日之前已经公开。因为好儿郎酒业公司提交的技术服务合同书中，第 10 条为合同的保密条款，其第 8 项要求“双方未经对方书面许可，有关本系统的技术信息和资料不得泄露给第三方”，由于保密条款的约定，使得合同涉及的追溯防伪技术处于保密状态，好儿郎酒业公司没有提交其他证据表明双方未履行保密义务，因此，该合同所附溯源防伪标签和相关信息不处于公众想得知就能得知的状态，不能成为涉案专利的现有技术。另一方面，好儿郎酒业公司同样未能证明该技术与被控侵权技术相同或实质相同。例如，根据技术服务合同书中的记载，尚无法直接地、毫无疑义地确定，其中提及的产品信息、产品物流身份信息、物流码、身份密码各自的准确含义，也无法与防伪标识定稿中的“二维物流条码”相关联和对应，并且也无法直接地、毫无疑义地确定该追溯防伪技术中，消费者在购买后通过消费验证码验证购买的产品，并自动上传该产品已消费的产品终止流通信息到数据处理中心等，不能证明其公开了与被控侵权技术相同或实质相同的技术。

就争议焦点（2）——被控侵权技术是否落入涉案专利权利要求 1 的保护范围而言，《专利法》第 59 条规定：“发明或者实用新型专利权的保护范围以其权利要求的内容为准，说明书及附图可以用于解释权利要求的内容。”

本案中，涉案专利权利要求 1 的技术方案可以划分为 7 个技术特征，经过逐一对比，被控侵权方法与涉案专利权利要求 1 的技术方案的 7 个技术特征均相同，因此，被控侵权方法落入涉案专利权利要求 1 的保护范围。[1]

就争议焦点（3）——被请求人《中国质量万里行》杂志社和好儿郎酒业公司是否存在侵权行为而言，根据前述分析可知，好儿郎酒业公司在其好儿郎酒包装上使用的溯源防伪方法落入涉案专利权利要求 1 的保护范围，该行为侵犯了涉案专利权。好儿郎酒业公司使用的防伪溯源方法使用的防伪凭证上显示有“好儿郎”，“中国质量万里行产品溯源平台”，“www.315wlx.com 查溯源真伪”字样，公证书第 45、55、59、68、73 页均显示“技术支持：中国质量万里行产品溯源平台”。此外，被请求人《中国质量万里行》杂志社是网址为 www.315wlx.com 的主办单位。因此，好儿郎酒业公司在其好儿郎酒的包装上使用防伪凭证，该防伪凭证的具体防伪溯源方法由中国质量万里行产品溯源平台提供技术支持，中国质量万里行产品溯源平台即 www.315wlx.com 网站的主办方为被请求人《中国质量万里行》杂志社，因此，《中国质量万里

[1] 具体的对比过程详见北京市知识产权局京知执字（2017）1016-27 号专利侵权纠纷处理决定书。

行》杂志社与好儿郎酒业公司实施了共同侵权行为。[1]

四、案件启示

本案的争议焦点涉及“现有技术抗辩”、专利侵权的判断以及方法专利共同侵权的认定。其中，最具有启示意义的是“现有技术抗辩”的适用。一方面，请求人主张的技术要在涉案专利的申请日之前公开；另一方面，该技术要与被控侵权技术相同或实质相同。在审查现有技术抗辩时，比较方法应是将被诉侵权技术方案与现有技术进行对比，而不是将现有技术与专利技术方案进行对比；现有技术与被控侵权技术实质相同即两者等同，既然允许专利权人通过等同原则将专利权保护范围扩大到等同的程度，出于公平对等起见，也应当允许被控侵权人将现有技术扩张到同样的程度。

（撰稿人：雷征伟）

[1] 参见北京市知识产权局京知执字（2017）1016-27号专利侵权纠纷处理决定书。

《专利法》中的现有技术抗辩规则应如何适用

——科尼起重机设备（上海）有限公司与某公司侵害实用新型专利权纠纷案案例评析

一、案情概要

奥力通起重机（北京）有限公司于2010年8月4日向国家知识产权局提出了名称为“一种电机”的实用新型专利申请，2011年2月2日获得授权，专利号为ZL201020281302.8。2015年8月5日该专利权发生转移，请求人科尼起重机设备（上海）有限公司成为新的专利权人。该专利权在请求人提出专利侵权纠纷处理请求时合法有效。请求人发现被请求人某公司在多家商业网站上介绍生产、许诺销售和销售涉嫌侵犯涉案专利权的产品，以及被请求人于展会上展出涉嫌侵权产品的情况，遂向河南省知识产权局提出专利侵权纠纷处理请求。

河南省知识产权局认为被请求人以生产经营为目的制造、销售和许诺销售被控侵权产品的行为落入了涉案专利权的保护范围，且所实施的技术不属于我国《专利法》第62条规定的现有技术，其行为侵犯了涉案专利权，故依据《专利法》《专利法实施细则》《河南省专利保护条例》的有关规定，责令被请求人停止制造、许诺销售和销售侵犯涉案专利权的产品，销毁制造侵权产品的专用设备、模具。

二、争议焦点

本案中，被请求人声称制造和销售的产品不存在专利侵权行为，并提交了两份专利文献资料复印件，主张现有技术抗辩。经河南省知识产权局审理，认定被控侵权技术方案落入了涉案专利权的保护范围，但被请求人提交的专利文献所公开的技术方案与被控侵权技术方案存在实质性差异，现有技术抗辩不成立，被请求人构成专利侵权。概言之，本案的争议焦点主要是被请求人实施的技术是否属于现有技术，能否适用“现有技术抗辩”？

三、法理分析

我国《专利法》第62条规定：“在专利侵权纠纷中，被控侵权人有证据证明其实施的技术或者设计属于现有技术或者现有设计的，不构成侵犯专利权。”根据最高人民法院的司法解释，被诉落入专利权保护范围的全部技术特征，与一项现有技术方案中相应技术特征相同或者无实质性差异的，属于现有技术；被诉侵权设计与一个现有设计相同或者无实质性差异的，属于现有设计。[1] 最高人民法院出台的司法解释是各级法院在专利诉讼中据以作出裁决的依据，对法院具有直接约束力，但对专利行政部门无直接效力。因此，专利行政部门适用“现有技术或设计抗辩”解决专利纠纷时，能直接依据的只有《专利法》第62条的规定。笔者认为，虽然专利行政部门和人民法院是处理专利权纠纷的两个独立部门，各自依据的法律法规并不完全相同，但这不意味着上述司法解释对专利行政部门而言无任何借鉴和参考价值。相反，专利行政部门可以参考上述司法解释的规定来判断什么是现有技术或设计。本案中，河南省知识产权局认为被请求人提出的现有技术抗辩不成立，主要是基于以下两点考虑。

（一）现有技术或现有设计的范围

根据我国《专利法》第22条、23条的规定，现有技术或设计是指申请日以前在国内外为公众所知的技术或设计。[2] 因此，在判断现有技术或设计的范围时，应以涉案专利申请日为判断时间截点，而不是以被控侵权人实施被控侵权行为时为判断时间截点，这一点对现有技术或设计抗辩成立与否具有关键作用。因为实践当中被控侵权人实施的技术在行为实施时可能已经成为现有技术，但在涉案专利申请日之前还不属于现有技术。如果被控侵权人有证据证明其实施的技术或设计在相关专利的申请日之前，已经是在国内外为

---

[1] 最高人民法院《关于审理侵犯专利权纠纷案件应用法律若干问题的解释》第14条。

[2] 《专利法》第22条第5款：“本法所称现有技术，是指申请日以前在国内外为公众所知的技术。”《专利法》第23条第4款：“本法所称现有设计，是指申请日以前在国内外为公众所知的设计。”

公众所知的技术或设计，或者是与之无实质性差异的技术或设计，则其可以直接以此作为侵权的抗辩。[1]

(二) 现有技术抗辩或现有设计抗辩的比对对象

《最高人民法院关于审理侵犯专利权纠纷案件应用法律若干问题的解释》(以下简称最高院司法解释) 第14条明确规定，现有技术抗辩的比对对象为“被诉落入专利权保护范围的全部技术特征”和“一项现有技术方案中的相应技术特征”，现有设计抗辩的比对对象为“被诉侵权设计”和“一个现有设计”。对二者作出区别规定的理由在于专利法对技术方案和外观设计的保护范围并不相同。对一项技术方案，即发明或实用新型专利而言，要适用“全面覆盖原则”，即只有被控侵权行为包含了发明或实用新型专利权利要求书中记载的全部技术特征，被控侵权行为才落入了原告专利权的保护范围，实施了侵犯专利权行为。而对于外观设计，其在提出专利申请时只需要提交请求书、外观设计图片或照片及简要说明，没有权利要求书，自然也就没有相应的技术特征。外观设计专利的保护范围以表示在图片或者照片中的该产品的外观设计为准。那么，应当如何理解最高院司法解释第14条呢？

1. 现有技术抗辩的比对对象

“被诉落入专利权保护范围的全部技术特征”是指权利人起诉时指控侵权的技术方案中，落入其请求保护的专利权利要求保护范围的那部分技术特征。例如，权利人请求保护的涉案专利的技术特征为ABC，被指控侵权的技术特征为abcd，经审查，其中与涉案专利构成相同或等同的技术特征为abc，那么技术特征abc即“被诉落入专利权保护范围的全部技术特征”。

关于“一项现有技术方案中的相应技术特征”。首先，应当明确，被诉侵权技术无需与现有技术的所有技术特征进行比对，而仅需与现有技术方案中与之相对应的技术特征作对比。若前述例子中的现有技术的技术特征为a’b’c’d’，则仅需将被诉侵权的技术特征abc与现有技术中相应的技术特征a’b’c’进行比对。其次，将现有技术方案限定为“一项”是出于规范自由裁量权的行使、统一司法尺度的考量。在专利侵权案件中，存在被诉侵权人提出将两个以上现有技术的组合作为比对文件的情形，但由于审理专利侵权案件的法官在技术方面的知识水平限制，现有技术的组合方式本身是否具

[1] 王迁：《知识产权法教程》，中国人民大学出版社2016年版，第360页。

有创造性相对而言较难判断。若允许利用两个以上现有技术的组合进行抗辩，极易造成裁判结果不统一甚至出现错误，故不宜采纳这种抗辩方式。但是，如若涉案专利涉及一项现有技术与本领域公知常识的组合，且这种组合形式又是本领域普通技术人员无需经过创造性劳动即能够想到的，那么严格限制“一项”现有技术作为比对对象将不适当地扩大专利权的保护范围，损害社会公共利益。因此，在审判实践中，法院逐渐承认将一项现有技术方案与所属领域技术人员公知的技术常识的简单组合作为现有技术抗辩的比对对象。当然，何为“本领域公知技术常识”以及是否“需要经过创造性劳动”还需要当事人予以充分证明，相关举证力度及如何认定的问题还需要在具体案件中进一步探索。❶

2. 现有设计抗辩的比对对象

“被诉侵权设计”很好理解，即权利人主张侵犯其专利权的外观设计。需要特别指明的是，外观设计专利权保护的是产品的美学价值，所关注的是产品外观设计在美感上对于一般消费者的吸引力，与产品给消费者留下的整体视觉印象有关。❷ 因此，虽然“被诉侵权设计”的整体视觉效果是在各项外观设计特征的基础上产生的，但在确定其内容时应更侧重于整体视觉效果，而非各项具体的外观设计特征。

关于“一个现有设计”，此处的考量与现有技术抗辩相同，也是为了统一裁判尺度。同时，虽然司法解释将比对对象限制为一个现有设计，但现有设计与惯常设计、常用手法的简单组合也逐渐被接纳为现有设计抗辩的比对对象。

四、案件启示

本案的典型意义在于对现有技术抗辩的适用。自 2008 年《专利法》第三次修改引入现有技术抗辩制度以来，各方对于其内涵外延、适用标准都存在不同理解。本案从个案层面，对现有技术抗辩制度进行了积极探索和理解适用，为今后办理类似案件积累了有益经验。

（撰稿人：张镇国）

---

❶ 邱永清、张胤岩：《现有技术/设计抗辩制度在专利侵权案件审判中的适用》，载《法律适用》2018 年第 8 期。

❷ 朱理：《现有设计抗辩的审查判断：逻辑与方法》，载《中国专利与商标》2014 年第 4 期。

《专利法》中的合法来源抗辩规则应如何适用

——电视柜外观设计专利侵权纠纷案案例评析

一、案情概要

请求人安美西石贸易（浙江）有限公司在2013年向国家知识产权局提出了名称为“电视柜（105231Eaton）”的外观设计专利申请，并获得授权。请求人认为西安某家具店未经其许可便生产销售了侵犯涉案专利权的产品，遂向西安市知识产权局提出专利侵权纠纷处理请求。案件处理中，被请求人辩称其不构成侵权：首先，其对涉案产品是否有专利并不知情；其次，其只是涉案产品的销售方，不是涉案产品的制造方；再次，其采购的涉案产品都未售出，并未产生销售事实；最后，其已将涉案产品撤出经营场地。西安市知识产权局认为，被请求人根据前述抗辩理由仅能够免除赔偿责任，但仍应当承担相应的侵权责任，如立即停止销售侵权产品等。最终，西安市知识产权局责令被请求人立即停止销售侵害涉案外观设计专利权的产品的行为，并不得以任何其他形式将其投放市场。

二、争议焦点

本案中，被请求人西安某家具店主张某不构成侵权的理由可概括为以下两点：第一，仅销售而未制造涉案产品，并且涉案产品都未售出；第二，不知道所售产品是他人享有专利权的产品。据此，本案争议焦点可以归纳为：（1）被请求人未经许可销售侵犯外观设计专利的产品但未实际售出时，是否侵犯专利权？（2）被请求人销售不知道是他人享有专利权的产品时，是否侵犯专利权？

三、法理分析

专利权由一系列专有权利构成，若他人未经专利权人许可而以生产经营为目的实施受专有权利控制的行为，除非有法定理由，否则将构成对专利权的侵犯。因此，明确专利权的权利类型和范围对于行政机关查处侵权行为具有现实意义。另外在实践中，经常有销售专利产品的商家以“不知情”为由辩称其不构成专利侵权，那么专利侵权行为究竟是否以过错为前提？这一问题也需厘清。

（一）外观设计专利权人享有销售权和许诺销售权

我国《专利法》第 11 条第 2 款明确规定：“外观设计专利权被授予后，任何单位或者个人未经专利权人许可，都不得实施其专利，即不得为生产经营目的制造、许诺销售、销售、进口其外观设计专利产品。”据此，外观设计专利权人不仅可以控制他人未经许可实施制造专利产品的行为，还可以禁止他人对专利产品的销售和许诺销售行为。具体到本案，被请求人虽然没有制造请求人享有专利权的产品，但其销售和许诺销售该产品的行为依然构成对专利权的侵犯。

另外，被请求人提出“其采购的涉案产品都未售出”的抗辩也无法成立。根据最高人民法院的解释，许诺销售，是指以做广告、在商店橱窗中陈列或者在展销会上展出等方式作出销售商品的意思表示。[1] 因此，本案被请求人即使没有实际进行销售行为，而仅是为了销售专利产品进行广告宣传或产品展示，仍然构成对请求人专利权的侵犯。

（二）专利侵权行为不以过错为构成要件

专利权人享有制造权、销售权、许诺销售权和进口权等专有权利，但是我国《专利法》并未规定，他人侵犯专利权是否以存在过错为前提。有学者认为，在专利侵权中，无论侵权者的主观状态如何，原则上都应承担停止侵权的民事责任。[2] 笔者对此持赞同意见。并且在司法实践中，最高人民法院也已经明确指出：“专利侵权行为的构成不以过错为要件，只要行为人实施了《专利法》第 11 条规定的行为（除专利法第 69 条规定的不视为侵犯专利权的行为以外），无论其对专利技术方案实际是否知晓，均认为其构成专利侵权。”[3]

在本案中，被请求人辩称其对涉案产品是否有专利并不知情，从而不构

---

[1] 最高人民法院《关于审理专利纠纷案件适用法律问题的若干规定》第 24 条。

[2] 王迁：《知识产权法教程》，中国人民大学出版社 2019 年版，第 390 页。

[3] 最高人民法院民事裁定书（2014）民申字第 1036 号。

成专利侵权。但是专利侵权行为并不以过错为构成要件，因此被请求人的抗辩缺乏法律依据，其销售和许诺销售专利产品的行为仍然侵犯了请求人的外观设计专利权。那么被请求人应当承担何种法律责任呢？我国《专利法》第70条明确规定："为生产经营目的使用、许诺销售或者销售不知道是未经专利权人许可而制造并售出的专利侵权产品，能证明该产品合法来源的，不承担赔偿责任。"从该条用语可以推出，在使用者、许诺销售者和销售者不存在主观过错的情况下，其行为仍然属于专利侵权行为，只是不需要承担赔偿责任。换言之，行为人应当承担赔偿损失之外的其他民事责任，即立即停止其使用、许诺销售或销售侵权产品的行为。[1] 最高人民法院同样认为，为生产经营目的使用、许诺销售或者销售不知道是未经专利权人许可而制造并售出的专利侵权产品，且举证证明该产品合法来源的，人民法院应当支持权利人请求停止上述使用、许诺销售、销售行为的主张。[2]

因此，行为人主观过错与否并不影响侵权行为的成立，只作为其承担赔偿责任的判断依据。本案被请求人未经许可许诺销售专利产品，且无其他免责事由，虽然主观上不存在过错，但仍然构成专利侵权，应当立即停止销售侵害涉案外观设计专利权的产品。

四、案件启示

实践中，行政机关在查处专利侵权行为时，经常会遇到来自行为人的如下抗辩理由："只销售而没有制造产品，且产品都未售出"，或者"主观不知情，客观能提供合法来源"等。因此明确专利权的权利类型和范围，以及厘清专利侵权的构成要件，对于行政机关查处侵权行为具有现实意义。本案再次明确，没有主观过错的销售行为依然构成专利侵权，侵权人虽然能够免于承担赔偿责任，但应立即停止侵权销售行为。

（撰稿人：孟凡生）

---

[1] 王迁：《知识产权法教程》，中国人民大学出版社 2019 年版，第 394 页；崔国斌：《专利法：原理与案例（第二版）》，北京大学出版社 2016 年版，第 588 页；尹新天：《中国专利法详解（缩编版）》（第二版），知识产权出版社 2012 年版，第 645 页。

[2] 最高人民法院《关于审理侵犯专利权纠纷案件应用法律若干问题的解释（二）》第 25 条。

“通知—删除”规则对专利领域的适用

——浙江省知识产权局处理“急速拉线装置”实用新型专利侵权纠纷案

一、案情概要

投诉方杨光献于2015年10月8日向国家知识产权局提出了名称为“急速拉线装置”的实用新型专利申请，2016年3月9日获得授权，专利号为ZL2015207817282.2。投诉方以侵犯专利权为由对阿里巴巴电商平台上的240条链接进行了投诉，并提供了涉案专利的专利证书、专利权评价报告以及有初步实物拆解图等内容的专利侵权初步分析报告等证据材料。中国（浙江）知识产权维权援助中心受浙江省知识产权局、阿里巴巴平台委托对被控侵权产品是否侵权进行判定。根据投诉方的侵权分析材料及被投诉链接所反映的被控侵权产品信息，对侵权产品的技术方案进行了分解，并与涉案专利进行了比对。经比对，被控侵权产品落入涉案专利权利要求3的保护范围。根据阿里巴巴平台的投诉规则，专利权人发起投诉后，在被控侵权产品落入涉案专利保护范围的情况下（即投诉成立），电商平台会通知被控侵权方，被控侵权方在一定时间内可以进行申诉。本案投诉成立后，阿里巴巴平台通知了卖家，结合卖家的申诉举证，所有链接对应的被控侵权产品均构成侵权，阿里巴巴平台及时对涉案链接进行了断开处理。

二、争议焦点

本案中，实用新型专利权人以侵犯专利权为由向阿里巴巴平台进行投诉，并提交专利侵权初步分析报告等证据材料。在接到阿里巴巴平台转来的投诉后，浙江省知识产权局委托第三方专业机构对被控侵权产品是否侵权提供咨询判定意见并反馈至阿里巴巴平台。在认定侵权行为成立后，根据阿里巴巴平台的投诉规则，阿里巴巴平台通知了卖家，并结合卖家的申诉举证，及时对涉案链接进行处理。因此，本案的争议焦点在于："通知—删除" 规则在专利案件中的适用问题。

三、法理分析

"通知—删除" 规则始见于 2006 年国务院制定的《信息网络传播权保护条例》，[1] "通知—删除" 规则既使得网络服务提供者具有对通知所指称侵权行为的初步核实能力，又平衡了著作权人、提供作品的网络用户以及网络服务提供者三者之间的利益平衡，具有合理性。[2]

此后，2009 年制定的《侵权责任法》第 36 条第 2 款将 "通知—删除" 规则的法律规范的效力级别上升为法律，适用于整个互联网领域。

"网络用户、网络服务提供者利用网络侵害他人民事权益的，应当承担侵权责任。

网络用户利用网络服务实施侵权行为的，被侵权人有权通知网络服务提供者采取删除、屏蔽、断开链接等必要措施。网络服务提供者接到通知后未及时采取必要措施的，对损害的扩大部分与该网络用户承担连带责任。

网络服务提供者知道网络用户利用其网络服务侵害他人民事权益，未采取必要措施的，与该网络用户承担连带责任。"

《侵权责任法》的起草者认为，利害关系人可以采用书面形式发出通知，所谓通知，就是当利害关系人发现第三人利用网络服务提供者的服务实施侵权行为时，利害关系人可以要求网络服务提供者采取必要技术措施，以防止侵权行为进一步扩大。一般来说，根据侵权行为所侵害的权益不同，通知内容及其要求有所不同。对于侵权版权等知识产权的侵权行为，由于是否构成侵权往往很难判断，因此，对于通知的要求比较严格，应当包括以下内容：权利人的姓名、联系方式和地址、要求删除屏蔽或断开链接的侵权行为事实和网络地址，构成侵权的初步证据材料。对必要措施而言，其是指根据侵权的具体情形和技术条件，在客观上足以阻止侵权行为的危害后果进一步扩大的各种手段。对其判断应当考虑侵权行为的具体情节和网络服务提供者在接

---

[1] 《信息网络传播权保护条例》第 14 条。

[2] 王迁：《论 "通知与移除" 规则对专利领域的适用性——兼评〈专利法修订草案（送审稿）〉第 63 条第 2 款》，载《知识产权》2016 年第 3 期。

到侵权行为通知时一般业内可以到达的技术条件。❶

《侵权责任法》第36条第2款对“通知—删除”规则的原则性规定，可以成为专利领域适用该规则的依据。然而，专利产品以物质实体的形式（类似于作品的物质载体）存在于线下，网络服务提供者无法获得线下的实体，并无对通知所指称侵犯专利行为的初步核实能力，自然无法判断专利产品是否侵权，难以根据专利权人通知的内容对被控侵权的产品采取必要措施。

在司法实践中，法院结合具体案情，对专利权人发出的通知和网络服务提供者所采取的必要措施进行进一步认定，以实现网络服务提供者具备对通知所指称侵权行为的初步核实能力，平衡了多方的利益。在“衡艺实业与阿里巴巴侵害发明专利权”一案中，福建省高级人民法院提高了专利领域中通知的形式要求，认为专利权人通知中的初步证明材料必须包含专利侵权的技术比对，这不仅不会额外增加权利人的负担，而且可以提高通知质量，在过滤恶意投诉的同时也便于网络服务提供者针对通知的内容采取相应的必要措施：

> “网络服务提供者要求发明专利的权利人在网络上填写侵权的初步证明材料，因权利人决定向网络服务提供者提出投诉前，必然要先行专利侵权的技术比对，因此，并不会额外增加发明专利权利人的负担，相反，在当前恶意投诉和不当投诉海量增加的情况下，网络服务提供者要求专利权利人提交侵权的初步证明材料，可以在形式上过滤掉部分的不当投诉及滥用投诉，从而将合格的投诉及时传递给网络商户，以便根据网络商户的反应，采取进一步的措施，提高投诉质量。”❷

在最高人民法院第83号指导案例“嘉易烤与金仕德、天猫侵权发明专利权”一案中，浙江省高级人民法院认为，网络服务提供者所采取的必要措施包括但并不限于删除、屏蔽、断开链接，必要措施应遵循审慎、合理的原则，根据所侵害权利的性质、侵权的具体情形和技术条件等来加以综合确定，网

❶ 王利明主编：《中华人民共和国侵权责任法释义》，中国法制出版社2010年版，第159-160页。

❷ 福建省高级人民法院（2016）闽民终1345号民事判决书。

络服务提供者应当采取的必要措施可以是向被投诉人转达通知材料并通知被投诉人申辩：

> “天猫公司作为电子商务网络服务平台的提供者，基于其公司对于发明专利侵权判断的主观能力、侵权投诉胜诉概率以及利益平衡等因素的考量，并不必然要求天猫公司在接受投诉后对被投诉商品立即采取删除和屏蔽措施，对被诉商品采取的必要措施应当秉承审慎、合理原则，以免损害被投诉人的合法权益。但是将有效的投诉通知材料转达被投诉人并通知被投诉人申辩当属天猫公司应当采取的必要措施之一。”[1]

如上所述，他人利用网络实施且网络服务提供者能够采取措施加以规制的专利侵权行为，只能是未经许可许诺销售或销售专利产品，“删除”在专利领域中应当被理解为“下架”被投诉的在售商品，然而，商品销售是经营者最主要的收入来源之一，在竞争对手恶意滥发投诉的情形下，一旦商品被错误“下架”，对经营者收入的打击将会是致命的，特别是在“双十一”等电商平台的大规模促销活动前夕。因此，对投诉人而言，应当适度提高投诉门槛，即提高通知的形式要求，要求投诉人补充授权材料及侵权的初步证明材料，符合当前电子商务的交易实际；对电商平台而言，其在收到专利权人有关某产品侵犯其专利权并要求“采取删除、屏蔽、断开侵权产品链接”的通知后，其必要措施应当是立即将该通知转给相关产品的经营者并要求其作出说明，并告之如果逾期未作出说明，将根据专利权人的要求对相关产品做“下架”处理。如果经营者在规定的期间内回复称其产品并不侵权，则电商平台应将该情况告知专利权人，且无需采取专利权人要求的“下架”措施，相关专利侵权纠纷应通过诉讼途径解决。[2] 如此一来，网络服务提供者既可以对通知所指称侵权产品进行初步核查，又平衡了专利权人、经营者以及电商平台三者之间的利益平衡。

本案的特殊之处在于，专利权人并没有直接向网络服务提供者，即阿里巴巴电商平台发出通知，而是向浙江省知识产权局投诉被控侵权的链接，并

---

[1] 浙江省高级人民法院（2015）浙知终字第186号民事判决书。

[2] 参见王迁：《论“通知与移除”规则对专利领域的适用性——兼评〈专利法修订草案（送审稿）〉第63条第2款》，载《知识产权》2016年第3期。

提供了涉案专利的专利证书、专利权评价报告以及有初步实物拆解图等内容的专利侵权初步分析报告等证据材料，显然，投诉的内容符合通知的形式要件。此后，中国（浙江）知识产权维权援助中心受浙江省知识产权局和电商平台的委托，根据专利权人提供的证据材料，认定被控侵权产品构成侵权。同时，电商平台并没有根据侵权认定结果直接断开所有链接，而是先将侵权认定结果告知被投诉人，听取被投诉人的申辩，在确认所有链接均对应涉案侵权产品后，电商平台才断开涉案链接，即“下架”该在售商品，这符合审慎、合理的原则，属于网络服务提供者所应采取的必要措施。综上所述，无论是专利权人向浙江省知识产权局发出的投诉通知，还是电商平台根据浙江省知识产权局委托维权中心作出的侵权认定所采取的必要措施，都是符合《侵权责任法》的立法本意和司法实践的。

四、案件启示

本案是“通知—删除”规则在专利侵权和专利行政执法领域的典型应用，体现了专利执法与维权协作机制的有效适用。通过深化地方知识产权局及维权中心与电商平台之间的协作，可快速、准确打击电子商务领域中的专利侵权假冒行为，有利于健全电子商务领域专利保护的长效机制，构建良好的市场环境，促进我国电子商务健康有序发展。

（撰稿人：雷征伟）

专利无效宣告对无效前的专利侵权纠纷处理决定是否有溯及力

——无锡市知识产权局与江阴澄华投资发展有限公司等专利侵权行政处理决定纠纷案案例评析

一、案情概要

2017年，江苏省高级人民法院受理了无锡市知识产权局（以下简称“无锡知产局”）与江阴澄华投资发展有限公司（以下简称“澄华公司”）、原审第三人无锡市红光标牌有限公司（以下简称“红光公司”）专利侵权纠纷处理决定一案。本案中，红光公司为“滚筒洗衣机平衡块模具”实用新型专利的权利人，该项专利于2015年1月7日获得授权。2016年7月29日，无锡知产局就澄华公司的侵犯上述专利权行为作出锡知（2016）纠字12号专利侵权纠纷处理决定，澄华公司不服该处理决定向无锡市中级人民法院提起行政诉讼。诉讼过程中，澄华公司向国家知识产权局专利复审委员会（以下简称“专利复审委”）提起无效宣告请求，2016年12月27日，专利复审委作出第30975号无效宣告请求审查决定书，宣告涉案专利全部无效。无锡市中级人民法院认为该无效宣告对已作出、但尚未执行的行政处理决定具有溯及力，依据《专利法》第47条、《行政诉讼法》第70条，判决撤销涉案行政处理决定。被告无锡知产局不服一审判决，向江苏省高级人民法院提起上诉。二审法院经过细致分析，认为一审法院关于撤销涉案行政处罚决定的结论是正确的，但其适用法律错误，将适用法律更改为《最高人民法院关于审理侵犯专利权纠纷案件应用法律若干问题的解释（二）》第二条，并最终维持原判。[1]

---

[1] 参见江苏省高级人民法院（2017）苏行终610号民事判决书。

二、争议焦点

本案中，上诉人无锡知产局认为其作出涉案行政处理决定时，涉案专利尚处于有效的状态，因此其处理过程于法有据；另红光公司已经就无效宣告决定向北京知产法院提起行政诉讼，故无效宣告决定尚未生效，涉案专利处于有效状态。故本案的争议焦点在于：（1）无锡知产局作出涉案行政处理决定证据是否充分，一审判决适用法律是否正确；（2）涉案行政处理决定是否应当被撤销。

三、法理分析

二审法院在判决主文中对于争议焦点一一进行了分析阐述，并根据其分析说理，在认可一审法院裁判思路的前提下，纠正了适用法律的错误。进而，二审法院对涉案行政处理决定是否应当被撤销进行了分析。

首先，是关于无锡知产局作出的行政处理决定证据是否充分，一审判决适用法律是否正确的问题。本案的特殊之处在于：行政机关的处理决定原本并无错误，但随着涉案专利被宣告无效，溯及至行政处理决定作出时，影响了该处理决定的效力。因此，本案事实上并非针对无锡知产局的处理决定正确与否的判断，而是对专利无效宣告决定溯及力的判断。尽管两审法院都认可这一裁判思路，但一审法院的判决却援引了《行政诉讼法》第 70 条第 1 款第 1 项的“主要证据不足”。[1] 也正因如此，无锡知产局在上诉理由中对此提出了质疑，并要求二审法院对此重新作出判断。

事实上，在作出涉案专利侵权行政处理决定时，无锡知产局所审查的事实主要是澄华公司所实施的技术方案是否落入红光公司的专利保护范围，而不涉及对专利权是否有效的审查。因此，无锡知产局作出涉案处理决定所依据的证据是关于侵权事实的相关证据，也不涉及专利权是否有效的问题。假设涉案专利不曾被宣告无效，那么无锡知产局的处理决定便是证据充分，于法有据的。专利行政诉讼除了要对侵权事实重新作出认定，保护专利权人和社会公众的利益外，更重要的是对行政行为的正确性予以认定。如果对于行

[1] 《行政诉讼法》第 70 条：“行政行为有下列情形之一的，人民法院判决撤销或者部分撤销，并可以判决被告重新作出行政行为：（一）主要证据不足的；（二）适用法律、法规错误的；（三）违反法定程序的；（四）超越职权的；（五）滥用职权的；（六）明显不当的。”

政主体的行为性质认定不当，无疑会损害行政机关的公信力，对行政机关将来的执法行为造成不利影响。因此，一审法院尽管在撤销涉案处理决定的结论上裁决正确，但是对无锡知产局的行政行为作出了错误认定，二审法院对于这一点的纠正是值得肯定的。

其次，关于涉案行政处理决定是否应当被撤销的问题，主要在于对无效宣告决定溯及力的认定。根据我国《专利法》对专利无效宣告溯及力的有关规定，可分为如下几个层次：（1）已经执行或履行的专利侵权判决书、调解书、行政处理决定、实施许可合同、转让合同等，原则上不溯及；（2）但是因专利权人的恶意造成的损失应于赔偿；（3）若依照第1款规定不返还侵权赔偿金、专利使用费、转让费，明显违反公平原则，则应当全部或部分返还。[1] 本案中所涉及的专利行政处理决定属于已作出但未执行，甚至由于澄华公司的起诉导致该处理决定并未生效，显然未达到上述原则性规定的适用条件，故应属于“可溯及”的范畴。本案的一二审法院对于这一点均没有疑问。但是，本案的另一个特殊之处在于涉案无效宣告同样由于专利权人向北京知产法院起诉而尚未生效。那么，关于这一尚未生效的无效宣告决定是否可以溯及同样未生效的专利侵权处理决定，就成为需要进一步考量的问题。

对此，二审法院权衡专利权人和行政相对人的利益，依据民诉法中“先行裁驳、另行起诉”的精神，决定先撤销涉案行政处理决定。《最高人民法院关于审理侵犯专利权纠纷案件应用法律若干问题的解释（二）》已经对相同情况下的民事诉讼作出了规定，[2] 即采取“在权利状态不确定时，对侵权行为暂不处罚”的处理方式。二审法院的这一判决不但明确了我国采取行政/司法两分模式的立法意义，同时也是建立在对无效宣告程序性质的正确认识的基础上。我国的专利无效宣告程序具有行政纠错程序和行政补救程序的双重属性，它的启动是基于社会公众对专利权的有效性提出质疑，不但允许行政机关对专利申请是否应当被授权作出二次审查，还给予专利权人对其专利申请

---

[1] 参见《专利法》第47条第2款。

[2] 《最高人民法院关于审理侵犯专利权纠纷案件应用法律若干问题的解释（二）》第2条：“权利人在专利侵权诉讼中主张的权利要求被专利复审委员会宣告无效的，审理侵犯专利权纠纷案件的人民法院可以裁定驳回权利人基于该无效权利要求的起诉。有证据证明宣告上述权利要求无效的决定被生效的行政判决撤销的，权利人可以另行起诉。专利权人另行起诉的，诉讼期间从本条第二款所称行政判决书送达之日起计算。”

作出修改的机会。[1] 经过这一程序对专利申请的重新审查和修正，专利的有效性可靠程度将大幅提高。因此，对于效力尚不确定的专利的侵权纠纷作出侵权认定，无疑是我国专利立法所不鼓励的行为。在本案中，如果涉案无效宣告得以维持，那么便无需再对侵权纠纷作出认定，更不会涉及判决执行后违背公平原则情况下的执行回转问题；如果无效宣告被撤销，届时专利权人再以确定的权利基础提起诉讼，则能够获得状态稳定的判决。

四、案件启示

本案所涉及的问题较多，包括对具体行政行为的正确认定问题、专利无效宣告的溯及力问题以及我国专利权效力采取行政/司法二分模式的意义的问题。江苏高院的裁判避免了为得出所需判决结论而对行政机关的决定作出不正确的判断，同时对尚未生效的无效宣告是否溯及未生效行政处理决定的问题做出了正确认定，甚至进一步阐明了对专利权效力认定中行政/司法二分模式的正确认识，明确了我国《专利法》提高审判效率、减少循环诉讼的立法宗旨。本案在对上述任一问题的阐述上均具有极高的借鉴价值。

（撰稿人：郑悦）

---

[1] 董涛、王天星：《正确认识专利权效力认定中的“行政/司法”职权二分法》，载《知识产权》2019年第3期。